国家社科基金项目（NO.17ATJ005）和湖南师范大学理论经济学学

湖南师范大学·经济管理学科丛书
HUNANSHIFANDAXUE JINGJIGUANLIXUEKECONGSHU

网络舆情影响下的
金融系统性风险测度与预警

Systemic Financial Risk Measurement and
Early Warning under the Influence of Network Public Opinion

欧阳资生◎著

经济管理出版社
ECONOMY & MANAGEMENT PUBLISHING HOUSE

图书在版编目（CIP）数据

网络舆情影响下的金融系统性风险测度与预警/欧阳资生著.—北京：经济管理出版社，2022.4
ISBN 978-7-5096-8378-1

Ⅰ.①网… Ⅱ.①欧… Ⅲ.①互联网络—舆论—影响—金融风险防范—研究—中国 Ⅳ.①F832.1-39

中国版本图书馆 CIP 数据核字（2022）第 054965 号

组稿编辑：杨　雪
责任编辑：杜羽茜　王　蕾
责任印制：黄章平
责任校对：王淑卿

出版发行：经济管理出版社
　　　　　（北京市海淀区北蜂窝 8 号中雅大厦 A 座 11 层　100038）
网　　址：www. E-mp. com. cn
电　　话：（010）51915602
印　　刷：北京晨旭印刷厂
经　　销：新华书店
开　　本：710mm×1000mm/16
印　　张：18.5
字　　数：294 千字
版　　次：2022 年 4 月第 1 版　　2022 年 4 月第 1 次印刷
书　　号：ISBN 978-7-5096-8378-1
定　　价：88.00 元

当历史的年轮跨入 2018 年的时候，正值湖南师范大学建校 80 周年之际，我们有幸进入到国家"双一流"学科建设高校的行列，同时还被列入国家教育部和湖南省人民政府共同重点建设的"双一流"大学中。在这个历史的新起点上，我们憧憬着国际化和现代化高水平大学的发展前景，以积极进取的姿态和"仁爱精勤"的精神开始绘制学校最新、最美的图画。

80 年前，随着国立师范学院的成立，我们的经济学科建设也开始萌芽。从当时的经济学、近代外国经济史、中国经济组织和国际政治经济学四门课程的开设，我们可以看到现在的西方经济学、经济史、政治经济学和世界经济四个理论经济学二级学科的悠久渊源。中华人民共和国成立后，政治系下设立政治经济学教研组，主要承担经济学的教学和科研任务。1998 年开始招收经济学硕士研究生，2013 年开始合作招收经济统计和金融统计方面的博士研究生，2017 年获得理论经济学一级学科博士点授权，商学院已经形成培养学士、硕士和博士的完整的经济学教育体系，理论经济学成为国家一流培育学科。

用创新精神研究经济理论构建独特的经济学话语体系，这是湖南师范大学经济学科的特色和优势。20 世纪 90 年代，尹世杰教授带领的消费经济研究团队，系统研究了社会主义消费经济学、中国消费结构和消费模式，为中国消费经济学的创立和发展做出了重要贡献；进入 21 世纪以后，我们培育的大国经济研究团队，系统研究了大国的初始条件、典型特征、发展形势和战略导向，深入探索了发展中大国的经济转型和产业升级问题，构建了大国发展经济学的逻辑体系。正是由于在消费经济和大国经济领域上的开创性研究，铸造了商学院的创新精神和学科优势，进而形成了我们的学科影响力。

　　目前，湖南师范大学商学院拥有比较完善的经管学科专业。理论经济学和工商管理是其重点发展领域，我们正在努力培育这两个优势学科。我们拥有充满活力的师资队伍，这是创造商学院新的辉煌的力量源泉。为了打造展示研究成果的平台，我们组织编辑出版经济管理学科丛书，将陆续推出商学院教师的学术研究成果。我们期待各位学术骨干编写出高质量的著作，为经济管理学科发展添砖加瓦，为建设高水平大学增光添彩，为中国的经济学和管理学走向世界做出积极贡献！

　　"健全金融监管体系，守住不发生系统性金融风险的底线"已成为我国经济发展的重要工作。次贷危机以来，来自金融系统的不稳定因素明显增加，金融系统性风险的不断积累和扩大使系统性风险爆发的频率显著上升。如何在目前经济下行压力仍然很大的背景下，准确度量金融系统性风险，厘清系统性风险的影响因素，探清系统性风险的传导效应，破解金融系统性风险隐患是金融业界和学术界均十分关注的问题。目前，互联网已成为投资者、金融机构及监管者获取和传播信息的重要渠道，网络舆情对金融市场的渗透力和影响力越来越大。事实上，网络舆情是市场参与主体市场预期重要的反映载体，既包含了丰富的金融危机预警信息，也对系统性风险的发生具有金融加速器作用。而传统的系统性风险度量与预警方法由于未考虑网络舆情的影响，已不能满足"互联网+风险管理"这一时代要求。因此，如何考虑网络舆情影响，综合各类网络舆情信息构建网络舆情指数，并利用其对系统性风险进行准确度量，厘清风险传导机制，提出相应的预警方法和预防对策，对预防系统性风险的发生、促进金融稳定具有重要的意义。

　　在金融系统性测度方面，主要研究了金融体系中占主要部分的银行业、保险业和证券业三个行业的系统性风险，并据此讨论各个行业间的风险溢出效应。首先，使用 GPD-Copula 模型分析三个行业之间的相依性，以为研究系统性风险提供理论依据。结果表明，银行业和保险业之间的关联度最大，再者为保险业和证券业，最小的为银行业和证券业。其次，基于广义 CoVaR 模型，度量系统重要性金融机构系统性风险的尾部风险，以此度量系统重要性金融机构的风险溢出效应。结果表明，银行业对金融体系的风险溢出贡献度最大，再者为证券业，最小的为保险业。但对于金融机构之间的风险溢出效应，银行业对其他金融机构风险溢出的相对影响小于其他金融机构对银行业风险溢出的相对影响；另外，各个金融机构之间的风险溢出效应具有差异性。最后，为"解剖麻雀"做典型分析，特别针对银行业进行分析，探究银行业内部的风险溢出效应。结果表明，全国性商业银行的系统性风险大于其他地方性商业银行，而各个上市商业银行之间的风险溢出效应具有较大的差异。

在网络舆情对金融系统性的影响方面，首先借助投资者"有限关注""过度自信"等理论分析网络舆情影响下投资者行为和投资者情绪对金融系统性风险的影响机理。其次以 2015 年 1 月到 2018 年 12 月东方财富网上 45 家金融机构发帖信息为研究载体，构建"投资者关注度""投资者情绪"和"投资者意见分歧"三个网络舆情指标；使用 DCC-GARCH 模型估计广义 CoVaR，作为度量金融机构的系统性风险指标。为分析网络舆情对金融系统性风险的影响，构建广义矩估计动态面板模型，研究网络舆情对金融系统性风险长期的影响效应；构建面板向量自回归模型，运用脉冲响应函数分析网络舆情对金融系统性风险的短期冲击效应。研究表明，投资者关注度对系统性风险具有影响，且关注度越高，金融系统性风险水平越高；投资者情绪对金融系统性风险的影响具有非对称性，并且投资者积极情绪较之消极情绪对金融系统性风险的影响更大；投资者意见分歧越大，金融系统性风险水平越高。

关于公共突发事件和经济政策不确定性与中国金融业系统性风险关系方面：一是新冠肺炎疫情对中国金融业系统性风险的影响方面。基于 2019 年 1 月至 2020 年 6 月 45 家中国金融机构的日收益率数据，利用改进的事件研究法分析了新冠肺炎疫情发生后各金融行业的系统性风险走势变化，探究了各金融行业系统性风险的水平效应、趋势效应和舆情效应。研究发现，新冠肺炎疫情的发生会增大金融行业的系统性风险水平以及波动性；新冠肺炎疫情发生后各金融行业均不存在水平效应，银行业与证券业存在显著的正向趋势效应，并且持续时间长；银行业与证券业存在舆情效应，并且随着疫情改善舆情效应逐渐减弱，而保险业的舆情效应在舆情不同发展阶段表现出一定差异性。二是经济政策不确定性与系统性风险关联性研究方面。选取《人民日报》《北京青年报》《广州日报》等 114 份报纸，对其中的新闻媒体报道进行关键词检索，从而编制成中国经济政策不确定性指数和 14 个代表性金融系统性风险测度指标。首先运用分位数格兰杰因果检验探讨了经济政策不确定性与金融系统性风险指标的因果关系，然后采用主成分分位数回归分别以经济政策不确定性与金融系统性风险为被解释变量，分析了经济政策不确定性与金融系统性风险的相互影响关系。研究表明，中国金融市场系统性风险与经济政策不确定性之间存在双向因果关系；在单个金融系统性风险指标中，机构极值风险对经济政策不确定性的影响最为显著；从测度效果来看，经济政策不确定性和金融系统性风险指标在下尾分布（0.2 分位数）下拟合效果最好。进一步分析发现，经济政策不确定性的上升不能起到稳定器效果，其对系统性风险加剧有助推作用，同时系统性风险的上升也会倒逼经济政策不确定性的增加。此外，经济政策不确定性对金融系统性风险具有较大的预警作用。

在系统性风险传导方面，主要借助复杂网络方法进行分析。首先从理论上分析了复杂网络、网络拓扑性质、网络结构与金融系统性风险传染效应的关系。其次构建系统性风险传染的理论模型，考虑到金融风险突变和传染的非线性机制，将网络舆情指数、单指标模型和非对称 CoVaR 模型相结合，构建出包括了网络舆情指数的单指标—非对称 CoVaR 模型。再次运用分位数回归、局部多项式估计、变量选择技术和迭代法求解模型，并在此基础上构建有向加权金融网络。最后以银行、保险、证券和信托四个板块的上市金融机构为研究对象，利用这些金融机构的实际数据进行实证分析。在利用单指标—非对称 CoVaR 模型构建有向加权金融网络时，从整体（金融机构总体）、行业（银行、证券、保险和信托）、机构个体三个层面出发，对金融网络进行分析，研究金融机构的风险传染效应。同时，基于影响力中心，结合网络连边权重和机构规模，提出系统性风险输入指数与系统性风险输出指数，以此识别系统重要性金融机构。研究结果表明，单指标—非对称 CoVaR 与网络舆情指数有相同的变化趋势；银行板块与证券板块内的机构非常敏感，极易受到其他金融机构的影响，也极易影响其他金融机构；分析 2015 年金融危机前、危机时和危机后的有向加权金融网络，得出非银行类金融机构在风险积累阶段占据重要位置，银行在风险爆发时刻占据重要位置；规模巨大的机构、联系密切的机构都具有系统重要性；不管是输入还是输出连接，银行都占据主导地位，银行在金融风险传导过程中起重要作用。

在系统性风险预警方面，分别采用复杂网络方法和机器学习方法对金融系统性风险进行预警。一是以单指标—非对称 CoVaR 模型构建的金融有向网络为基础，依据系统性风险输入指数和输出指数，以系统重要性金融机构为研究样本，运用应用累积和方法与免疫策略，从风险预防和风险控制两个方面进行实证分析。研究表明，系统重要性金融机构的上单侧累积和最大值与下单侧累积和最大值的时刻主要集中在 2014 年末和 2015 年初，此时我国应警惕金融系统性风险的发生；相较于随机免疫策略，目标免疫策略是一种更有效的风险传染免疫策略。二是采用 LSTM 深度神经网络构建中国金融系统性风险预警模型。基于混频因果检验方法，考察了网络舆情与金融系统性风险的非线性格兰杰因果关系，然后将构建的网络舆情指数作为训练集纳入预警模型测试预警效果，最后将预警结果与 BP 神经网络模型、SVR 模型和 ARIMA 模型的预警结果进行对比。研究表明，网络舆情对金融系统性风险存在非线性格兰杰因果关系，网络舆情是金融系统性风险的重要来源；LSTM 深度神经网络具有很强的泛化能力，纳入网络舆情指数的 LSTM 深度神经网络模型在预测效果上更精确，对绝大部分金融系统性风险指标的短期、中期和长期等不同期限的预警效果均有明显提升；与 BP 神经网络模型、SVR 模型和 ARIMA 模型相比，LSTM 深度神经网络预警模型具有更高的准确率。

在对策建议方面，首先探讨了网络舆情影响下的金融系统性风险防范原则，分析了我国金融系统性风险的应对现状与不足；其次从金融系统性风险防治的网络社交平台规制对策、网络舆情与金融系统性风险的协同应急对策、金融系统性风险防治的财政金融组合对策和金融系统性风险治理的多维度信息公开对策四个方面提出了网络舆情影响下金融系统性风险防范的短期措施；最后从构建嵌入网络舆情的金融系统性风险预警系统、完善金融系统性风险防治的网络舆情管理机制、构建系统性风险预警的资源保障体系、健全网络舆情和应急管理法律制度以及丰富系统性风险处置宏观审慎政策体系五个方面探讨了网络舆情影响下我国金融系统性风险防范的长效机制。

目录 CONTENTS

第三章　基于广义 CoVaR 模型的系统重要性金融机构的风险溢出效应研究　039

第四章　网络舆情指标的构建　073

第五章　网络舆情对金融系统性风险的影响研究　089

第六章 **新冠肺炎疫情、网络舆情与金融系统性风险的关联研究** 119

第七章 **媒体报道、经济政策不确定性与金融系统性风险关联研究** 145

第十章 有向网络视角下金融系统性风险预警和免疫策略研究　205

第十一章 嵌入网络舆情指数的中国金融系统性风险预警研究
——基于 LSTM 深度神经网络模型　215

第十二章　网络舆情影响下金融系统性风险应对措施及长效机制　237

绪　论

第一节
选题背景及意义

自次贷危机以来，在世界主要发达经济体进入长期停滞的"新平庸"及中国经济进入结构性减速的"新常态"双重压力下，金融系统的不稳定因素明显增加，系统性风险爆发的概率显著上升，如何对系统性风险进行有效防控备受党中央和金融监管部门的高度关注。"牢牢守住不发生区域性和金融系统性风险这条底线"（党的十八大报告），"健全金融监管体系，守住不发生系统性金融风险的底线"（党的十九大报告）成为我国经济发展的重要工作。周小川（2017）提到，准确判断我国当前面临的金融风险对防止发生系统性金融风险具有重要意义，并建议从宏微观角度阐释金融高杠杆率和流动性。2018年12月，中央经济工作会议关于"经济运行稳中有变，变中有忧，外部环境复杂严峻，经济面临下行压力"和"防范金融市场异常波动和共振"的准确判断，进一步凸显了在国内、国际经济不确定因素明显增加的新形势下，防范系统性金融风险并保持宏观经济稳中求进的重要性。有效控制金融系统性风险，防范金融危机发生，在我国当前乃至未来很长一段时间内均具有重要的理论和现实意义。

据我国互联网络信息中心（CNNIC）发布的第44次《中国互联网络发展状况统计报告》显示，截至2019年6月，中国网民规模达8.54亿，较2018年底增长2598万人，互联网普及率为61.2%，较2018年底提升1.6个百分点。此外，网民使用手机上网的比例达99.1%，较2018年底提升0.5个百分点；移动互联网接入流量消费达553.9亿GB，同比增长107.3%；用户月均使用移动流量达7.2GB，为全球平均水平的1.2倍。近年来，我国互联网发展迅速，借助各类社交网络平台在互联网中交流和传播信息的网民与日俱增。通过论坛、微博等平台，网民既可以查看他人的评价，也可以在股吧发表对股票的预期看法、在豆瓣网发表对影视剧的评价等。互联网由原始的信息发布平台逐渐演变成网络媒体以及用户传递获取信息的主要载体，成为信息发布、共享、交流、互动的社交网络，进一步成为网络舆情发生、发酵和爆发的平台。网民既是网络舆情的受众，也是网络舆情的传递者，网络舆情的传播也由依靠传统专业媒体渠道向公共媒体与自媒体并行传播发展，这种开放的信息交流渠道能够对网民的情绪、态度及行为产生影响，进而影响金融市场。已有研究表明，网络舆情对股市收益变动有显著影响，而股价可以反映金融市场的经营情况，这表明网络舆情与金融市场存在显著关联性。

目前，互联网已成为投资者、金融机构及监管者获取和传播信息的重要渠道，网络舆情对金融市场的渗透力和影响力越来越大。但现有研究常在传统金融学的框架下进行，少有研究涉及网络舆情。事实上，网络舆情是市场参与主体的市场预期重要的反映载体，包含了丰富的金融危机预警信息，对系统性风险发生也具有金融加速器作用。而传统的系统性风险度量与预警方法由于未考虑网络舆情的影响，已不能满足"互联网＋风险管理"这一时代要求。因此，如何考虑网络舆情影响，综合各类网络舆情信息构建网络舆情指数，并利用其对系统性风险进行准确度量，厘清风险传导机制，提出相应的预警方法和预防对策，对预防系统性风险的发生、促进金融稳定具有重要意义。因此本书期望通过研究网络舆情对金融系统性风险的影响，对金融系统性风险的管理和预警提供一个较全面的视角。

第二节
文献综述

一、金融系统性风险的界定

关于金融系统性风险，业界和学界尚未有一个权威的定义，在现有文献的提法上也有"金融系统性风险"和"系统性金融风险"两种表述方式。"难以定义，却一目了然"（Benoit et al.，2017）很好地说明了金融系统性风险的难界定。目前，学者们主要从金融系统性风险成因、传导效应和风险发生后果这几个方面对其定义进行阐述。

（1）从金融系统性风险成因角度来看，包括内在生成机制和外部因素两个方面。关于内在生成机制，主要包括金融脆弱性理论（Minsky，1982）、银行挤提理论（Diamond and Dybvig，1983）、信息不对称理论（Akerlof，1970；Mishkin，1995）和风险溢出理论（Chakravort，1996；Elsinger，2006）四派较为经典的理论及围绕这四派理论进一步展开的相关研究。如 Acharya（2009）认为，当整个金融部门资本不足时，信贷可用性下降，由此将滋生金融系统性风险。Bandt 和 Hartmann（2000）认为，金融系统性风险是指金融服务流程受损或破坏而对实体经济造成严重负面影响的风险。Bernanke（2009）从风险后果的角度给出了金融系统性风险定义，将金融系统性风险视为威胁整个金融体系和宏观经济而不是单个金融机构稳定性的事件。关于外部因素，Kupiec 和 Nickerson（2004）认为金融系统性风险是由某个经济动荡引起，继而引起资产价格大幅波动、公司流动性显著减少、潜在破产风险增大和资产重大损失等潜在威胁。此后，Allen 和 Carletti（2013）将成因概括为资产价格下跌和外汇不匹配并由此引发银行危机，进而通过传染形成系统性风险。也有很多学者认为系统性风险主要来源于规模、相关性、资本充足率、杠杆率等（Solange et al.，2016；王妍、陈守东，2014；苟文均等，2016）。如 Sylvain 等（2013）认为，市场收益率、负债、杠杆率、条件 β 和 VaR 等因素均影响着系统性风险；Solange 等（2016）认为，规模、相关性和资本流动性等能够显著影响系统性风险。Huang 等（2016）基于金融网络技术和面板回归分析，认为金融机构的节点强度越大，金融机构间的业务关联程度越高，则系统性风险越大。刘圣尧等（2016）认为，投资者行为偏好显著影响中国股市的崩盘系统性风险。但实际上，在金融系统性风险形成过程中，只有内外两个因素相互作用才是共同的诱因，如 Zigrand（2014）就认为系统性风险是外部冲击和内在因素共同作用的结果。

（2）从传染机制来看，一是认为金融系统的高度关联引起金融风险的传染从而导致金融系统性风险的发生。Hart 和 Zingales（2009）提出，当某个机构发生风险时，其由于金融体系间的关联性而不断传播扩大，金融系统性风险反映其最终发展为系统性损失的概率。Bijlsma 等（2010）认为，金融系统性风险是由单一事件导致的金融风险通过高度关联的金融体系进行传导和扩散而最终形成的。二是功能失灵致使金融系统性风险发生。次贷危机后，国际清算银行、国际货币基金组织和金融稳定理事会（FSB and IMF，2011）均持该观点。三是认为公信受损致使恐慌蔓延从而诱导金融系统性风险的发生。典型的代表是十国集团（G10），其认为金融系统性风险事件引发经济价值或公众信心损失，进而对经济产生严重负面影响，进一步诱发金融系统性风险。

（3）从金融系统性风险后果进行定义，认为金融系统性风险的发生必定对实体经济产生影响。如 Bandt 和 Hartmann（2000）认为，可能对实体经济造成严重负面影响或破坏的风险即为系统性风险。IMF（2011）认为，金融系统性风险是金融体系部分或者全部遭受损失时导致的大面积金融服务被迫中断并给实体经济造成严重影响的风险。Chiu 等（2015）认为，金融系统性风险是金融机构出现严重困境从而导致金融体系崩溃或风险增加并传导到实体部门的风险。

总体而言，从国内外文献对金融系统性风险的不同定义中，可以总结出金融系统性风险是指极端事件发生时金融系统的风险。对于金融系统性风险传染，世界银行从不同视角对其进行了定义。从广泛性视角来看，金融系统性风险传染是指冲击在整个国家金融市场中的传导；从限制性视角来看，金融系统性风险是指冲击在国内或国际金融市场中的传递超过了冲击导致的金融市场联动性；从严格性视角来看，金融系统性风险是指当金融市场受到冲击后，与经济稳定时期相比，金融市场的整体联动性会逐渐递增。总而言之，系统性风险传染具有多米诺骨牌效应，即个别金融机构的危机会通过某种关联迅速传播至整个金融体系，对整个金融体系的运行产生冲击，导致行业的、区域的金融风险，造成经济发展持续衰退。

二、金融系统性风险度量方法研究

根据系统性风险度量的特征大致可分为：

（1）综合指数法。该方法主要包括金融压力指数（Illing and Liu，2006；许涤龙、陈双莲，2015；王维国、王际皓，2016）、总体金融稳定指数（Morris，2011；郭红兵、杜金岷，2014）、金融稳定状态指数（徐国祥、郑雯，2013；李正辉、郑玉航，2015）和金融失衡指数（陈雨露、马勇，2013）。

（2）相关违约方法。该方法通过测度机构间的联合违约概率和违约损失来度量金融体系的系统性风险和单个机构的风险贡献。Suh（2012）提出利用因子增强的相关违约方法估计系统性风险贡献和总体的系统性风险水平。Jobst 和 Gray（2013）、范小云等（2013）、巴曙松等（2013）、王擎等（2016）、李志辉等（2016）分别采用或有权益法（Contingent Claims Approach，CCA）和 Systemic CCA（SCCA）方法，基于机构违约相依关系研究了系统性风险度量问题。

（3）边际预期损失法（MES）。该方法由 Acharya 等（2010）在期望损失（Expected Shortfall，ES）的基础上提出。Brownlees 和 Engle（2010）、Banulescu 和 Dumitrescu（2015）分别进一步推广到动态 MES 模型和成分预期损失模型。国内外其他相关研究见 Abdelkader 和 Slaheddine（2016）、卜林和李政（2015，2016）等。

（4）CoVaR 方法。该方法由 Adrian 和 Brunnermeier（2008，2016）在 VaR 的基础上提出，侧重于反映单个金融机构的风险外溢至其他机构或者整个金融市场的影响。对 CoVaR 模型的估计方法主要有分位数回归（Adrian and Brunnermeier，2016；Laeven et al.，2016；周天芸，2014），如 Adrian 和 Brunnermeier（2016）使用分位数回归估计 CoVaR 模型，考虑了尾部风险，但尾部仅限定为分位数的值；Copula 方法（Kleinow and Moreira，2016；周孝华、陈九生，2016），如 Reboredo 和 Ugolini（2015）基于 Copula-CoVaR 模型，分别度量了希腊债务危机爆发前后对欧洲主权债务市场的系统性风险，但没有考虑风险的动态变化过程；GARCH 方法（Brownlees and Engle，2010；杜子平、李金，2014）等，如杜子平和李金（2014）使用 GARCH 模型估计 CoVaR 模型，但没有考虑极端事件。

（5）Shapley 值分解法。该方法由 Tarashev 等（2009）根据博弈论中 Shapley 值分解提出。Tarashev 等（2010）、Drehmann 和 Tarashev（2013）认为，分配系统性风险的 Shapley 值具有参与法和贡献法两种不同的视角。贾彦东（2011）、梁琪等（2013）认为，贡献法更适于评估银行的系统重要性水平。

（6）关联分析法。次贷危机后，该方法被引入度量和分析金融机构间的网络关联度和关联结构，评估系统性风险。主要的方法包括 Pearson、

Spearman 和 Kendall 三类相关系数分析（Patro et al.，2013；郑振龙等，2014）、主成分分析（Kritzman et al.，2013）、格兰杰因果网络（Billio et al.，2012）、有向无环图和复杂网络分析（Tabak，2014；欧阳红兵、刘晓东，2014；隋聪等，2016）等方法。

（7）CCA 方法。Gray 和 Jobst（2010）、Jobst 和 Gray（2013）将 CCA 模型拓展至宏观层面，分析宏观层面风险在国民经济各部门间传导而引致系统性风险的机制，且在或有 CCA 的基础上提出 Systemic CCA，用以测度整个金融体系的系统性风险。苟文均等（2016）以 CCA 模型为基础，对债务杠杆与系统性风险传染之间的内在联系进行分析。

总体而言，每种方法各有优势，但也均存在不足。如综合指数法无法捕捉系统性风险的传染效应和关联性；相关违约方法具有较高的模型风险；CoVaR 方法的风险溢出不具可加性；MES 仅仅度量了机构的风险贡献；当机构数目较多时 Shapley 值法计算费时；CCA 的分析基于三个假设之上；关联分析法则无法定量分析风险发生的诱发因素。同时，以上所有方法都没有考虑网络舆情因素对系统性风险测度的影响。

三、系统重要性金融机构的相关研究

（一）系统重要性金融机构的界定

系统重要性金融机构风险度量、传导和监管的前提是系统重要性金融机构的界定和识别，目前国内外学者主要根据一定的指标体系和市场标准来确定系统重要性金融机构。对于指标体系，2011 年，巴塞尔委员会（Basel Cemmitlecm Banking Superisim，BCBS）根据规模、关联性、可替代性、全球业务和复杂性五个维度的指标，赋予一定的权重，以此来筛选和确定全球系统重要性金融机构。巴曙松和高江健（2012）将巴塞尔委员会的指标中国化，建立规模、关联性、可替代性、复杂性和国民信心的指标体系，较为符合中国系统重要性银行的特征。对于市场标准，部分国外学者简化了标准，如 Sylvain 等（2013）以 2006 年金融机构的市值超过 10 亿美元为标准，得到 412 家符合全球系统重要性要求的金融机构。而部分国内学者考虑到数据的可得性，以上市金融机构直接作为系统重要性金融机构，如宋清华和姜玉东（2014）选取了在沪深上市的 27 家金融机构代表中国系统重要性金融机构。总之，对于系统重要性金融机构的界定，金融监管部门偏好于指标体系法，侧重点在于系统重要性金融机构本身的识别，以作为金融监管的依据；而学术界偏好于市场标准，在简单界定系统重要性金融机构之后，侧重点在于系统性风险的度量，以强调系统重要性金融机构的风险。

（二） 系统重要性金融机构的测度

国内外学者对系统重要性金融机构的风险度量技术主要有：一是 CoVaR 方法。Kurosaki 和 Kim（2013）使用 ARMA-GARCH-CoVaR 模型，研究系统重要性金融机构对金融系统的系统风险贡献率。Reboredo 和 Ugolini（2015）使用 Copula-CoVaR 研究了希腊债务危机爆发前后欧洲主权债务市场的系统性风险。Drakos 和 Kouretas（2015）运用 CoVaR 和 ΔCoVaR 研究了金融体系不同子部门处于危机时期对系统性风险的贡献程度。欧阳资生和莫廷程（2017）使用分位数回归估计广义 CoVaR 模型，研究系统重要性银行的风险溢出效应。二是边际预期损失法（MES）。Acharya 等（2010）、Brownlees 和 Engle（2017）等基于 DCC-GARCH 模型计算出动态变动的参数，以此构建动态 MES 模型用于重要性金融机构系统性风险的测度。总体而言，每种方法各有优势，但也均存在不足，如 CoVaR 方法的风险溢出不具可加性，MES 仅仅度量了机构的风险贡献。

四、金融系统性风险的传导效应研究

传染是系统性风险的典型特征，也是系统性风险聚集和爆发的一个重要环节（童中文等，2018）。目前对金融系统性风险的传导效应的研究，主要采用两类方法：第一类是所谓的 VAR 方法。该方法以 VAR 及其推广模型为基础，分析金融系统内的风险传导效应，具体可参见叶永刚等（2016）的研究。第二类是网络分析法。该方法目前已成为国际上研究金融机构风险传染效应的主流方法（Diebold and Yilmaz，2014；Härdle et al.，2016；乔海曙、杨蕾，2016）。

目前关于借助金融网络研究系统性风险传染效应的方法大体分为两类：第一类为随机网络，即假定金融网络是随机网络，并进行研究（Smerlak et al.，2015；胡志浩等，2017）；第二类为实际网络，即根据金融机构间关联性的实际数据构建金融网络，运用复杂网络的测量指标来研究系统重要性金融机构，分析风险的传染渠道和传染路径。由于金融机构间错综复杂的关系，使第二类方法更符合实际研究情况。对于第二类方法，主要又可以分为两大块：一是构造无向金融网络（Dahlqvist and Ganbo，2018；乔海曙等，2016）；二是构造有向金融网络（Shahzad et al.，2018）。

（一）无向金融网络构建研究

对于无向金融网络构建的研究，国内外学者主要以金融机构之间的相互关系作为网络连边依据，包括金融时间序列相关系数、金融机构相互持有债权和金融机构间的商业信用关系等。Zeng 等（2016）以 2011~2014年在纽约证券交易所交易的 2109 只股票的每日收盘价作为数据集，以股票间的相关系数为基础构建网络，并运用边缘覆盖和模拟退火方法，对股票市场网络进行分析，发现股票市场网络具有非分形特征，为风险管理提供了新的视角。Chen 等（2016）以金融机构相互持有债权的直接相互关联性作为网络渠道，构建金融无向网络，在出售资产以在困境（流动性渠道）中筹集资金时，研究这两种风险渠道如何相互作用，以确定金融系统风险的主要贡献者。Ma 等（2018）利用金融机构间的商业信用关系，构建了一个内生网络，结合网络拓扑性质，发现贸易伙伴的选择范围、实际产出、劳动力需求、中间产品价格和员工工资，所有这些参数的增加都将导致更高的系统性风险。贺腊容等（2016）利用股票之间的相关系数构建金融网络，运用 Lovain Method（非重叠）算法和 PageRank 算法，从整体和局部综合评估股票节点的重要性，并发现同类型股票存在聚集现象。朱波等（2018）以 2006~2016 年沪深 300 指数成分股高频数据为样本，以"经济金融"关联网络为基础，运用特征向量中心性等网络拓扑性质，考察行业特征、行业系统性风险和货币政策三者之间的关系。谢赤等（2018）以随机矩阵理论和相关系数为基础，运用阈值法构建全球股票网络，从动态视角分析股票网络的拓扑结构特征，解释网络中风险传染效应。

（二）有向金融网络构建研究

随着复杂网络不断深入金融领域，国内外学者除了以相关系数作为连接依据外，开始使用风险溢出作为网络邻接矩阵依据，建立有向金融网络，分析系统重要性金融机构以及风险传染渠道。Hautsch 等（2015）根据统计确定的网络溢出效应和市场资产负债表信息，以 VaR 对系统风险价值的总时变边际效应为基础，构建有向网络，揭示风险溢出渠道，分析金融机构在美国金融体系中的系统重要性。Härdle 等（2016）、Fan 等（2017）重新定义了包含其他金融机构收益率、宏观状态变量和公司内部控制变量的 CoVaR 模型，并以此为基础构建金融有向网络，并从总体上、行业间、各个金融机构这三个层面分析系统性风险的演变过程。Shahzad 等（2018）采用双变量交叉方法，根据看跌、正常和看涨的市场情景，检验 58 个国家股票市场的溢出网络结构，分析风险传染的方向性和风险传染中的关键节点，找出可能导致全球系统性风险的股票市场。刘海云和吕龙（2018）以全球 40 个股票市场为样本，运用因子多元随机波动模型，构建系统性风险溢出网络，分析国际股票市场系统性风险溢出的整体特征。

五、金融系统性风险的预警与防控研究

金融系统的脆弱性及破坏性使构建金融风险预警具有非常重要的意义。该方面研究主要集中在预警指标和预警系统两个方面。预警指标通过构建指标体系对系统性风险进行预警（Kaminsky et al.，1998）；预警系统借助系统性风险度量的各类综合指数法构建金融预警系统（Oet et al.，2011，2013）。此外，巴曙松等（2013）基于 SCCA 讨论了系统性风险预警问题；李志辉等（2016）则基于 SCCA 提出了系统性风险的预警指标（J-VaR）并分析了我国银行业系统性风险的演变趋势；冯科（2010）、宋巍（2018）采用神经网络方法刻画非线性金融时间序列，挖掘极端事件的影响，并应用于金融领域预警研究中。还有一部分学者基于金融网络研究系统性风险控制策略，即主要运用免疫策略、救助策略等复杂网络传播模型与动力学理论，结合网络的具体特征、关键节点和社团结构，对金融网络风险传染的控制策略进行研究（王姗姗，2016；徐涛，2017）。

六、网络舆情度量方法研究

关于网络舆情的度量，一方面通过相关搜索引擎直接获得计数或者图像数据，以此作为舆情数据进一步研究相关问题，如孟雪井等（2016）通过百度搜索引擎获取各关键词的搜索量，以此作为投资者情绪变动的测度指标，进而通过因子分析方法构建对沪市变动具有预测作用的投资者情绪指数。Hamid 和 Heiden（2015）通过谷歌搜索引擎关于关键词 "dow" 的每周搜索量作为投资者关注度的度量指标，并通过经验相似模型研究投资

者关注度与股市之间的关系。Andrie 和 Hasler（2015）通过收集测量 Twitter 上的投资者情绪状态分布情况进行舆情分析。另一方面则是利用文本数据采集获取相关数据，常用网络爬虫或网站公开 API 等方式获取报刊、微博以及股吧平台等相关数据，之后利用自然语言处理方法获取结构化数据进行研究。第一，在数据采集方面，部分学者们通过网站公开 API 等方式抓取微博、股吧及 Twitter 上的相关指标数据（王夫乐、王相悦，2017；Rao and Srivastava，2014）。考虑到 API 存在使用次数及频数限制等缺点，利用 python 等语言编写代码进行网络爬虫可以更有效地获取所需数据（Leitch et al.，2017；陈卫华、徐国祥，2018）。第二，在关键词选择方面，学者们分别通过主观选词法和模型选词法确定关键词。主观选词法依赖于学者们自身的经验，在通用情感词典、《现代汉语词典》等已有相关词典的基础上，通过整理相关资料并根据实际研究需要手动构建词库（汪昌云、武佳薇，2015；Bandhakavi et al.，2016）。而模型选词是将大量可能的关键词全部纳入，再利用支持向量机、Word2vec 等模型基于机器学习的方法确定最终关键词（Manela and Moreira，2017）。第三，在网络舆情的度量方面，构造情感词典法通用性较强，在所确认关键词的基础上，对金融网络舆情进行综合评价测度。通过将不同情绪进行定性分级，并对不同维度情绪赋予相应分值以获得舆情指数（游家兴、吴静，2012；欧阳资生、李虹宣，2019；王夫乐、王相悦，2017）。而谭松涛等（2015）将关键词分为正面及负面词汇并与文章进行匹配后，分别计算正面、负面词汇占整个词汇的比重来反映媒体情绪；王靖一和黄益平（2018）将报道中的情感词赋予不同的权重，计算每篇报道中的正负情感指数，并通过直接加总获得报道的净情感指数。此外，利用机器学习算法构建网络舆情指数，在与相关领域的文本情感倾向性评价中有较好表现。学者们通过朴素贝叶斯、决策树和支持向量机（SVM）等模型训练样本集，进而构建网络舆情指数（Huang et al.，2014；金秀等，2018）。

七、网络舆情与金融系统性风险关系研究

近年来，越来越多的学者热衷于研究网络舆情对金融市场的影响，而网络舆情对金融市场的影响是以投资者为媒介进行分析的。关于网络舆情与股市收益之间的关系，Frijns 等（2017）将股票收益分解为基本和非基

本因素进行研究，发现投资者情绪解释了收益中非基本因素的水平、方差和协方差，表明股票收益率是由投资者情绪驱动的。Ryu 等（2017）构建回归模型研究发现高涨的投资者情绪将导致更高的收益。姚尧之等（2018）分析股市交易数据发现，相对乐观的投资者情绪将对当期收益产生显著的正向影响。另外，投资者对于某只股票未来收益情况判断的差异，即投资者的意见分歧对股票收益也存在影响。包锋和徐建国（2015）通过事件研究法得出投资者意见分歧水平越大，则股票短期动量收益越高，但是长期而言结果反转收益水平越低。Chen（2010）发现投资者意见分歧会导致 IPO 后的股价运行主要由乐观投资者决定，而投资者的乐观倾向会造成股价高估。Yang 和 Zhou（2015）发现，个人和机构、高涨和低落情绪等不同类型投资者对股票收益的影响程度存在差异。关于网络舆情与股市流动性间的关系，Luo 等（2015）运用格兰杰因果关系检验发现，投资者情绪是市场流动性变动的原因，即当投资者情绪高涨时，市场交易量也会增加。刘晓星等（2016）发现，高投资者情绪能够促进市场流动性，且随着投资者对股市相关消息认知能力的上升，股市的流动性相对减弱。Yang 等（2016）、田高良等（2018）提出机构投资者在舆情高涨时通过识别和交易估值过高的股票、上市机构重视和管理网络舆情的发展，向市场传递公司的特质信息，进而提高市场的信息效率。Seo 等（2015）、Kim 等（2017）、Lin 等（2018）研究发现，网络舆情对衍生金融市场中期权、期货交易具有影响，高情绪期间投资者情绪对期权交易回报的可预测性较低情绪期间更强；高情绪期间知情交易者变得不愿意在期货市场利用其信息优势降低期货市场在价格发现方面的作用，从而诱发了更高的套利风险。

目前，研究者通过探讨网络舆情对市场波动性等的影响进一步探究了网络舆情对金融市场稳定的影响关系。Ruan 和 Zhang（2016）、Gargano 和 Rossi（2018）通过建立投资者关注对市场微观结构影响的数理模型，印证了更高的投资者关注会导致更强的股市波动。童中文等（2016）运用 SGMM 和 DGMM 等模型研究媒体效应对银行系统性风险的影响，发现媒体报道数量越多，投资者情绪越悲观，银行发生系统性风险的可能性越小，对金融市场稳定性的影响也越小，反之亦然。姚登宝（2017）应用 TVP-SV-SVAR 模型研究投资者情绪对金融市场稳定的影响机制及其动态关系，发现投资者情绪和金融市场稳定存在单向格兰杰因果关系，并且投资者情绪对金融市场稳定的冲击效应逐年减弱且存在时滞效应。同时，研究发现，对于网络舆情适当的管理，有助于维护金融市场的稳定。游家兴和吴静（2012）以投资者情绪为中介，研究新闻媒体对金融市场运转可能存在的负面效应，新闻媒体对公司的正面报道一般会提高公司价值及并购价格，报道所传递的媒体情绪越乐观，新股发行抑价程度越大，而之后表现为长期弱市来纠正之前的价格。刘海飞等（2017）通过建立线性和非线性回归模型，发现微博信息质量将改变公司股票波动受到市场平均股票的影响情况，并且随着信息质量的提高呈现出非线性"U"形关系，即随着社交网络信息质量水平的提升，股价同步性逐渐降到最小值，而后又逐渐提高。欧阳资生等（2021）研究发现，网络关注度和网络意见分歧对系统性金融风险具有显著正向影响，而网络情绪对系统性金融风险的影响具有非对称性。Harris 和 Raviv（1993）通过投资者对发布的公共信息的不同解读构建模型，发现尽管股价无明显变化，但投资者意见分歧导致股票成交量的波动。Carlin 等（2014）对投资者意见分歧微观层面的决定性因素进行研究发现，投资者意见分歧程度上升与预期收益较高、交易量和收益波动较大有关，且当市场出现意见分歧时，与异常交易量相关的不确定性将增大。吴璇等（2017）研究发现，当公司面临负面媒体舆论情绪或者出现坏消息时，积极的网络舆情管理能够改善股票流动性，进而维护金融市场的稳定。

八、文献述评

综上所述，国内外学者在金融系统性风险的生成、度量、传导与预警等领域开展了大量的研究，为本书研究提供了重要的参考。但现有研究至少在以下方面还有待进一步深入：第一，网络舆情在系统性风险分析中的作用有待深入研究。如何采用大数据分析方法充分挖掘网络舆情信息，将网络舆情指数纳入系统性风险度量并最终对系统性风险进行测度和预警有待深入研究。第二，我国金融系统性风险的度量与预警研究还需进一步系统化。目前国内外研究基本只是从系统性风险的一个或几个方面展开研究，具有碎片化特征，如何从点——单个机构的系统性风险贡献、线——金融机构间的网络关联结构、面——金融体系总的风险水平三个层面全面系统地研究系统性风险的度量、传导效应和预警方法是一个重要的课题。第三，我国金融系统性风险的度量与预警研究方法有待进一步加强。我国学者主要围绕国际前沿的系统性风险度量和监测的新方法、新技术在我国的应用展开研究，但或者对极端条件下的尾部风险考虑较少，或者基于静态视角讨论，或者在分析风险传导效应时很少借用复杂网络的思维。因此，本书尝试综合考虑网络舆情影响，构建网络舆情指数，并将其纳入系统性风险分析中，通过将极值分位数回归、极值统计、复杂网络、机器学习等方法有机结合构建理论模型，探讨我国金融系统性风险度量、传导和预警方法，以期为我国经济转型发展中合理规避系统性风险提供支撑。

第三节
研究内容

本书将"中国金融体系的系统性风险"作为主要研究对象，按照"提出问题—理论模型构建与统计分析—问题解决方案"的思路展开研究，选取我国银行、保险、信托和证券等上市金融机构的股票和财务数据，收集网络舆情数据，构建网络舆情指数，着力研究在网络舆情影响下的金融系统性风险度量、传导与预警方法。主要研究内容如下：

第一章：绪论。首先说明了选题背景和意义，然后分析了金融系统性风险的含义，并对国内外相关文献进行了系统综述，最后阐述了本书的研究内容、研究方法及其创新点。

第二章：几种典型的金融系统性风险度量方法比较研究。主要采用条件在险值（CoVaR）、边际期望损失（MES）、金融巨灾风险指标（CAT-FIN）、SRISK、中国 CISS 指数五个系统性风险测度指标，研究了我国上市金融机构的金融系统性风险溢出效应及不同时段的演变特征，并比较五种金融系统性风险测度指标在我国的适用性。

第三章：基于广义 CoVaR 模型的系统重要性金融机构的风险溢出效应研究。首先分析了系统重要性金融机构分析溢出效应的理论基础，然后通过构建广义 CoVaR 模型，即 CoVaR 模型的条件由金融机构 q 分位点下的收益率等于 VaR 推广至最多等于 VaR，使用分位数回归模型和 DCC-GARCH 模型估计广义 CoVaR 模型度量系统重要性金融机构系统性风险的尾部风险及其动态风险溢出效应。

第四章：网络舆情指标的构建。首先对网络舆情的内涵进行界定，然后以 2015 年 1 月到 2018 年 12 月东方财富网上市金融机构 1000 万余条发帖信息为研究载体，创建情感词典并设立相应模型，从投资者关注和投资者情绪两个角度构建了"投资者关注度""投资者情绪"和"投资者意见分歧"三个网络舆情指标。

第五章：网络舆情对金融系统性风险的影响研究。从行为金融学的角度，借助投资者"有限关注""过度自信"等理论分析网络舆情信息下投资者行为和投资者情绪对金融系统性风险的影响机理。然后，使用 DCC-GARCH 模型估计广义 CoVaR，以此度量金融机构的风险溢出效应，在实证部分，构建了广义矩估计动态面板模型研究变量间长期的影响效应。同时，构建面板向量自回归模型，运用脉冲响应函数分析短期内各时期变量间的冲击效应。

第六章：新冠肺炎疫情、网络舆情与金融系统性风险的关联研究。本章以新冠肺炎疫情为例，基于 2019 年 1 月至 2020 年 6 月 45 家中国金融机构的日收益率数据，利用改进的事件研究法分析了新冠肺炎疫情发生后各金融行业的系统性风险走势变化，探究了各金融行业系统性风险的舆情效应、水平效应和趋势效应。

第七章：媒体报道、经济政策不确定性与金融系统性风险关联研究。选取由媒体报道构建的中国经济政策不确定性指数和 14 个代表性金融系统性风险测度指标，首先运用分位数格兰杰因果检验探讨了经济政策不确定性与金融系统性风险指标的因果关系，然后采用主成分分位数回归分别以经济政策不确定性与金融系统性风险为被解释变量，分析了经济政策不确定性与金融系统性风险的相互影响关系。研究表明，经济政策不确定性的上升不能起到稳定器作用，但其对系统性风险加剧有助推作用，同时系统性风险的上升也会倒逼经济政策不确定性的增加。此外，经济政策不确定性对金融系统性风险具有较大的预警作用。

第八章：复杂网络与金融系统性风险传染效应的理论分析。首先介绍了复杂网络的内涵，分析了有向复杂网络与金融系统性风险的关系；其次从节点的度、影响力中心和网络连接性等方面分析了网络拓扑性质与金融系统性风险传染效应关系；最后从小世界特性和无标度特性两个方面探讨了网络结构与金融系统性风险传染效应关系。

第九章：嵌入网络舆情指数的中国金融机构系统性风险传染效应研究。首先基于文本挖掘技术构建反映投资者情绪的网络舆情指数，然后将所构建的网络舆情指数嵌入系统性风险传染效应度量模型，得到修正的单指标非对称 CoVaR 模型，并运用线性分位数 LASSO 算法与局部估计方法进行参数估计，以此为基础构建金融有向网络对中国金融机构系统性风险传染效应进行实证分析。

第十章：有向网络视角下金融系统性风险预警和免疫策略研究。以单指标非对称 CoVaR 模型构建的金融有向网络为基础，依据出度与入度的思想，并以系统重要性金融机构为研究样本，运用应用累积和方法与免疫策略，从风险预防和风险控制这两个方面进行金融系统性风险预警与免疫策略分析。

第十一章：嵌入网络舆情指数的中国金融系统性风险预警研究——基于 LSTM 深度神经网络模型。采用 LSTM 深度神经网络构建中国金融系统性风险预警模型，基于混频因果检验方法，考察了网络舆情与金融系统性风险的非线性格兰杰因果关系，然后通过文本挖掘股吧评论数据，构建网络舆情指数，并将其作为训练集纳入预警模型测试预警效果，最后将预警结果与 BP 神经网络模型、SVR 模型和 ARIMA 模型的预警结果进行对比，说明所构建的模型的合理性。

第十二章：网络舆情影响下金融系统性风险应对措施及长效机制。首先探讨了网络舆情影响下的金融系统性风险防范的原则，分析了我国金融系统性风险的应对现状与不足；其次从金融系统性风险防治的网络社交平台规制对策、网络舆情与金融系统性风险的协同应急对策、金融系统性风险防治的财政金融组合对策和金融系统性风险治理的多维度信息公开对策四个方面提出了网络舆情影响下金融系统性风险防范的短期措施；最后从构建嵌入网络舆情的金融系统性风险预警系统、完善金融系统性风险防治的网络舆情管理机制、构建系统性风险预警的资源保障体系、健全网络舆情和应急管理法律制度、丰富系统性风险处置宏观审慎政策体系五个方面探讨了网络舆情影响下我国金融系统性风险防范的长效机制。

第四节
研究方法

本书将综合运用统计学、金融风险管理、大数据、计量经济学、复杂网络、机器学习等多学科的理论与方法。本书的主要研究方法包括：①在构建网络舆情指数时，运用情感分析方法以及网络文本挖掘方法构建反映不同类型网络舆情的关键词词典，并由此编制舆情指数。②在系统性风险度量时，采用极值理论、Copula 方法、极值分位数回归、DCC-GARCH 等方法估计广义 CoVaR 及其溢出效应。③在系统性风险的影响分析中，采用动态面板模型进行分析，并通过改变分位数进行稳健性检验。④在风险传导效应分析时，采用有向网络构建单指标非对称 CoVaR，并运用线性分位数 LASSO 算法与局部估计方法进行参数估计。⑤在探讨新冠肺炎疫情对中国金融业系统性风险的影响时则采用事件分析法。⑥在研究经济政策不确定性和金融系统性风险关系时，运用分位数格兰杰因果检验和主成分分位数回归分析两者的相互影响关系。⑦在研究预警方法时，主要用网络分析方法和机器学习等方法进行分析。

第五节
创新点

在研究过程中，本书充分考虑网络舆情对金融系统性风险的重要影响，在构建网络舆情指数基础上，将网络舆情指数嵌入到系统性风险度量、传导与预警中，以进一步提高系统性风险分析的准确度，同时为我国金融系统性风险的研究提供新思路、新视野。这一思想既是对已有研究成果的继承，也是对系统性风险度量、传导和预警模型的理论拓展。具体而言，本书的创新点主要体现在以下几个方面：

（1）在系统重要性金融机构识别和金融系统性风险测度方面。在对五种经典的金融系统性风险度量方法进行比较研究的基础上，构建出更能反映金融系统性风险尾部风险的广义 CoVaR 模型，使用分位数回归和 DCC-GARCH 估计广义 CoVaR 模型度量系统重要性金融机构系统性风险的尾部风险及其动态风险溢出效应，并甄别出目前的系统重要性金融机构。

（2）在网络舆情金融系统性风险的影响方面。以东方财富网上市金融机构 1000 万余条发帖信息为研究载体，创建情感词典并设立相应模型，从投资者关注和投资者情绪两个角度构建网络舆情指数。然后在理论分析网络舆情信息下投资者行为和投资者情绪对金融系统性风险的影响机理上，利用广义矩估计动态面板模型研究网络舆情对金融系统性风险的影响；同时采用面板向量自回归模型，运用脉冲响应函数分析网络舆情对金融系统性风险的短期冲击效应。

（3）在突发事件和经济政策不确定性对金融系统性风险的影响方面。一是以新冠肺炎疫情暴发这一特殊事件为研究对象，基于我国上市金融机构的收益率数据，利用改进的事件研究法分析了新冠肺炎疫情发生后各金融行业的系统性风险走势变化，探究各金融行业系统性风险的舆情效应、水平效应和趋势效应。二是选取金融机构极值风险、金融体系间的传染效应、金融市场的波动性和不稳定性、流动性和信用风险 4 个层面的 14 个代表性指标测度金融系统性风险；运用主成分分位数回归构建金融系统性风险综合指标，分析经济政策不确定性与金融系统性风险的相互影响关系，得到所构建的金融系统性风险综合指标能更好地说明与经济政策不确定性之间的双向因果关系。

（4）在金融系统性风险传导方面。在理论上探讨复杂网络与金融系统性传染效应关系的基础上，将有向网络方法引入到系统性风险的传导效应分析中。通过将所构建的网络舆情指数嵌入到系统性风险传染效应度量模型，得到修正的单指标非对称 CoVaR 模型，并运用线性分位数 LASSO 算法与局部估计方法进行参数估计，分析中国金融机构系统性风险传染效应和传染路径。

（5）在金融系统性风险预警方面。一是采用有向网络分析方法，运用应用累积和方法与免疫策略，从风险预防和风险控制两个方面进行金融系统性风险预警与免疫策略分析。二是基于 LSTM 深度神经网络模型，构建嵌入网络舆情指数的中国金融系统性风险预警模型，并将预警结果与 BP 神经网络模型、SVR 模型和 ARIMA 模型的预警结果进行对比，说明所构建模型的优越性。

几种典型的金融系统性风险
度量方法比较研究

第一节
引言

2008 年的全球金融危机引发了国际组织、各国金融监管机构及学者们对金融系统性风险的重新思考。与此同时，金融风险传染日渐常态化，包括"钱荒""熔断机制"等极端风险事件的发生，使金融系统性风险在资本市场快速传播。中国目前正处在供给侧结构性改革和经济转型时期，金融业深层次矛盾进一步凸显。党的十九大报告强调"要守住不发生系统性金融风险的底线"，因此防范和化解金融系统性风险对我国金融长期发展至关重要，也成为我国实体经济长期稳定向好的重要条件。

金融机构通过扩大表外业务规模和资产负债表来增加盈利，通过金融创新和杠杆化控制自身的风险。但整个金融系统内的风险并不能避免，而是被转移和重新分配，因此一个金融机构的平稳运行并不一定意味着整个金融体系是安全的。随着金融水平的不断提升，金融机构之间的关联度不断提高，若一家金融机构陷入危机，其个体风险将通过资产负债关联和投资者非理性"羊群效应"等途径快速传导，可能导致系统性风险，进而危及整个经济社会的平稳运行。因此，找到合适的系统性风险度量方法，从个体和整体的角度评估中国金融业的系统性风险显得十分重要。

目前金融系统性风险的度量方法主要分为"自上而下"和"自下而上"两种分析方法（Mathias and Nikola, 2011）。"自上而下"的分析方法是首先计算金融系统遭受的风险，然后将风险分配给每个金融机构。SES和MES方法（Acharya et al., 2017）、SRISK方法（Brownlees and Engle, 2017；张琳等, 2018）均属此类。SES和MES方法可以衡量所有超过阈值的损失，其考虑了金融机构杠杆对系统性风险的影响以及金融机构对边际风险的贡献。SRISK方法则以单个机构相对于整个系统的资本短缺程度来衡量其系统性风险贡献，该指标考虑了规模、关联性、杠杆率等多个因素。"自下而上"的分析方法是衡量当一个金融机构遭遇风险时，其对金融系统产生的风险。此类方法的主要代表是 Adrian 和 Brunnermeier（2016）提出的条件在险值（CoVaR）及 ΔCoVaR（Karimalist and Nomikos，2018）。CoVaR 可以衡量单个金融机构对整体系统性风险的溢出效应。当然，这几个衡量指标均有一定的局限性，例如 CoVaR 无法测度一定置信水平下的期望损失，很难对金融体系面临的系统性风险进行测度（Acharya et al.，2012）。MES 更多的是反映金融机构在遭遇金融风险的情况下需要补充的资本金，但其忽略了金融机构的规模、杠杆比率等因素，在辨识金融风险贡献时将会存在一定的误差（杨子晖等，2018）。而 SRISK 主要强调金融机构自身经营引发金融资本短缺，但其未充分考虑风险溢出等原因，也具有一定的局限性（梁琪等，2013）。

与此同时，无论是"自上而下"还是"自下而上"方法，其考虑的都是单个银行对系统性风险的贡献，是微观层面的系统性风险度量，对宏观经济不具有预测能力。为此，Allen 等（2012）构建了一个系统性风险的宏观指数，即金融部门的巨灾风险（Catastrophic Risk in the Financial Sector，CATFIN）。CATFIN 通过估计金融机构股票收益率分布得到，测算的是金融部门总体的风险承担。同时，由于系统性风险爆发时的一个重要特征是各金融市场风险联动性和传染性的显著增强，清华大学国家金融研究院金融与发展研究中心课题组（2019）基于这一特征构建了描述中国金融市场系统性压力的指标——中国 CISS（Composite Indicator of Systemic Stress）。该指标选取金融部门、股票、债券、外汇市场的子指标，用子指标间时变的相关系数矩阵作为动态权重，对市场间相关性增强且各子指标均上升到高位的情况（显示风险在市场之间的传染）赋予更高的权重，以此识别"系统性"压力。

目前，虽然系统性风险度量方法得到了不断改进，却也带来了诸如无法判定适用性和优劣性等问题。一方面，各类测度方法对系统性风险的度量存在一定的差异，增加了金融监管机构在实施宏观审慎监管时的难度；另一方面，不少测度方法实际上难以度量系统性风险的系统性以及多维性，并且现有研究大多采用 CoVaR、MES、CATFIN、SRISK 和中国 CISS 指数中的一种或两种。本章通过五种度量方法的比较分析，一方面从理论和实证角度探讨五种度量方法的适用性；另一方面通过这五种金融系统性风险测度指标，对金融机构的风险进行排序，讨论我国银行、保险和证券金融系统性风险的大小，并指出危机期间和非危机期间各行业的系统性风险的差异。

第二节
几种金融系统性风险测度方法比较

一、边际期望损失（MES）

Acharya 等（2017）在期望损失（Expected Shortfall，ES）的基础上提出边际期望损失（Marginal Expected Shortfall，MES），其假设金融系统包括 N 家金融机构，用 ES 来测度单个机构的金融风险，而用 MES 表示金融机构 $i(i = 1, 2, 3, \cdots, N)$ 对金融系统性风险的边际贡献。机构 i 在 t 时刻的收益率为 $r_{i, t}$，$r_{m, t}$ 表示 t 时刻的市场收益率，定义如下：

$$r_{m, t} = \sum_{i=1}^{N} \omega_i r_i, t \tag{2-1}$$

其中，ω_i 表示金融机构 i 的总资产在金融系统总资产的占比，则金融系统的条件期望损失（ES）定义为：

$$ES_{m, t-1}(C) = E_{t-1}(r_{m, t} \mid r_{m, t} < C) = \sum_{i=1}^{N} \omega_i E_{t-1}(r_{i, t} \mid r_{m, t} < C) \tag{2-2}$$

则机构 i 的边际期望损失（MES）定义为：

$$MES_{i, t}(C) = \frac{\partial ES_{m, t-1}(C)}{\partial \omega_i} = E_{t-1}(r_{i, t} \mid r_{m, t} < C) \tag{2-3}$$

二、SRISK

MES 衡量的是公司回报的尾部预期，这里首先引进长期边际期望损失（LRMES）。LRMES 表示基于发生系统性事件为条件的公司期望累计收益率，其计算公式为：

$$LRMES_{t+1: t+h}^{i} = \frac{\sum_{s=1}^{S} R_{i, t+1: t+h}^{s} I\{R_{m, t+1: t+h}^{s} < C\}}{\sum_{s=1}^{S} I\{R_{m, t+1: t+h}^{s} < C\}} \tag{2-4}$$

其中，$I\{\}$ 为示性函数，其在 h 期小于阈值 C 时为 1，其他情况为 0。

根据 Brownless 和 Engel（2017）的研究，SRISK 的定义为：

$$SRISK_t^i = \max[0, -kD_t^i + (1-k)W_t^i(1 - LRMES_t^i)] \qquad (2-5)$$

其中，D_t^i 为负债的账面价值，W_t^i 为资产价值，k 为金融机构的审慎权益资产比率。此外，单个金融机构 i 对于整体系统的资本短缺程度可以表示为：

$$SRISK\%_t^i = SRISK_t^i / \sum SRISK_t^i \qquad (2-6)$$

也就是说，$SRISK\%$ 越大，金融机构 i 在金融系统中的重要性越大。

三、条件在险值（CoVaR）

根据 Adrian 和 Brunnermeier（2016）的研究，CoVaR 定义如下：

$$Pr(X^j \leq CoVaR_q^{j|i} \mid X^j \leq VaR_q^i) = q \qquad (2-7)$$

根据式（2-7），$CoVaR_q^{j|i}$ 表示在分位点为 q 时金融机构 i 处于危机的条件下，金融机构 j 面临的 VaR。根据 CoVaR 模型的定义，使用分位数回归来估计 CoVaR 模型。

（1）建立 $q = 0.05$ 的分位数回归模型，估计参数 $\hat{\alpha}_q^i$ 和 $\hat{\beta}_q^i$。模型的公式如下：

$$\hat{X}_q^{j|X^i} = \hat{\alpha}_q^i + \hat{\beta}_q^i X^i \qquad (2-8)$$

其中，X^j 为金融市场整体的收益率序列，X^i 表示单个金融机构的收益率序列。

（2）根据分位数 q 和中位数，收益率由从小到大的次序进行排列，分别确定 VaR_q^i 和 $VaR_{0.5}^i$。

（3）综上计算 $CoVaR_q^{j|i}$ 和 $\Delta CoVaR_q^{j|i}$，最终分别对其序列取平均值。具体计算公式如下：

$$CoVaR_q^{j|i} = CoVaR_q^{j|X^i = VaR_q^i} = VaR_q^{j|X^i} = \hat{\alpha}_q^i + \hat{\beta}_q^i VaR_q^i \qquad (2-9)$$

$$\Delta CoVaR_q^{j|i} = CoVaR_q^{j|X^i = VaR_q^i} - CoVaR_q^{j|X^i = VaR_{0.5}^i} \qquad (2-10)$$

其中，$\Delta CoVaR_q^{j|i}$ 表示金融机构 i 对整个金融市场体系 j 的风险溢出效应。

这里可以注意到 CoVaR、MES 和 SRISK 的区别。CoVaR 代表了某个机构对系统的风险贡献，衡量了单个机构面临危机时的整体系统风险，这是一种"自下而上"的分析。与此同时，MES 和 SRISK 是一种分析系统风险的"自上而下"的方法，它衡量的是在整个系统遭遇金融危机时单个机构的风险。

四、金融巨灾风险指标（CATFIN）

参照 Allen 等（2012）的研究，以各个金融机构的月度超额收益构建截面数据库，通过广义帕累托分布（Generalized Pareto Distribution，GPD）与非参数模型分别计算截面的极端尾部风险值，然后计算其平均值得到 Catfin 指标值。

（一）广义帕累托分布

GPD 是极值统计中的一个重要分布。设 X_1，X_2，$\cdots$，X_n 为一组独立同分布的随机变量，则 GPD 定义如下：

$$G_{\xi,\beta}(x)=\begin{cases}1-(1+\xi x/\beta)^{-1/\beta}, & \xi\neq0\\1-\exp(-x/\beta), & \xi=0\end{cases} \qquad (2-11)$$

其中，$\beta>0$，且当 $\xi>0$ 时，$x\geq0$；且当 $\xi<0$ 时，$0\leq x\leq-\beta/\xi$。

根据 $VaR=F^{-1}(c)$，可得到给定置信水平 c 下的分位数：

$$VaR_c=u+\frac{\hat{\beta}}{\hat{\xi}}\left\{\left[\frac{n}{N_u}(1-c)\right]^{-\xi}-1\right\} \qquad (2-12)$$

其中，n 为样本数，N_u 为大于阈值 u 的样本个数，ξ 是分布的形式参数，β 是分布的刻度参数。

（二）非参数模型

记 X_1，X_2，$\cdots$，X_n 为 R_t 的 n 个样本，则 $f(x)$ 的核估计为：

$$f=\frac{1}{nh}\sum_{i=1}^{n}K\left(\frac{X_i-x}{h}\right) \qquad (2-13)$$

其中，$f(x)$ 为收益率 R_t 的概率密度函数，K 是核函数，h 为窗宽，n 为样本量。这里采用高斯核函数对模型进行分析，即 $K(x)=h(x)=\frac{1}{\sqrt{2\pi}}e^{-\frac{x^2}{2}}$。然后，对该密度函数求积分得到一定置信水平下的 VaR 值。

五、中国 CISS 指数

根据清华大学国家金融研究院金融与发展研究中心课题组（2019），

本章构建的中国 CISS 指数包括股票市场、货币与债券市场、外汇市场三个子市场。每个市场选取 2~4 个指标，从而转换为构建中国 CISS 指数的 9 个基础性指标。基础指标汇总如表 2-1 所示。

首先对 9 个基础指标进行标准化，然后将标准化后的数据进行赋权，由于各子市场之间相关性和波动率增大大多来自金融危机。因此，这里将相关系数和波动率上升的时间点赋予更高的权重，相关系数和波动率平稳时期赋予较低的权重。通过此种赋权可以更加突出时间序列上对系统性风险事件的识别。中国 CISS 指数的具体计算公式为：

$$CISS_t = (w_t \cdot s_t) C_t (w_t \cdot s_t)' \tag{2-14}$$

其中，s_t 为子指标向量；$w_t = \left\{ \dfrac{1}{9}, \cdots, \dfrac{1}{9} \right\}$ 为 1×9 的向量，代表各指标的权重均为 1/9；C_t 为 9×9 的矩阵，代表 t 时刻不同指标之间的相关系数矩阵。C_t 由每个指标间的相关系数 p_t^{ij} 构成，p_t^{ij} 通过加权移动平均（EWMA）计算。具体而言，用 $\sigma_{ij,t}$ 代表 t 时期 $s_{i,t}$ 和 $s_{j,t}$ 之间移动加权的协方差。协方差和方差根据 EWMA 计算，然后计算相关系数 p_t^{ij}。

$$\sigma_{ij,\,t} = \lambda \sigma_{ij,\,t-1} + (1 - \lambda) s_{i,\,t} s_{j,\,t} \tag{2-15}$$

$$\sigma_{i,\,t}^2 = \lambda \sigma_{i,\,t-1} + (1 - \lambda) s_{i,\,t}^2 \tag{2-16}$$

$$p_t^{ij} = \sigma_{ij,\,t} / \sigma_{i,\,t} \sigma_{j,\,t} \tag{2-17}$$

其中，$i = 1, \cdots, 9$；$j = 1, \cdots, 9$；$t = 1, \cdots, N$。λ 是平滑参数，其值越大表明以越慢的速度反映最新的金融数据信息。

表 2-1　中国 CISS 指数基础指标

子市场	基础指标	变量定义
股票市场	股票波动率	股票指数日度收益率的绝对值
	累计最大损失	$CMAX_t = 1 - x_t / \max \left[x \in (x_{t-j},\ j=0,\ T=1,\ 2,\ \cdots,\ T) \right]$
	个股流动性	个股换手率
	账面杠杆率	总负债/总资产
货币与债券市场	信用利差	SHIBOR 与国债收益率利差
	期限利差	10 年期国债收益率和 3 个月期国债收益率利差
	利率	3 个月基于 FR007 的利率互换
外汇市场	汇率波动率	美元兑人民币汇率的波动率
	离岸 NDF 波动率	离岸市场无本金交割远期外汇交易合约价格波动率

第三节
中国上市金融机构金融系统性
风险比较的实证分析

一、数据的选取与描述性统计

为全面准确比较和刻画 CoVaR、MES、SRISK、CATFIN 和中国 CISS 指数对中国金融市场的适用性和分布特征，从银行、证券、保险三个板块选取了 45 家上市公司作为样本，其中银行机构 16 家，证券机构 25 家，保险机构 4 家①。样本区间为 2008 年 1 月 1 日至 2019 年 3 月 31 日，选取沪深 300 指数收益率作为市场收益率指标。所有数据均来自 CSMAR 数据库和 Wind 数据库。

表 2-2 给出了 CoVaR、MES、CATFIN、SRISK 和中国 CISS 的描述性统计量，其中 Panel 1 为金融系统的风险指标值，Panel 2 ~ Panel 4 为分行业指标值②。从表 2-2 中可以看出，银行、证券和保险的 MES 的均值分别是 0.0309、0.0335 和 0.0326，其中 0.0309 表示在系统性风险发生时，银行对系统性风险的边际贡献为 0.0309，证券、保险和银行边际期望损失依次递减，说明证券的系统性风险期望损失高于银行和保险。银行、证券和保险三个机构 MES 的中位数分别为 0.0291、0.0249 和 0.0301，其中保险公司的中位数更大。银行、证券和保险的 CoVaR 均值分别为 0.0332、0.0302 和 0.0316，其中 0.0332 说明在金融机构处于极端状态时金融系统

---

① 具体包括以下 45 家金融机构：16 家银行机构，即中国银行、中信银行、建设银行、工商银行、光大银行、交通银行、农业银行、北京银行、兴业银行、南京银行、招商银行、民生银行、华夏银行、浦发银行、宁波银行、平安银行；25 家证券机构，即国投安信、方正证券、光大证券、华泰证券、东吴证券、兴业证券、国泰君安、东兴证券、招商证券、东方证券、海通证券、西南证券、国金证券、中信证券、国信证券、西部证券、山西证券、长江证券、广发证券、国海证券、国元证券、锦龙股份、东北证券、申万宏源证券、太平洋证券；4 家保险机构，即中国平安、新华保险、中国太保、中国人寿。

② 因中国 CISS 指数的算法只能衡量金融系统的风险，故分行业中无中国 CISS 指数。

条件在险值为 0.0332，其值越大，表明该机构发生危机对金融系统的影响越大。因此，银行较证券和保险来说，更应受到金融监管部门的关注。中国 CISS 的均值为 0.1042，其波动范围为 0.0253~0.2934。而 SRISK 则与 MES 和 CoVaR 有所不同，其中银行的 SRISK 最大，其最大值为 645.32，而证券和保险的 SRISK 则较小。CATFIN 的最大值为 0.2115，最小值为 0.0439，波动较大。总体而言，描述性统计表明不同系统性风险测度指标的变动规律有一定的差别。

表 2-2　系统性风险变量描述性统计

变量	均值	中位数	标准差	最小值	最大值
Panel 1：金融系统					
CoVaR	0.0306	0.0288	0.0121	0.0146	0.0629
MES	0.0316	0.0292	0.0141	0.0116	0.0784
SRISK	433.18	456.51	186.71	92.69	719.76
CATFIN	0.0967	0.0811	0.0401	0.0439	0.2115
中国 CISS	0.1042	0.0753	0.0656	0.0253	0.2934
Panel 2：银行					
CoVaR	0.0332	0.0282	0.0109	0.0151	0.0638
MES	0.0309	0.0291	0.0793	0.0109	0.0703
SRISK	376.51	391.57	172.41	80.23	645.32
CATFIN	0.0986	0.0835	0.0418	0.0438	0.2023
Panel 3：证券					
CoVaR	0.0302	0.0276	0.0105	0.0141	0.0604
MES	0.0335	0.0249	0.0094	0.0123	0.0843
SRISK	3.56	1.56	3.25	0.33	9.27
CATFIN	0.1029	0.0933	0.0387	0.0513	0.2012
Panel 4：保险					
CoVaR	0.0316	0.0239	0.0091	0.0119	0.0615
MES	0.0326	0.0301	0.0128	0.0138	0.0728
SRISK	53.11	56.25	15.62	12.13	86.34
CATFIN	0.1037	0.0924	0.0388	0.0424	0.2112

二、金融系统性风险整体测度

本章旨在运用五种系统性风险度量方法，即 CoVaR、MES、CATFIN、SRISK 和中国 CISS，分析中国金融市场金融系统性风险随时间的变化，不同行业间的风险差异以及指标的不同含义。图 2-1 至图 2-4 显示了中国金融系统性风险随时间的变化，如在 2008 年国际金融危机时期和 2015 年"股灾"期间，CoVaR、MES、中国 CISS 和 CATFIN 都出现了剧烈波动，而在 2013 年我国"钱荒"时波动幅度较小。但观察各指标具体变动趋势，指标间存在一定的差异性。不过，SRISK 在这几个时期并没有明显的波动，呈现出持续的增长，可能是由于 SRISK 与金融机构的负债和市值有关，而且金融机构的不断扩张也增加了它们的风险资本。

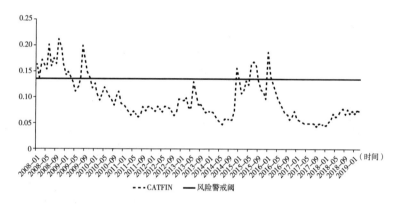

图 2-1　2008 年 1 月至 2019 年 3 月中国金融体系巨灾风险指标 CATFIN 趋势

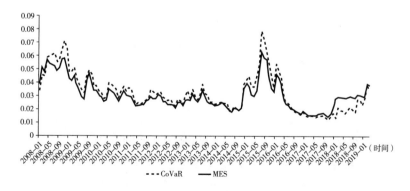

图 2-2　2008 年 1 月至 2019 年 3 月中国金融机构整体 CoVaR 和 MES 趋势

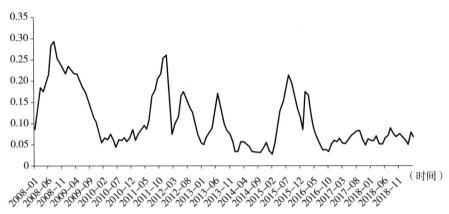

图 2-3　2008 年 1 月至 2019 年 3 月中国 CISS 指数趋势

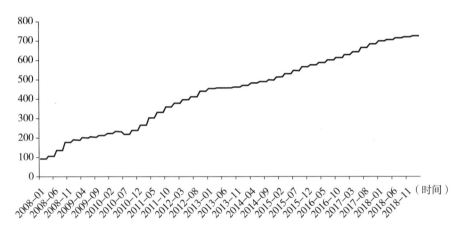

图 2-4　2008 年 1 月至 2019 年 3 月中国金融机构 SRISK 指数趋势

三、金融系统性风险分行业测度研究

本研究将金融系统性风险分行业样本时期分为四个时间段，分别代表金融危机时期（2008~2009 年）、稳定期（2010~2013 年）、"股灾"时期（2014~2016 年）和近期（2017~2019 年），考察这段时间内银行业、证券业和保险业的 CoVaR、MES、CATFIN 和 SRISK 指数的变化。

图 2-5 至图 2-8 描述了中国金融机构在 2008 年 1 月至 2019 年 3 月的波动特征。①观察 2008~2009 年金融危机时期，CoVaR 和 MES 都呈现明显的上升趋势，就三大板块而言，银行业遭受的金融系统性风险最大。而

对 SRISK 这一指标而言，银行业最高，其次是保险业和证券业，但并未发现有明显的波动，这与 CoVaR 和 MES 的变化趋势有很大的不同，究其原因，可能是这一时期各银行的流动性增加而导致的。CATFIN 居高不下，长时间高于风险警戒阈。②观察 2010~2013 年中国金融市场稳定期，可以发现该时期 CoVaR 和 MES 趋势相对稳定。CoVaR 的走势表明银行业在系统性风险贡献中发挥了重要的作用，MES 则显示证券行业的系统性风险最大。与此同时，SRISK 也在稳步增长，银行业仍是系统性风险最高的行业。CATFIN 走势相对平稳。③观察 2014~2016 年"股灾"时期，可以发现在 2015 年中国股市遭遇重创时，CoVaR 和 MES 显著增加。与平稳时期相似，银行的 CoVaR 最高，而证券部门的 MES 变化最大。CoVaR 和 MES 均表明，这三个行业的波动趋势相似。银行业的 SRISK 在 2014 年继续增加，保险行业的 SRISK 则在 2014 年有所变化，之后保持稳定，而证券业的 SRISK 在 2015 年后有明显增长。因此，当股市出现负面震荡时，中国的证券业可能会遭遇最大的系统性风险。CATFIN 高于警戒阈，说明存在严重的系统性风险。④观察 2017~2019 年，由于这三年没有出现严重的金融危机，这三个市场都经历了稳定的波动。CoVaR 结果显示，保险业与证券业系统性风险变化趋势基本保持一致。对于 MES，虽然证券业有更大幅度的波动，但保险业在各个时期具有更高的 MES 风险值，因此相比于证券业，保险业的系统性风险更大。SRISK 的波动变化则保持不变，但银行仍然最高，究其原因，是银行的巨额负债和市值使它们承受着最大的系统性风险。CATFIN 相比于 2015 年"股灾"呈现明显下降趋势，远低于金融风险警戒阈。总体来看，结合前述中国 CISS 指数，CoVaR 和 MES 对 2008 年全球金融危机和 2015 年"股灾"的反应较为敏感。中国 CISS 指数则在 2008 年金融危机、2011 年欧债危机、2013 年"钱荒"、2015 年"股灾"和 2016 年初人民币贬值与股市下跌时都表现得更为敏感，这也与其对危机事件的计算权重息息相关。而 SRISK 的计算则与机构的负债和市值有很大的关系，因此银行业的 SRISK 要远大于其他两个行业。

将 2008~2019 年分行业系统性风险指标列于表 2-3。从表 2-3 可看出，以 CoVaR 为标准，在 2008 年国际金融危机和 2015 年"股灾"期间，银行排第一位，证券排第二位。以 MES 为标准，在金融危机时期，银行排第一位，保险排第二位，这与 CoVaR 的结果有一定的出入。以 SRISK 为标

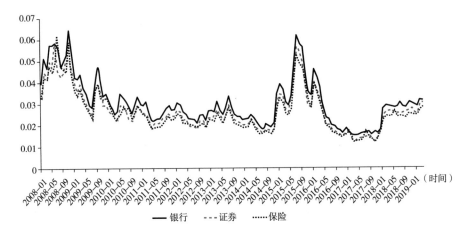

图 2-5　2008 年 1 月至 2019 年 3 月中国金融机构 CoVaR 对比

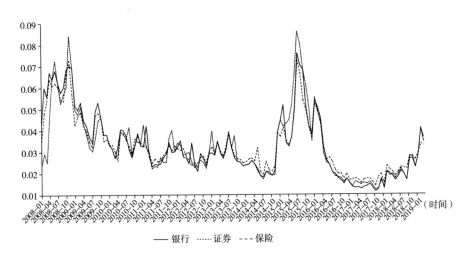

图 2-6　2008 年 1 月至 2019 年 3 月中国金融机构 MES 对比

准，银行总是排在第一位，其次是保险公司，最后是证券公司，究其原因，SRISK 与金融机构的负债和市值密切相关，从而使银行和保险公司 SRISK 比证券公司大。以 CATFIN 为标准，银行、保险和证券存在排名不定的情况，但大致趋势与 CoVaR 和 MES 相仿。总体来看，各个指标针对系统性风险的衡量存在一定的差异。

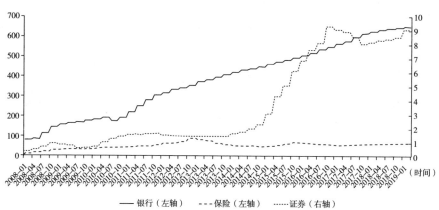

图 2-7　2008 年 1 月至 2019 年 3 月中国金融机构 SRISK 对比

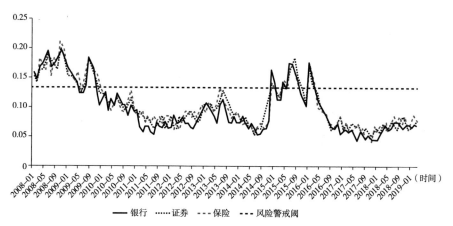

图 2-8　2008 年 1 月至 2019 年 3 月中国金融机构 CATFIN 对比

表 2-3　2008~2019 年中国金融机构系统性风险测度

年份	CoVaR				MES			
	总体	银行	保险	证券	总体	银行	保险	证券
2008	0.0518	0.0524	0.0432	0.0501	0.0616	0.0630	0.0572	0.0449
2009	0.0379	0.0376	0.0321	0.0364	0.0433	0.0447	0.0414	0.0329
2010	0.0302	0.0296	0.0262	0.0290	0.0333	0.0337	0.0334	0.0257
2011	0.0263	0.0260	0.0216	0.0254	0.0281	0.0289	0.0292	0.0230
2012	0.0254	0.0250	0.0211	0.0244	0.0269	0.0277	0.0273	0.0221

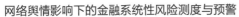

年份	CoVaR				MES			
	总体	银行	保险	证券	总体	银行	保险	证券
2013	0.0274	0.0268	0.0225	0.0263	0.0294	0.0292	0.0303	0.0237
2014	0.0227	0.0222	0.0188	0.0218	0.0230	0.0227	0.0254	0.0197
2015	0.0423	0.0415	0.0351	0.0408	0.0491	0.0496	0.0461	0.0368
2016	0.0264	0.0259	0.0220	0.0253	0.0281	0.0282	0.0293	0.0226
2017	0.0164	0.0162	0.0142	0.0160	0.0136	0.0135	0.0167	0.0142
2018	0.0293	0.0288	0.0242	0.0285	0.0200	0.0198	0.0223	0.0258
2019	0.0356	0.0305	0.0267	0.0338	0.0349	0.0345	0.0318	0.0284

年份	SRISK				CATFIN			
	总体	银行	保险	证券	总体	银行	保险	证券
2008	153.73	105.40	21.02	0.57	0.1724	0.1774	0.1734	0.1756
2009	169.88	165.45	34.09	0.64	0.1404	0.1454	0.1472	0.1532
2010	183.85	184.91	41.83	1.05	0.1036	0.1063	0.1075	0.1069
2011	175.18	261.62	49.74	1.54	0.0737	0.0678	0.0762	0.0819
2012	174.38	332.59	71.12	1.42	0.0774	0.0751	0.0795	0.0829
2013	179.55	385.42	68.86	1.38	0.0896	0.0896	0.1042	0.1000
2014	198.53	430.17	50.77	1.87	0.0687	0.0752	0.0799	0.0738
2015	167.18	472.95	58.80	4.59	0.1302	0.1376	0.1398	0.1389
2016	184.75	520.75	61.57	7.93	0.0964	0.0994	0.1023	0.1009
2017	214.75	583.29	59.44	8.58	0.0504	0.0534	0.0615	0.0613
2018	240.48	631.84	63.85	8.30	0.0660	0.0650	0.0686	0.0719
2019	251.20	645.32	65.42	9.02	0.0721	0.0693	0.0709	0.0781

第四节
研究小结

　　本章采用 2008 年 1 月至 2019 年 3 月中国金融市场数据，从 CoVaR、MES、CATFIN、SRISK 和中国 CISS 五个方面分别描述了中国金融系统性风险和分行业的金融系统性风险。其中，CoVaR 反映了单个金融机构发生危机时对整个金融系统的影响，是一种"自上而下"的方法；MES 和 SRISK 则反映了整个金融系统处于危机时，系统对单个金融机构的影响，是一种"自上而下"的分析；CATFIN 是对整个金融体系风险的表征；中国 CISS 则是将股票市场、货币与债券市场以及外汇市场的指标进行综合计算得到，反映了中国金融体系整体的系统性风险。研究发现：第一，CoVaR、MES、CATFIN 和中国 CISS 在金融危机期间有明显的波动，反映了金融机构在危机期间有很大的风险。但 SRISK 随时间逐渐增加不能直接观察金融危机，是由于 SRISK 与金融机构的负债和市值相关。第二，CoVaR、MES、CATFIN 和中国 CISS 具有明显的周期性，其在危机时期风险较高，危机过后呈现下降。第三，从 SRISK 可以看出，银行总是排在第一位，其次是保险和证券，说明银行相比于保险和证券，更应受到金融监管部门的关注。综合来看，银行是中国金融系统性风险的主要来源，在未来发生严重金融危机时，银行将承受最大的资本缺口。而证券公司对金融市场的波动更加敏感，随着时间的推移，保险公司也将在系统性风险中扮演更重要的角色。总体来看，不同的系统性风险测度指标得出的结论有所差异，金融监管部门应该审慎使用各系统性风险测度指标。

基于广义CoVaR模型的系统重要性金融机构的风险溢出效应研究

第一节
引言

在 2008 年的次贷危机中，由于金融机构和监管机构忽略了极值事件，不能准确刻画尾部风险，而且重点关注"太大而不能倒"的影响，而对"太关联而不能倒"的监管意识不足，导致 VaR 等风险度量工具低估了市场风险，没能准确识别风险传染效应及对宏观经济的冲击，使金融市场乃至实体经济陷入长期低迷状态。因此，2010 年的《巴塞尔协议Ⅲ》正式提出系统重要性金融机构的概念，强调要加强对金融系统的宏观审慎监管，着重考虑系统重要性金融机构风险的外部性问题，无论是从广度还是深度上均对金融风险的控制和监管提出了更为严格的要求。

近年来，金融系统性风险的防控问题越来越受到社会各界的关注。受世界经济不景气周期和转变经济结构的需要，我国经济下行压力仍然很大，金融风险的不确定因素明显加大，银行体系的不良贷款规模上升。2018 年末，中国商业银行不良贷款余额和不良率分别高达 2 万亿元和 1.89%。与此同时，证券市场也在近年来发生过巨幅波动。受国内外因素的双重冲击，我国当前金融市场存在较为严重的系统性风险隐患。中国人民银行发布的《中国金融稳定报告（2016）》强调，有效监管的前提是准确度量系统性风险，通过强化对跨行业、跨市场风险及风险传染的分析研判，以完善宏观审慎政策框架。为实现经济新常态下的金融稳定，落实宏观审慎监管理念，有必要加强对系统重要性金融机构及其系统性风险的识别，而目前学术界对系统重要性金融机构及其风险溢出效应的度量技术还不够完善，对其风险传导机制也缺乏清晰和系统的阐述和设计。因此，本章将考虑风险的尾部特征，主要对系统性风险度量模型 CoVaR 模型进行改进，建立广义 CoVaR 模型，即将 CoVaR 模型的条件由 q 分位点下的收益率等于 VaR 推广至最多等于 VaR，以更加准确地甄别系统重要性金融机构，并测度其系统性风险，为金融机构和金融监管机构的风险防控提供有效信息和政策导向，以促进金融体系和宏观经济的稳定。

系统重要性银行风险度量和监管的前提是系统重要性银行的界定和识别。2011 年，巴塞尔委员会根据规模、关联性、可替代性、全球业务和复杂性五个维度的指标来确定全球系统重要性银行（Globally Systemically Important Financial Institstions，G-SIFIs）。巴曙松和高江健（2012）将巴塞尔委员会的指标中国化，建立规模、关联性、可替代性、复杂性和国民信心的指标体系，提出了中国系统重要性银行的评估方法。此外，许多学者简化了标准，Sylvain 等（2013）以 2006 年金融机构的市值超过 10 亿美元为标准，共筛选出 412 家全球系统重要性金融机构。而国内部分学者考虑到数据的可获取性，以上市金融机构直接作为系统重要性金融机构，王擎等（2016）选取了在沪深上市的 14 家上市商业银行日收益率数据，以此作为系统性风险度量的基础。

国内外学者对系统重要性金融机构的系统性风险度量技术主要有 CoVaR、MES、CCA 模型等。Derbali 和 Hallara（2015）使用 MES 测算了欧洲金融机构的系统性风险，但 MES 方法侧重于反映金融市场风险对单个金融机构影响的边际期望。李丛文和闫世军（2015）基于 GARCH-时变 Copula-CoVaR 模型度量了影子银行对商业银行的动态风险溢出效应。谢远涛等（2017）通过不同的 Copula 比较分析筛选出合适的 Copula 函数度量了保险公司的系统性风险。Brownlees 和 Engle（2010）基于 DCC-GARCH 模型度量了系统性风险，以多个金融资产为对象解决了高维的问题，但无法描述尾部的关联程度。同时，部分学者将系统性风险与金融市场因素联系起来，如苟文均（2016）基于 CCA 模型研究了债务杠杆与系统性风险传染之间的内在联系。相比于 MES、CCA 模型，CoVaR 模型侧重于反映单个金融机构风险外溢至其他金融机构或者整个金融市场的影响。Adrian 和 Brunnermeier（2008）使用分位数回归对 CoVaR 模型进行了估计，奠定了 CoVaR 模型后续研究的基础。Girardi 和 Ergün（2013）使用 DCC-GARCH 模型，对 CoVaR 模型的估计进行了研究，说明了 CoVaR 模型能够较好地反映系统性风险的动态变化过程。Härdle 等（2016）使用复杂网络方法来估计 CoVaR 模型，以反映金融危机时金融机构之间的尾部相关性。

系统重要性金融机构风险溢出效应的难点在于模型的选择和估计。为度量金融机构之间的相依性，本章首先引入 Copula 模型和 GPD 模型；然后在 Adrian 和 Brunnermeier（2016）研究的基础上，对 CoVaR 模型的条件做出改进，以侧重考虑尾部风险；最后分别使用分位数回归模型和 DCC–GARCH 模型对 CoVaR 模型进行估计，以度量系统重要性金融机构的静态和动态风险溢出效应。

第二节
系统重要性金融机构风险溢出效应的理论研究

一、系统重要性金融机构

系统重要性金融机构指在银行、证券、保险、基金、信托等金融机构中，具有规模大、业务广泛、对其他金融机构和整个金融机构的影响较大，关系较为紧密的金融机构。系统重要性金融机构一旦发生金融风险危机，对其他金融机构和整个金融机构的风险外溢程度和速度均较为显著。

金融稳定理事会（Financial Stability Board，FSB）根据规模、关联性、复杂性等指标和标准每年确定全球系统重要性金融机构。上榜的系统重要性银行必须要求持有 1%~2.5% 的附加资本，以避免给金融市场体系带来恐慌。其中，中国银行是我国唯一一个首批全球系统重要性金融机构。

按照地域的不同，系统重要性金融机构可以分为全球系统重要性金融机构和本国系统重要性金融机构；按照对象的不同，系统重要性金融机构包括系统重要性银行机构、系统重要性保险机构等。

根据上述的基本定义，系统重要性金融机构的基本特征如下：

（1）规模大。规模是衡量系统重要性金融机构的最基本和最重要的指标，规模越大，表明该金融机构在整个金融体系的地位越高，影响程度也越大。另外，规模越大的金融机构在出现风险危机时，对其他金融机构和整个金融机构会造成更为严重的损失，势必会带来一系列的多米诺骨牌效应，甚至会扭转整个经济周期，对经济恢复的预期信心也大打折扣。

（2）复杂程度高。相比于一般的金融机构，系统重要性金融机构在业务发展和组织结构等方面更为复杂。系统重要性金融机构的经营业务较多、规模较大、组织体系较为健全，但同时也缺乏应对危机的灵活性和有效性，一旦系统重要性金融机构面临极值风险，将会有倒闭和破产的风险隐患，进而对其他系统重要性金融机构和整个金融市场体系带来风险冲击。

（3）关联程度强。系统重要性金融机构的关联性体现为通过业务往来与其他金融机构之间保持紧密的联系。而在系统重要性金融机构发生危机时，这种业务联系转化成风险传染，诱发系统性风险，对其他金融机构带来负的外部性影响，进而影响整个金融市场体系。并且，关联程度越强，系统性风险越大。

（4）可替代性弱。由于系统重要性金融机构的规模大，在整个金融市场体系中占据主要甚至是垄断地位，其他金融机构的可替代性较弱，且替代成本很高，所以系统重要性金融机构的风险往往伴随着更大的损失，将不可避免地对其他金融机构和整个金融市场体系造成严重的破坏，并且短时间内其他金融机构很难代替和挤占其业务，可选择性较差。

综上所述，系统重要性金融机构除了规模以外，还需要综合考虑其复杂程度、关联程度和可替代程度等指标。

二、系统重要性金融机构风险溢出效应的形成机理

在此，基于流动性周期的视角，结合"流动性创造—流动性扩张—流动性过剩—流动性逆转—流动性紧缩"的路径来分析系统重要性金融机构风险溢出的形成机理。流动性周期及其对应的系统性风险演进阶段具体可参见表3-1。

在流动性周期的初始阶段，金融资源在各个金融机构和金融市场的配置效率提高，金融产品得到充分的配给和利用，经济发展预期较好，金融风险暴露的概率较低，整个金融市场体系的秩序良好。此时，系统重要性金融机构的系统性风险较小，系统重要性金融机构和整个金融市场的风险相依性较小，系统重要性金融机构对其他金融机构和整个金融市场体系的影响十分有限。

表 3-1 流动性周期及其对应的系统性风险演进阶段

阶段	流动性周期	系统性风险演进阶段
第一阶段	流动性创造	系统性风险发生概率很低
第二阶段	流动性扩张	系统性风险的形成
第三阶段	流动性过剩	系统性风险的积累
第四阶段	流动性逆转	系统性风险的爆发
第五阶段	流动性紧缩	系统性风险的传导和扩散

随着流动性的扩张及过剩，各个系统重要性金融机构之间的资金需求和业务往来逐渐失衡，金融产品的资源配置效率较低，经济发展态势变差，系统重要性金融机构和金融市场体系的风险逐渐聚集和增加，风险暴露的概率逐渐增大。此时，系统重要性金融机构的系统性风险将逐步形成并不断积累，系统重要性金融机构对其他金融机构和整个金融市场体系的影响逐渐增大。

若紧缩信号出现，流动性过剩链条将骤然逆转，引导系统重要性金融机构对其他金融机构流动性的转变和减弱，金融机构的中介作用受阻，系统重要性金融机构的风险集中爆发，金融危机的隐患急剧增加。此时，系统重要性金融机构的系统性风险将真正爆发，风险传染的速度明显加快，风险传染的后果也较为严重，系统重要性金融机构对其他金融机构和整个金融市场体系的影响急剧增大。

随着流动性逆转变为紧缩，系统重要性金融机构的流动性受到极大限制，金融市场的不确定因素逐渐增多，金融市场体系的风险波动较大，对金融风险和系统性风险的抵御和愈合能力降低，风险暴露的概率持续增大。此时，系统重要性金融机构的系统性风险将不断传导和扩散，系统重要性金融机构和整个金融市场的风险相依性较大，对其他金融机构和整个金融市场体系的影响持续增大。

总之，流动性周期促使了系统重要性金融机构系统性风险的形成、积累、爆发和传染。在流动性周期的影响下，系统重要性金融机构的风险溢出效应经历了由小到大的变化过程。

三、系统重要性金融机构风险溢出效应的影响

系统重要性金融机构的风险溢出效应是指当金融机构出现风险和经济

危机时，对其他金融机构和整个金融市场体系的风险外溢程度，即系统性风险。系统重要性金融机构系统性风险的表现为负的外部性，具体产生的影响如下：

第一，跨行业风险增加。跨行业风险直接体现了系统重要性金融机构风险具有负的外部性，系统重要性金融机构包括银行、保险、证券、基金和信托等行业，系统性风险会诱发该行业向其他行业的风险传染，如当银行业出现大规模的风险时，保险业也不能独善其身，也受到了银行业的风险冲击，并继续传导至证券、基金和信托等其他行业和金融机构。并且，系统重要性金融机构的条件风险值越大，则对其他金融机构的行业风险溢出效应就越明显，这体现了银行、保险和证券等行业之间具有较强的相关性，表现为各个行业之间的业务往来较为紧密、业务内容的交叉和重叠。同时，银行、保险和证券等行业的风险传导链条构成了整个金融市场体系的脆弱性和群发性。

第二，金融市场体系的整体风险增加。系统重要性金融机构的风险溢出效应不仅包括系统重要性金融机构对其他行业和金融机构的风险溢出，还包括系统重要性金融机构对金融市场体系的风险溢出。并且，系统重要性金融机构对金融市场体系的风险溢出效应属于狭义的系统重要性金融机构风险溢出效应，一般大于系统重要性金融机构对其他行业和金融机构的风险溢出。由于"太大而不能倒"和"太关联而不能倒"，系统重要性金融机构在整个金融市场体系中占据重要的地位，系统重要性金融机构的倒闭和破产对金融市场体系产生严重的后果，产生多米诺骨牌效应，故当单个系统重要性金融机构出现风险和发生危机时，系统重要性金融机构对整个金融市场体系的风险均有一定的影响，甚至在极端风险情况下诱发金融危机、经济萧条。

第三，政府危机救助隐藏了"大而不能倒"的道德风险。系统重要性金融机构的"大"主要指资产和规模大、业务量大，且在整个金融市场体系中具有举足轻重的重要地位。当发生经济危机时，这些金融机构往往把补救措施寄托于政府救市，对自身的金融风险防范和监控表现较为被动，希望政府通过积极的财政政策和货币政策帮助系统重要性金融机构渡过危机，出现道德风险。而政府考虑到系统重要性金融机构系统性风险的巨大破坏和灾难，也必须对系统重要性金融机构进行重点救助和保护，以确保金融市场体系的稳定和繁荣，这反而在一定程度上巩固和加强了系统重要性金融机构"大而不能倒"的市场地位，存在不合理的激励效应，进而引发新的道德风险。

第三节
系统重要性金融机构风险溢出效应模型设计

一、Copula 模型

（一）Copula 模型的定义

相比格兰杰因果检验和 Pearson 线性相关系数，Copula 可以准确刻画序列之间的非线性与尾部的相依关系，故本章使用二元 Copula 模型来分析金融机构之间的关联关系。根据 Sklar（1959）的定义，Copula 有如下性质：

假设 $F_1(x)$ 和 $F_1(y)$ 是连续的一元分布函数，令 $u = F_1(x)$，$v = F_2(y)$，即 $C(u, v)$ 为边缘分布服从 $[0, 1]$ 均匀分布的二元分布函数。令 $F_1(x, y)$ 为边缘分布函数 $F_1(x)$ 和 $F_2(y)$ 的联合分布函数，则有且仅有一个 Copula 函数 C 满足如下关系：

$$F(x, y) = C[F_1(x), F_2(y)] \qquad (3-1)$$

由式（3-1）可知，Copula 模型的关键是如何拟合边际分布和确定最优 Copula 函数。具体而言，本章首先使用 GPD 模型来拟合金融机构收益率序列的边际分布；然后使用 MLE 方法进行参数估计，根据 AIC 和 BIC 准则确定最优 Copula 函数；最后计算 Kendall τ 秩相关系数、Spearman ρ 秩相关系数和上下尾相关系数。

（二）边际分布的确定

GPD 模型属于极值分布，常适用于刻画金融时间序列的尾部分布。GPD 模型的定义如下：

$$G(x;\mu,\sigma,\xi) = \begin{cases} 1 - \left(1 + \xi\dfrac{x-\mu}{\sigma}\right)^{-1/\xi} & \xi \neq 0 \\ 1 - \exp\left(-\dfrac{x-\mu}{\sigma}\right) & \xi = 0 \end{cases} \qquad (3\text{-}2)$$

其中，μ 为位置参数，σ 为尺度参数，ξ 为形状参数。

GPD 模型参数估计的关键在于门限值的选取，这里的检验方法使用 W^2 和 A^2 统计量，该检验方法的原假设是样本数据 Y_1，Y_2，$\cdots$，Y_n 服从 GPD 模型，具体的实施步骤如下：

（1）使用 MLE 方法估计参数 ξ 和 σ。其中，$Y_{n,1}$，$Y_{n,2}$，$\cdots$，$Y_{n,n}$ 为 Y_1，Y_2，$\cdots$，Y_n 的顺序统计量，且：

$$G(y) = 1 - \frac{N_\mu}{n}\left[1 + \frac{\xi}{\sigma}(y-\mu)\right]^{-1/\xi} \qquad (3\text{-}3)$$

其中，n 为样本个数，N_μ 为超出门限值的样本个数。

（2）计算 W^2 和 A^2 统计量，具体计算公式如下：

$$W^2 = \sum_{i=1}^{n}\left[z_i - \frac{(2i-1)^2}{2n}\right] + \frac{1}{12n} \qquad (3\text{-}4)$$

$$A^2 = -n - \frac{1}{n}\sum_{i=1}^{n}(2i-1)\left[\log z_i + \log(1 - z_{n+1+i})\right] \qquad (3\text{-}5)$$

（3）根据 W^2 和 A^2 统计量，以及显著性水平 α 值，确定门限值 μ。

二、广义 CoVaR 模型

VaR 是衡量金融机构风险损失的通用指标，但 VaR 描述的风险是单个金融机构相互独立和存在的风险，无法度量金融机构之间的风险传染和溢出程度，而 CoVaR 模型能够弥补这个缺陷和不足。

（一）广义 CoVaR 模型的定义

相比于 MES 和 SRISK 等模型，CoVaR 模型更侧重于描述单个的金融机构风险对系统性风险的贡献度，即从单个金融机构风险出发，最终反映金融市场的风险波动情况，这与研究单个金融机构的风险溢出的角度和方向正好一致。

根据 Adrian 和 Brunnermeier（2016）的定义，CoVaR 模型定义如下：

$$\Pr\left(X^j \leqslant CoVaR_q^{j|i} \mid X^i = VaR_q^i\right) = q \qquad (3\text{-}6)$$

根据式（3-6）可知，$CoVaR_q^{j|i}$ 表示在分位数点为 q、金融机构 i 处于金融危机的条件下，金融机构 j 面临的 VaR。特别地，如果 j 表示金融系统，则 $CoVaR_q^{j|i}$ 表示在分位数点为 q、金融机构 i 处于金融危机的条件下，金融市场体系 j 面临的 VaR。其中，$CoVaR_q^{j|i}$ 的条件可以理解为金融危机，定义为 $X^i = VaR_q^i$。

本章依据 Girardi 和 Ergün（2013）的研究，对传统 CoVaR 模型的条件进行修正和推广，得到广义 CoVaR 模型。具体如下：

$$\Pr\left(X^j \leqslant CoVaR_q^{j|i} \mid X^i \leqslant VaR_q^i\right) = q \qquad (3-7)$$

相比于式（3-6），CoVaR 模型的条件由 $X^i = VaR_q^i$ 扩大至 $X^i \leqslant VaR_q^i$，即金融机构 i 的收益率至多是该金融机构 i 的 VaR。广义 CoVaR 模型的优势在于：首先，对于金融机构 i，把模型条件 $X^i \leqslant VaR_q^i$ 的区域作为尾部，可以考虑更多的危机事件，侧重反映尾部风险，以更加准确地反映金融市场"波动集聚、厚尾、非线性相关"的特征事实，这是广义 CoVaR 模型的主要目的；其次，将 VaR_q^i 分割成 $X^i \leqslant VaR_q^i$ 和 $X^i > VaR_q^i$ 两个独立的取值范围，可以进行返回检验，这有利于检验广义 CoVaR 模型的效果，为相关模型的比较和选择提供了依据，这是广义 CoVaR 模型的主要意义；最后，广义 CoVaR 模型的 CoVaR 和 $\Delta CoVaR$ 是连续和递增的序列，而不再仅仅是单个的值，可以反映系统性风险的动态变化过程，体现其时变性特征，这是广义 CoVaR 模型和传统 CoVaR 模型的主要区别。

$CoVaR_q^{j|i}$ 表示当金融机构 i 陷入危机时，金融机构或者金融市场体系 j 面临的条件风险价值。而 $\Delta CoVaR_q^{j|i}$ 表示当金融机构 i 陷入危机时，导致对金融机构或者金融市场体系 j 的风险溢出价值（风险溢出效应）。具体定义如下：

$$\Delta CoVaR_q^{j|i} = CoVaR_q^{j \mid X^i = VaR_q^i} - CoVaR_q^{j \mid X^i = VaR_{0.5}^i} \qquad (3-8)$$

$$\%CoVaR_q^{j|i} = \frac{CoVaR_q^{j \mid X^i = VaR_q^i} - CoVaR_q^{j \mid X^i = VaR_{0.5}^i}}{CoVaR_q^{j \mid X^i = VaR_{0.5}^i}} \times 100 \qquad (3-9)$$

其中，$\%CoVaR_q^{j|i}$ 表示风险溢出价值的相对程度，对 $\Delta CoVaR_q^{j|i}$ 进行了标准化处理，便于各个金融机构 $\Delta CoVaR_q^{j|i}$ 之间的比较。

（二）分位数回归-CoVaR 模型

相比于 DCC（Dynamic Conditional Correlation）、EVT、Copula 等 CoVaR

模型的估计方法，分位数回归可以反映在不同分位数下的系统性风险水平，并且简单易行，可操作性强，是 CoVaR 模型估计的通用方法。根据 CoVaR 模型的条件进行修正和推广，使用分位数回归模型来估计新的 CoVaR 模型，以度量系统重要性金融机构的静态风险溢出效应。本章以上市商业银行对整个金融市场体系的风险溢出为例，说明其计算过程，具体步骤如下：

（1）建立分位数 $q = 0.05$ 的回归模型，估计参数 $\hat{\alpha}_q^i$ 和 $\hat{\beta}_q^i$。具体分位数回归模型设置如下：

$$\hat{X}_q^{j\,|\,X^i} = \hat{\alpha}_q^i + \hat{\beta}_q^i X^i \tag{3-10}$$

其中，X^j 表示金融市场体系的收益率序列，X^i 表示各个上市商业银行的收益率序列。

（2）根据分位数 q 和中位数，收益率序列按照从小到大的次序，分别确定 VaR_q^i 和 $VaR_{0.5}^i$。将小于或等于 VaR_q^i 分位数点的区间生成新的序列，将此取值范围作为 CoVaR 模型的条件。

（3）综上计算 $CoVaR_q^{j\,|\,i}$ 和 $\Delta CoVaR_q^{j\,|\,i}$，最终分别对其序列取平均值。具体计算公式如下：

$$CoVaR_q^{j\,|\,i} = CoVaR_q^{j\,|\,X^i = VaR_q^i} = VaR_q^{j\,|\,X^i} = \hat{\alpha}_q^i + \hat{\beta}_q^i VaR_q^i \tag{3-11}$$

$$\begin{aligned}
\Delta CoVaR_q^{j\,|\,i} &= CoVaR_q^{j\,|\,X^i = VaR_q^i} - CoVaR_q^{j\,|\,X^i = VaR_{0.5}^i} \\
&= (\hat{\alpha}_q^i + \hat{\beta}_q^i VaR_q^i) - (\hat{\alpha}_q^i + \hat{\beta}_q^i VaR_{0.5}^i) \\
&= \hat{\beta}_q^i (VaR_q^i - VaR_{0.5}^i)
\end{aligned} \tag{3-12}$$

$$\begin{aligned}
\%CoVaR_q^{j\,|\,i} &= \frac{CoVaR_q^{j\,|\,X^i = VaR_q^i} - CoVaR_q^{j\,|\,X^i = VaR_{0.5}^i}}{CoVaR_q^{j\,|\,X^i = VaR_{0.5}^i}} \times 100 \\
&= \frac{\Delta CoVaR_q^{j\,|\,i}}{CoVaR_q^{j\,|\,X^i = VaR_{0.5}^i}} \times 100
\end{aligned} \tag{3-13}$$

其中，$\Delta CoVaR_q^{j\,|\,i}$ 表示金融机构 i 对整个金融市场体系 j 的风险溢出效应，是刻画系统重要性金融机构风险溢出效应的主要指标。

（三）DCC-CoVaR 模型

为更好地描述金融时间序列的动态相关性，反映系统重要性金融机构风险溢出效应的时变过程，Engle（2002）对 CCC-GARCH 模型进行改进并提出动态条件相关（DCC-GARCH）模型。在此，使用 DCC-GARCH 模型来估计 CoVaR 模型，以度量系统重要性金融机构的动态风险溢出效应。为了更好地体现金融时间序列的尖峰和厚尾特征，这里构建广义 CoVaR 模型，并假定残差服从 t 分布。

令 $R_t = (R_t^i, R_t^j)$，二元 DCC-GARCH（1，1）模型为：

$$
\begin{aligned}
R_t &= \mu_t + \varepsilon_t \\
h_t &= \alpha_0 + \alpha_1 \varepsilon_{t-1}^2 + \alpha_2 h_{t-1} \\
\varepsilon_t &= h_t^{1/2} u_t \\
\varepsilon_t &\sim T(0, h_t, v)
\end{aligned}
\tag{3-14}
$$

其中，h_t 为方差协方差矩阵；u_t 为 ε_t 的标准残差，服从独立同分布；v 为二元联合 t 分布自由度。

在估计 DCC-GARCH（1，1）模型之后，可以得到 R_t 的联合概率密度函数 pdf_t。因此，条件概率分布 $\mathrm{Pr}\,(X^j \leqslant CoVaR_q^{j\,|\,i} \mid X^j \leqslant VaR_q^i) = q$ 可重新表述为：

$$
\begin{aligned}
&\mathrm{Pr}\,(X^j \leqslant CoVaR_q^{j\,|\,i} \mid X^j \leqslant VaR_q^i) \\
&= \frac{\mathrm{Pr}\,(X^j \leqslant CoVaR_q^{j\,|\,i},\ X^j \leqslant VaR_q^i)}{\mathrm{Pr}\,(X^j \leqslant VaR_q^i)} \\
&= \frac{\mathrm{Pr}\,(X^j \leqslant CoVaR_q^{j\,|\,i},\ X^j \leqslant VaR_q^i)}{q} \\
&= q
\end{aligned}
\tag{3-15}
$$

则：

$$
\int_{-\infty}^{CoVaR_q^{j\,|\,i}} \int_{-\infty}^{VaR_q^i} pdf_t(x,\ y)\,\mathrm{d}y\mathrm{d}x = \mathrm{Pr}(X^j \leqslant CoVaR_q^{j\,|\,i},\ X^j \leqslant VaR_q^i) = q^2
\tag{3-16}
$$

其中，根据 DCC-GARCH 模型的序列方差，可以计算和估计 VaR_q^i。根据式（3-16），在 VaR_q^i 和 q 既定的情况下，可求解条件风险值 $CoVaR_q^{j\,|\,i}$，进而计算可得风险溢出效应 $\Delta CoVaR_q^{j\,|\,i}$。

第四节
系统重要性金融机构风险溢出效应的实证分析

本节首先对样本数据进行描述性统计分析，然后使用 GPD-Copula 模型，分析了银行、保险和证券行业之间的相依性，最后通过 CoVaR 模型，度量了系统重要性金融机构的风险溢出效应，即分别使用分位数回归-CoVaR 模型和 DCC-CoVaR 模型，度量了系统重要性金融机构的静态和动态风险溢出效应。

一、数据选取与来源

银行业、保险业和证券业构成了金融机构的主体，故使用银行、保险和证券行业数据作为研究基础。具体而言，分别使用银行指数（801192.SL）、保险指数（801194.SL）、证券指数（851931.SL）的收盘价数据来反映系统重要性金融机构，使用上证综合指数（000001.SH）的收盘价数据来反映金融体系。这里以最晚的保险指数为基准时间，即时间范围为 2007 年 1 月 17 日至 2019 年 12 月 31 日，样本容量为 3153 个，数据来源于同花顺数据库。

截至 2019 年 12 月 31 日，最新成分股和权重为招商银行（18.05%）、兴业银行（11.18%）、民生银行（7.79%）、工商银行（6.04%）、平安银行（5.77%）、浦发银行（5.72%）、交通银行（4.91%）、农业银行（4.51%）、中国银行（3.81%）、宁波银行（3.60%）、光大银行（3.52%）、上海银行（3.42%）、北京银行（3.15%）、建设银行（3.12%）、江苏银行（2.47%）、南京银行（2.17%）、华夏银行（1.73%）、常熟银行（0.96%）、贵阳银行（0.91%）、中信银行（0.89%）、杭州银行（0.89%）、邮储银行（0.85%）、成都银行（0.83%）、江阴银行（0.49%）、浙商银行（0.48%）、长沙银行（0.44%）、渝农商行（0.36%）、郑州银行（0.34%）、无锡银行（0.32%）、苏农银行（0.31%）、张家港行（0.25%）、青农商行（0.17%）、西安银行

（0.17%）、苏州银行（0.16%）、青岛银行（0.13%）、紫金银行（0.10%），共计36家银行机构。

　　对于保险指数的编制，截至2019年12月31日，最新成分股和权重分别为中国平安（79.95%）、中国太保（9.21%）、中国人寿（4.99%）、新华保险（3.36%）、天茂集团（1.14%）、中国人保（0.98%）、西水股份（0.38%），共计7家保险机构。

　　对于证券指数的编制，截至2019年12月31日，最新成分股和权重分别为中信证券（17.98%）、海通证券（9.05%）、华泰证券（8.33%）、国泰君安（6.51%）、广发证券（3.77%）、招商证券（3.09%）、方正证券（3.09%）、申万宏源（3.05%）、东方证券（2.76%）、兴业证券（2.67%）、财通证券（2.25%）、太平洋（2.05%）、长江证券（1.98%）、光大证券（1.95%）、国信证券（1.84%）、第一创业（1.75%）、国金证券（1.63%）、国投资本（1.63%）、东吴证券（1.61%）、天风证券（1.47%）、西部证券（1.38%）、南京证券（1.37%）、中信建设（1.33%）、西南证券（1.27%）、东兴证券（1.21%）、国海证券（1.18%）、国元证券（1.17%）、华西证券（1.15%）、华创阳安（1.15%）、东北证券（1.14%）、中国银河（1.13%）、浙商证券（1.11%）、山西证券（1.10%）、华安证券（1.01%）、长城证券（0.76%）、锦龙股份（0.62%）、哈投股份（0.58%）、国盛金控（0.56%）、红塔证券（0.56%）、华鑫股份（0.54%）、中原证券（0.45%）、越秀金控（0.43%）、华林证券（0.37%），共计43家证券机构。

　　各个行业的金融机构日收益率的计算公式为：

$$R_i = \ln(P_t) - \ln(P_{t-1}) \tag{3-17}$$

　　其中，P_t 为第 t 天的收盘价，R_i 为第 i 个金融机构的日收益率。

　　在实证分析之前，对各个金融行业指数数据进行描述性统计分析，以初步了解其数据的基本特征和规律（见表3-2）。

表3-2　变量的描述性统计

指数	样本量	平均值	标准差	最小值	最大值	偏度	峰度	JB统计量
银行指数	3153	0.00022	0.01897	-0.10505	0.09550	-0.01814	7.61207	2794.6830
保险指数	3153	0.00017	0.02331	-0.10536	0.09545	-0.06487	5.79975	1032.0141

续表

指数	样本量	平均值	标准差	最小值	最大值	偏度	峰度	JB 统计量
证券指数	3153	0.00014	0.02707	-0.10536	0.09530	-0.05689	5.60064	890.2339
上证指数	3153	0.00003	0.01651	-0.09256	0.09034	-0.63181	7.57375	2958.0462

根据表 3-2 可知,银行、保险、证券和上证指数的平均收益率为正,表明金融市场发展态势较好;由标准差可知,证券指数的波动最大,离散程度最高,反映了证券业可能具有较大的风险;由偏度、峰度和 JB 统计量可知,金融机构和金融市场均存在厚尾现象,不是简单地服从正态分布,传统的回归模型不能有效刻画系统重要性金融机构的风险。

二、系统重要性金融机构的相依性分析

本部分以银行业和保险业为例,以此说明基于 Copula 模型来刻画金融机构关联关系的计算过程,实证分析工具为 R 软件,具体计算步骤如下:

(1) 使用 GPD 模型拟合和确定边际分布。GPD 模型参数估计的关键在于门限值的选取,这里主要使用 W^2 和 A^2 统计量的方法,以银行业为例,具体结果如表 3-3 所示。

表 3-3 GPD 检验值

μ	N_μ	$\hat{\xi}$	$\hat{\sigma}$	$W^2 (\alpha)$	$A^2 (\alpha)$
0.01762	375	0.0014	0.0156	0.0926 (<0.025)	0.6676 (<0.005)
0.01763	374	0.0006	0.0156	0.0884 (<0.025)	0.6384 (<0.005)
0.01765	373	0.0043	0.0157	0.0824 (>0.025)	0.5598 (>0.005)
0.01767	372	0.0058	0.0158	0.0802 (>0.025)	0.5397 (>0.005)
0.01773	371	0.0044	0.0157	0.0830 (>0.025)	0.571 (>0.005)

在表 3-3 中,μ 代表 GPD 模型的门限值,N_μ 代表超出门限值的个数,$\hat{\xi}$ 代表形状参数 ξ 的估计值,$\hat{\sigma}$ 代表尺度参数 σ 的估计值,$W^2 (\alpha)$ 代表 W^2 统计量及其对应的 α 值,$A^2 (\alpha)$ 代表 A^2 统计量及其对应的 α 值。根据

表 3-3可知，当门限值为 0.01765 时，W^2 和 A^2 统计量对应的 α 值分别大于 0.025 和 0.005，不能拒绝原假设，故银行业 GPD 模型合适的门限值为 0.01765，即银行指数的收益率分布服从形状参数为 0.0043、刻度参数为 0.0157 和门限值为 0.0175 的 GPD 模型。

为了检验 GDP 模型的拟合效果，使用 Q-Q 图进行直观和有效说明。根据图 3-1 可知，GPD 模型拟合效果较好，能够准确反映真实收益率的尾部特征，即 GPD 模型是银行指数收益率的优良分布。

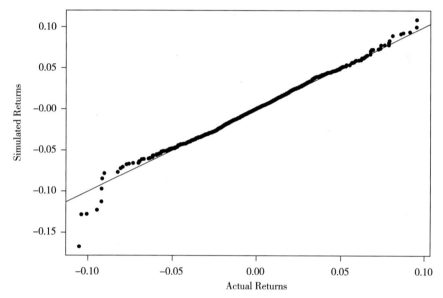

图 3-1　GPD 模型对收益率序列的拟合 Q-Q 图

（2）确定最优 Copula 函数。在确定边际分布的基础上，使用 Copula来模拟收益率序列的联合特征，根据 AIC 和 BIC 准则来确定最优 Copula 函数。对于 Copula 函数的选择，主要使用 Gaussian、Gumbel、Galambos、Frank、Clayton 和 BB4 共 6 种常用 Copula 函数，具体结果如表 3-4 所示。

表 3-4　Copula 函数的参数估计和检验结果

Copula	loglike	AIC	BIC	δ	θ
Gaussian	1345.556	−2689.113	−2683.057	0.757	—
Gumbel	1341.800	−2681.599	−2675.543	2.180	—

续表

Copula	loglike	AIC	BIC	δ	θ
Galambos	1311. 862	−2621. 724	−2615. 668	1. 449	—
Frank	1282. 880	−2563. 759	−2557. 703	7. 707	—
Clayton	1273. 460	−2544. 920	−2538. 864	1. 941	—
BB4	1486. 802	−2969. 603	−2957. 491	0. 929	0. 772

根据表 3-4 可知，BB4 Copula 的 loglike 值最大，且 AIC 值和 BIC 值最小。因此，银行业和保险业收益率序列连接的最优 Copula 函数为 BB4 Copula，基本特征图如图 3-2 和图 3-3 所示。

图 3-2 和图 3-3 分别是参数 $\delta = 0.929$，$\theta = 0.772$ 下的 BB4 Copula 概率密度示意图和累积分布示意图。根据图 3-2 和图 3-3 可知，BB4 Copula 函数具有下尾相关的非对称特性。

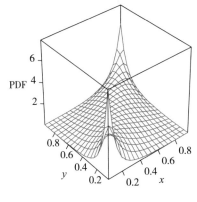

图 3-2　概率密度示意图

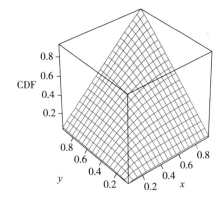

图 3-3　累积分布示意图

（3）计算相依系数。基于最优 Copula 和参数估计结果，可以计算出银行业和保险业之间的 Kendall τ 秩相关系数、Spearman ρ 秩相关系数和尾部相关系数。

类似地，可以计算银行业和证券业、保险业和证券业之间的相依结构，具体结果如表 3-5 所示。

根据表 3-5 可知，BB4 Copula 函数均能够有效拟合各个行业之间的非线性相依结构，BB4 Copula 函数的特征表现为下尾相关系数均大于上尾相关系数。对于银行业、保险业和证券业而言，各个行业之间存在正向的相关关系，且银行业和保险业之间的关联度最大，如银行业和保险业之间的 Kendall τ 秩相关系数为 0.563，均大于保险业和证券业、银行业和证券业的 Kendall τ 秩相关系数 0.487、0.475。

表 3-5　金融机构相依结构的估计结果

关联行业	最优 Copula 函数	参数估计	Kendall τ	Spearman ρ	下尾相关系数	上尾相关系数
银行—保险	BB4	$\theta = 0.772$ $\delta = 0.929$	0.563	13.785	0.578	0.474
银行—证券	BB4	$\theta = 0.560$ $\delta = 0.762$	0.475	−23.100	0.433	0.403
保险—证券	BB4	$\theta = 0.561$ $\delta = 0.799$	0.487	−25.893	0.442	0.420

三、系统重要性金融机构的静态风险溢出效应分析

本节使用分位数回归-CoVaR 模型来度量系统重要性金融机构的静态风险溢出效应，即银行指数、保险指数和证券指数作为单个的金融机构，上证指数作为整个的金融市场体系，使用分位数回归模型来估计广义 CoVaR 模型。

根据式（3-12）可知，参数 $\hat{\beta}_q^i$ 作为风险边际溢出效应，能够直接影响 $\Delta CoVaR_q^{j|i}$ 的大小，即参数 $\hat{\beta}_q^i$ 越大，$\Delta CoVaR_q^{j|i}$ 越大。因此，这里把参数 $\hat{\beta}_q^i$ 作为各个金融机构的风险溢出因子，视为系统性风险的参照指标。参数 $\hat{\beta}_q^i$ 估计结果如下：根据表 3-6 可知，参数 $\hat{\beta}_q^i$ 均通过了显著性检验，且其符号为正数，表明各个金融机构和整个金融市场体系的风险变化方向一致，即随着各个金融机构风险的增加，将导致整个金融市场体系的风险增加。另外，根据参数 $\beta^{m|i}$ 的大小，各个金融机构的次序为：银行>保险>证券，即银行对金融市场体系的风险溢出效应最大。

表 3-6　参数 $\hat{\beta}^i_q$ 估计结果

金融机构	$\beta^{m\,\mid\,i}$
银行	0.7075 (16.1968)
保险	0.5795 (18.6392)
证券	0.48987 (20.4849)

注：括号内的值为参数 β 的 t 统计量。

根据前文的模型设置，可以度量各个金融机构对金融市场体系的风险溢出效应，即 $\Delta CoVaR^{j\,\mid\,i}_q$，具体结果如表 3-7 所示。

表 3-7　各个金融机构对金融市场体系的风险溢出效应

金融机构	VaR^i_q	$CoVaR^{j\,\mid\,i}_q$	$\Delta CoVaR^{j\,\mid\,i}_q$	$\%CoVaR^{j\,\mid\,i}_q$	$Rank$
银行	−0.0460	−0.0495	−0.0323	73.6608	1
证券	−0.0663	−0.0482	−0.0322	73.4353	2
保险	−0.0551	−0.0501	−0.0319	72.7192	3

同时，可计算得到金融市场体系的无条件风险价值 VaR^j_q 为 −0.0438。因此，根据表 3-7 可知，金融市场体系的无条件风险价值 VaR^j_q 均小于各个金融机构的无条件风险价值 VaR^i_q，即 $VaR^i_q > VaR^j_q$，表明各个金融机构的风险大于金融市场体系的风险。进一步对比 VaR^j_q 和 $CoVaR^{j\,\mid\,i}_q$ 可知，由于 $CoVaR^{j\,\mid\,i}_q$ 包含了无条件风险价值 VaR^j_q 和风险溢出价值 $\Delta CoVaR^{j\,\mid\,i}_q$，即考虑了风险溢出效应，故 $CoVaR^{j\,\mid\,i}_q > VaR^j_q$，显然 VaR^j_q 低估了风险价值。具体而言，根据 $\%CoVaR^{j\,\mid\,i}_q$ 可知，各个金融机构对金融市场体系的风险溢出贡献度依次是银行>证券>保险，即银行对金融市场体系的风险溢出效应贡献度最大。

为了比较传统 CoVaR 模型和广义 CoVaR 模型，这里以银行业对金融体系的风险溢出效应为例，具体结果如图 3-4 和图 3-5 所示。

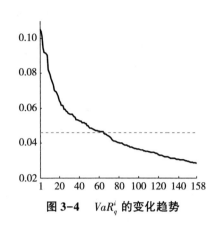

图 3-4　VaR_q^i 的变化趋势

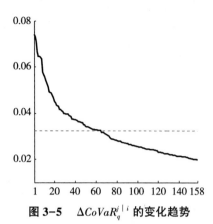

图 3-5　$\Delta CoVaR_q^{j|i}$ 的变化趋势

为了比较传统 CoVaR 模型和广义 CoVaR 模型的风险大小，对 VaR_q^i 和 $\Delta CoVaR_q^{j|i}$ 均取绝对值。根据定义可知，传统 CoVaR 模型的条件为 $X^i = VaR_{0.05}^i$，广义 CoVaR 模型的条件为 $X^i \leqslant VaR_{0.05}^i$。具体而言，在图 3-4 和图 3-5 中，实线为广义 CoVaR 模型下的 VaR_q^i 和 $\Delta CoVaR_q^{j|i}$，虚线为广义 CoVaR 模型下的 VaR_q^i 和 $\Delta CoVaR_q^{j|i}$ 平均值，分别为 0.0460 和 0.0323；第 158 个（$3153 \times 0.05 \approx 158$）数值的 VaR_q^i 和 $\Delta CoVaR_q^{j|i}$ 为传统 CoVaR 模型下的 VaR_q^i 和 $\Delta CoVaR_q^{j|i}$，分别为 0.0284 和 0.0198。可见，广义 CoVaR 模型的 VaR_q^i 和 $\Delta CoVaR_q^{j|i}$ 大于传统 CoVaR 模型的 VaR_q^i 和 $\Delta CoVaR_q^{j|i}$，广义 CoVaR 模型更能反映尾部的变化特征，而传统 CoVaR 模型低估了尾部风险。

综上所述，各个金融机构的风险溢出对象为整个金融市场体系，反映各个金融机构对整个金融市场体系风险溢出的相对重要程度，即"太大而不能倒"，但忽略了各个金融机构之间的风险溢出效应。因此，金融机构的风险溢出效应除了针对整个金融市场体系之外，还包括关联性较强的金融机构，即反映"太关联而不能倒"的问题，而这也是容易被忽略的。为了更全面地反映各个金融机构对其他金融机构的风险溢出效应，建立相对应的风险溢出效应矩阵，具体结果如表 3-8 所示。其中，纵坐标代表金融机构 i，横坐标代表其他金融机构 j，如表 3-8 第 3 列第 2 行的数值 67.3902 表示银行业对保险业的风险溢出效应相对程度为 67.3902%，以此类推。根据表 3-8 可知，对银行业而言，银行业对保险业的风险溢出相对程度小于银行业对证券业的风险溢出相对程度。并且，银行业对其他金融机构风险溢出的相对影响小于其他金融机构对银行业风险溢出的相对影响。

表 3-8　静态风险溢出效应矩阵

	银行	保险	证券
银行	—	67.3902	68.3974
保险	73.7944	—	65.1761
证券	67.3242	69.8876	—

四、系统重要性金融机构的动态风险溢出效应分析

本部分首先估计二元 DCC-GARCH（1，1）模型，得到银行指数收益率序列 R_t^i 和上证指数收益率序列 R_t 的联合 t 分布的方差协方差矩阵，进而估计 CoVaR 模型，这里分位数点 q 取 0.05。

图 3-6 为银行指数收益率序列 R_t^i 和上证指数收益率序列 R_t 的时序和 VaR 趋势。对于收益率的时序，银行指数和上证指数的收益率均存在明显的波动集聚效应，较为适合建立 GARCH 模型，能够较好地拟合银行指数和上证指数的收益率序列的条件方差；对于时变 VaR，银行指数和上证指数的变化趋势基本一致，VaR 的变动整体上较为平缓，银行指数和上证指数的 VaR 均在 2008 年和 2015 年呈现较高的水平。具体而言，银行指数时变 VaR 的平均值为 0.02747，上证指数时变 VaR 的平均值为 0.02495。

图 3-7（a）为银行指数收益率序列 R_t^i 的条件方差，图 3-7（b）为上证指数收益率序列 R_t 的条件方差，图 3-7（c）为银行指数收益率序列 R_t^i 和上证指数收益率序列 R_t 的动态条件相关系数。

根据图 3-7 可知，银行指数的条件方差大于上证指数的条件方差，且银行指数的条件方差的波动程度大于上证指数。具体而言，银行指数收益率序列 R_t^i 和上证指数收益率序列 R_t 的条件方差均在 2008 年和 2015 年较大，说明银行业的系统性风险在金融危机和"股灾"期间较大。另外，银行指数和上证指数的动态条件相关性的平均值为 0.76769，说明银行指数和上证指数之间的条件相关性较强。

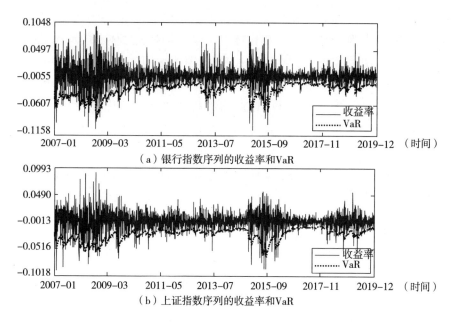

图 3-6　银行指数和上证指数序列的收益率和 VaR 趋势

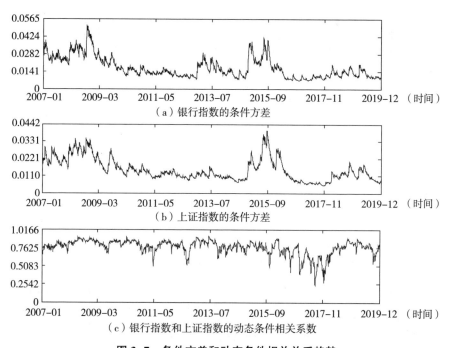

图 3-7　条件方差和动态条件相关关系趋势

图 3-8 为银行业对金融体系的动态风险溢出效应 $\Delta CoVaR$ ，反映银行业对金融体系风险传染的动态变化过程，银行业对金融体系的动态风险溢出效应 $\Delta CoVaR$ 的平均值为 0.01861。根据图 3-8 可知，$\Delta CoVaR$ 序列的变化较大，能够较为直观和全面地反映银行业对金融体系系统性风险的动态变化过程；风险溢出效应 $\Delta CoVaR$ 和条件方差的波动情况类似，说明 $\Delta CoVaR$ 和条件方差两者之间具有一定的相关性，均在 2008 年和 2015 年较大，且呈增加趋势；但比较图 3-6 和图 3-8 可知，风险溢出效应 $\Delta CoVaR$ 和 VaR 的变化趋势具有较大的差异，表明 $\Delta CoVaR$ 和 VaR 的相关性较小。

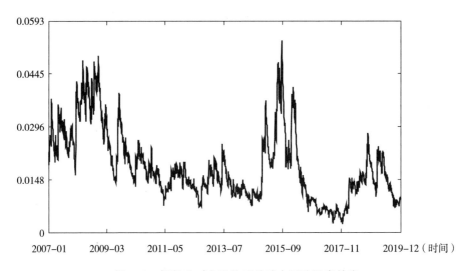

图 3-8　银行业对金融体系的动态风险溢出效应

类似地，可以依次度量保险业对金融体系的动态风险溢出效应、证券业对金融体系的动态风险溢出效应。

根据图 3-9 可知，银行业、保险业和证券业的各个金融机构对整个金融体系的风险溢出效应 $\Delta CoVaR$ 的变化趋势基本一致，在 2008 年和 2015 年均有较大的峰值。具体而言，金融业对整个金融体系动态风险溢出效应 $\Delta CoVaR$ 的平均值为 0.01865，保险业对整个金融体系动态风险溢出效应 $\Delta CoVaR$ 的平均值为 0.01797，证券业对整个金融体系动态风险溢出效应 $\Delta CoVaR$ 的平均值为 0.01938，即证券业>银行业>保险业。

同时，本章还将研究各个金融机构之间的动态风险溢出效应 $\Delta CoVaR$ ，

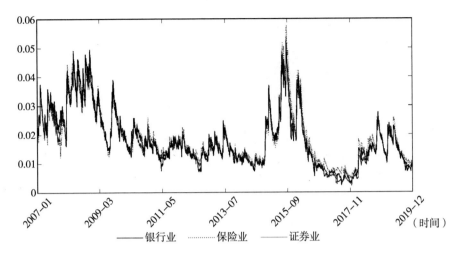

图 3-9　系统重要性金融机构的动态风险溢出效应

具体表现为：银行业对保险业的动态风险溢出效应、银行业对证券业的动态风险溢出效应、保险业对银行业的动态风险溢出效应、保险业对证券业的动态风险溢出效应、证券业对银行业的动态风险溢出效应、证券业对保险业的动态风险溢出效应。限于篇幅，仅以银行业对保险业、银行业对证券业的动态风险溢出效应为例，使用 DCC-GARCH-CoVaR 模型，以此说明各个金融机构之间的动态风险溢出效应。

根据图 3-10 可知，银行业对保险业、银行业对证券业的动态风险溢出效应的变化趋势基本一致，也与银行业对整个金融体系的动态风险溢出效应的变化趋势基本一致，表明系统性风险在时间上具有一定的耦合性和连续性。另外，银行业对保险业的动态风险溢出效应 $\Delta CoVaR$ 的平均值为 0.02584，银行业对证券业的动态风险溢出效应 $\Delta CoVaR$ 的平均值为 0.02627，即银行业对证券业的动态风险溢出效应大于银行业对保险业的动态风险溢出效应。可见，相比保险业，证券业更容易受到来自银行业的风险冲击。

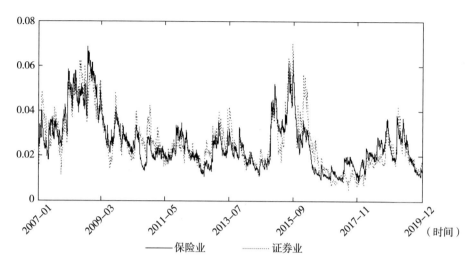

图 3-10　银行业对保险业和证券业的动态风险溢出效应

第五节
系统重要性金融机构之间的风险溢出效应分析
——以银行业为例

系统重要性金融机构的风险溢出效应除了反映银行业、保险业和证券业的行业风险溢出效应之外，还表现为各个系统重要性金融机构之间的风险溢出效应。限于篇幅，本节以银行业为例，将银行业分解成各个银行机构，继续探讨和研究系统重要性银行的风险溢出效应。这里选取银行业进行重点研究的依据为：银行业对整个金融体系的风险溢出效应最大，表明银行业在整个金融体系中居于核心地位。具体来说，本节利用分位数回归模型估计广义 CoVaR 模型，分别量化分析系统重要性银行对金融体系的风险溢出效应和系统重要性银行之间的风险溢出效应。

一、数据选取与来源

对于系统重要性银行样本数据的选取，基于银行的资产规模和数据可获取性，使用我国 16 家上市商业银行的股票日收益率数据，包括 5 家全国性商业银行（工商银行、农业银行、建设银行、中国银行和交通银行）和 11 家地区性商业银行（招商银行、兴业银行、中信银行、浦发银行、民生银行、光大银行、平安银行、华夏银行、北京银行、南京银行和宁波银行）。上市商业银行的日收益率仍采用对数收益率进行计算，公式为：$R_i = \ln(P_t) - \ln(P_{t-1})$，其中 P_t 为第 t 天的收盘价，R_i 为第 i 个上市商业银行的日收益率。

对于金融市场体系，由于各个上市商业银行的规模对于上证综合指数的影响较小，且需要与上市商业银行密切相关的金融数据作为支撑，因此以各个上市商业银行的流动股本为权重，根据加权平均法计算整个银行体系的日收益率，第 t 天整个银行体系日收益率的具体计算公式为：

$$R_j = \sum_{i=1}^{16} E_i \times R_i / \sum_{i=1}^{16} E_i \tag{3-18}$$

其中，R_i 为第 i 个上市商业银行的日收益率，E_i 为第 i 个上市商业银行的总股本，R_j 为整个银行体系的日收益率。

为了全面反映 16 家上市商业银行的系统性风险，这里以最晚上市的光大银行为基准时间，即时间范围为 2010 年 8 月 19 日至 2019 年 12 月 31 日，样本容量为 2277 个，数据来源于 Wind 数据库，实证分析工具为 R 软件。

二、系统重要性银行对金融体系的风险溢出效应

根据式（3-12）可知，参数 $\hat{\beta}_q^i$ 作为风险边际溢出效应，能够直接影响 $\Delta CoVaR_q^{j|i}$ 的大小，即参数 $\hat{\beta}_q^i$ 越大，$\Delta CoVaR_q^{j|i}$ 越大。因此，这里将参数 $\hat{\beta}_q^i$ 作为各个上市商业银行的风险溢出因子，视为系统性风险的参照指标。参数 $\hat{\beta}_q^i$ 估计结果如表 3-9 所示。

根据表 3-9 可知，参数 $\hat{\beta}_q^i$ 均通过了显著性检验，且其符号为正数，表明各个上市商业银行和整个金融市场体系的风险变化方向一致，即随着各个上市商业银行风险的增加，将导致整个金融市场体系的风险增加。另外，根据参数 $\hat{\beta}_q^i$ 的大小，农业银行、工商银行、中国银行和建设银行 4 家全国性商业银行居于前列，表明全国性商业银行的风险溢出效应较大。其

中，农业银行的 $\hat{\beta}_q^i$ 值最大，为 0.88185；相反，平安银行、中信银行、宁波银行和南京银行等地方性商业银行的参数值较小，其风险溢出程度较弱。

表 3-9 参数 $\hat{\beta}_q^i$ 估计结果

银行	$\hat{\beta}_q^i$	银行	$\hat{\beta}_q^i$
工商银行	0.87084 (54.67325)	浦发银行	0.52655 (12.11352)
建设银行	0.73044 (31.75246)	民生银行	0.52319 (13.43595)
农业银行	0.88185 (34.65739)	光大银行	0.58098 (19.89785)
中国银行	0.83010 (48.62147)	平安银行	0.42440 (13.72098)
交通银行	0.65203 (20.45076)	华夏银行	0.57660 (30.53235)
招商银行	0.53025 (17.96394)	北京银行	0.55989 (17.58851)
兴业银行	0.51418 (21.09867)	南京银行	0.49596 (32.86783)
中信银行	0.45605 (14.07188)	宁波银行	0.48657 (19.89744)

注：括号内的值为参数 β 的 t 统计量。

根据前文的模型设置，可以进一步度量上市商业银行对金融市场体系的风险溢出效应，即 $\Delta CoVaR_q^{j|i}$，具体结果如表 3-10 所示。

表 3-10　各个上市商业银行对金融市场体系的风险溢出效应

银行	VaR_q^i	$CoVaR_q^{j\mid i}$	$\Delta CoVaR_q^{j\mid i}$	$\%CoVaR_q^{j\mid i}$	Rank
中国银行	-0.03507	-0.03638	-0.02911	94.60197	1
农业银行	-0.03283	-0.03662	-0.02895	94.06532	2
工商银行	-0.03319	-0.03657	-0.0289	93.91928	3
建设银行	-0.03918	-0.03772	-0.02862	92.99844	4
华夏银行	-0.04849	-0.03912	-0.02796	90.85852	5
南京银行	-0.05503	-0.03985	-0.02729	88.68390	6
北京银行	-0.04726	-0.03873	-0.02646	85.98024	7
交通银行	-0.03962	-0.03516	-0.02583	83.94787	8
兴业银行	-0.05062	-0.03776	-0.02577	83.73351	9
宁波银行	-0.05088	-0.03742	-0.02475	80.44100	10
光大银行	-0.04115	-0.03493	-0.02390	77.67810	11
浦发银行	-0.04389	-0.03558	-0.02311	75.09159	12
平安银行	-0.05358	-0.03585	-0.02274	73.89331	13
民生银行	-0.04230	-0.03447	-0.02213	71.91859	14
中信银行	-0.04572	-0.03273	-0.02085	67.74564	15
招商银行	-0.03846	-0.03275	-0.02039	66.27210	16

　　同时，可计算得到金融市场体系的无条件风险价值 VaR_q^j 为-0.03077。因此，根据表3-10可知，金融市场体系的无条件风险价值 VaR_q^j 均小于各个上市商业银行的无条件风险价值 VaR_q^i，即 $VaR_q^i > VaR_q^j$，表明各个上市商业银行的风险大于金融市场体系的风险。进一步对比 VaR_q^j 和 $CoVaR_q^{j\mid i}$，由于 $CoVaR_q^{j\mid i}$ 包含了无条件风险价值 VaR_q^j 和风险溢出价值 $\Delta CoVaR_q^{j\mid i}$，即考虑了风险溢出效应，故 $CoVaR_q^{j\mid i} > VaR_q^j$，显然 VaR_q^j 低估了风险价值。而根据式（3-12）可知，存在 $VaR_q^i > CoVaR_q^{j\mid i}$。因此，$VaR_q^j < CoVaR_q^{j\mid i} < VaR_q^i$，条件风险值 CoVaR 位于各个上市商业银行和金融市场体系的无条件风险值 VaR 之间。

　　具体而言，中国银行对金融市场体系的风险溢出贡献度最大，高达94.60197%，风险溢出效应值为-0.02911，其次为农业银行和工商银行。在系统性风险最大的前10家上市商业银行中，全国性商业银行占据主导地位，系统性风险更大。华夏银行、南京银行和北京银行等地区性商业银行的系统性风险相对较大，招商银行的风险溢出贡献度最小，仅为66.27210%。

随后，分析 VaR_q^i、$\hat{\beta}_q^i$ 与 $\Delta CoVaR_q^{j|i}$ 的关系。由图 3-11 $\Delta CoVaR_q^{j|i}$ 和 VaR_q^i 的散点图及图 3-12 $\Delta CoVaR_q^{j|i}$ 和 $\hat{\beta}_q^i$ 的散点图可知，相对于 $\Delta CoVaR_q^{j|i}$ 和 VaR_q^i，$\Delta CoVaR_q^{j|i}$ 和 $\hat{\beta}_q^i$ 具有较强的相关性。具体来说，根据图 3-11 中 $\Delta CoVaR_q^{j|i}$ 和 VaR_q^i 的散点图来看，仅有 2 家上市商业银行位于拟合的回归直线附近，而对比图 3-12 中 $\Delta CoVaR_q^{j|i}$ 和 $\hat{\beta}_q^i$ 的散点图却发现，至少有 5 家上市商业银行位于拟合的回归直线附近，且直观来看，整体来说 $\Delta CoVaR_q^{j|i}$ 和 $\hat{\beta}_q^i$ 所拟合的回归直线比 $\Delta CoVaR_q^{j|i}$ 和 VaR_q^i 所拟合的回归直线更好。

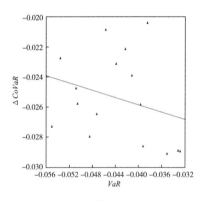

图 3-11　$\mathbf{\Delta CoVaR_q^{j|i}}$ 和 $\mathbf{VaR_q^i}$ 的散点图

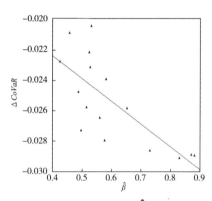

图 3-12　$\mathbf{\Delta CoVaR_q^{j|i}}$ 和 $\mathbf{\hat{\beta}_q^i}$ 的散点图

值得注意的是，由于对 CoVaR 模型的条件进行了广义化处理，相较于传统的 CoVaR 模型而言，广义 CoVaR 模型可以较好反映地 VaR_q^i 和 $\Delta CoVaR_q^{j|i}$ 的动态变化过程。限于篇幅，这里仅以中国银行为例，研究中国银行对整个金融市场体系的风险溢出效应的变化趋势。选取中国银行的依据在于：中国银行对整个金融市场体系的风险溢出最大，相对重要程度最高；中国银行市值较大，业务广泛且关联性强，2015 年被金融稳定理事会列入全球系统重要性银行名单，若中国银行发生危机，其风险将迅速和严重扩散至整个金融市场体系中。

类似于前文的系统重要性金融机构的静态风险溢出效应分析，为比较传统 CoVaR 模型和广义 CoVaR 模型的风险大小，仍均对 VaR_q^i 和 $\Delta CoVaR_q^{j|i}$ 取绝对值。根据定义可知，传统 CoVaR 模型的条件为 $X^i = VaR_{0.05}^i$，广义 CoVaR 模型的条件为 $X^i \leqslant VaR_{0.05}^i$。具体而言，在图 3-13 和图 3-14 中，实线为广义 CoVaR 模型下的 VaR_q^i 和 $\Delta CoVaR_q^{j|i}$，虚线为广义 CoVaR 模型下的 VaR_q^i 和 $\Delta CoVaR_q^{j|i}$ 平均值，分别为 0.03507 和 0.02911；第 114 个（2277×0.05 ≈ 114）数值的 VaR_q^i 和 $\Delta CoVaR_q^{j|i}$ 为传统 CoVaR 模型下的 VaR_q^i 和 $\Delta CoVaR_q^{j|i}$，分别为 0.01810 和 0.01502。可见，广义 CoVaR 模型的 VaR_q^i 和 $\Delta CoVaR_q^{j|i}$ 大于传统 CoVaR 模型的 VaR_q^i 和 $\Delta CoVaR_q^{j|i}$，广义 CoVaR 模型更能反映尾部的变化特征，而传统 CoVaR 模型低估了尾部风险。

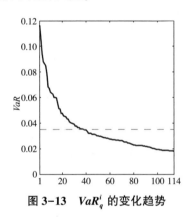

图 3-13　VaR_q^i 的变化趋势　　　　图 3-14　$\Delta CoVaR_q^{j|i}$ 的变化趋势

三、系统重要性银行对其他系统重要性银行的风险溢出效应

　　综上所述，各上市商业银行的风险溢出对象为整个金融市场体系，反映各上市商业银行对整个金融市场体系风险溢出的影响，即"太大而不能倒"，但忽略了各上市商业银行之间的风险溢出效应。因此，为了更全面地反映各上市商业银行对其他上市商业银行的风险溢出效应，本章建立了相对应的风险溢出效应矩阵。

　　在表 3-11 中，GS 表示工商银行，JS 表示建设银行，NY 表示农业银

表3-11　风险溢出效应矩阵

	GS	JS	NY	ZG	JT	ZS	XY	ZX	PF	MS	GD	PA	HX	BJ	NJ	NB
GS	—	78.42	86.04	78.76	72.87	66.86	53.36	68.58	53.44	63.86	69.57	51.86	59.43	54.51	47.80	50.37
JS	85.63	—	85.76	81.28	79.78	67.63	53.28	67.63	59.54	66.45	75.61	58.26	64.57	54.44	55.20	59.43
NY	80.33	78.37	—	80.79	75.70	70.16	52.90	64.30	62.25	66.88	72.87	51.30	63.60	56.92	48.35	56.10
ZG	82.32	77.84	86.10	—	77.20	68.51	69.85	67.61	54.52	62.45	78.90	53.87	62.34	58.59	50.00	61.37
JT	69.57	74.81	76.22	78.57	—	71.88	62.88	71.33	65.33	70.32	82.45	58.15	71.57	61.45	56.51	64.43
ZS	58.54	64.49	57.25	57.91	62.46	—	57.15	62.54	58.45	63.87	61.86	57.33	64.91	54.94	53.25	60.00
XY	68.66	77.45	75.76	71.89	80.74	87.62	—	83.10	85.00	84.75	86.47	79.14	83.55	76.27	73.14	82.49
ZX	51.22	56.45	59.72	60.29	67.45	55.58	52.61	—	49.22	58.76	72.12	53.16	60.61	52.48	51.06	60.31
PF	59.57	71.09	64.99	65.91	75.60	74.26	73.37	73.41	—	75.09	79.93	69.15	76.44	67.36	65.08	68.87
MS	58.92	63.19	64.52	61.18	71.55	68.66	63.24	68.66	67.17	—	72.03	63.02	72.38	58.16	57.07	62.98
GD	60.88	64.82	66.01	68.50	72.01	61.97	58.45	71.71	54.38	57.76	—	54.30	63.49	53.46	56.02	64.65
PA	62.60	68.46	66.06	59.28	75.78	79.05	72.63	75.84	72.93	72.81	76.26	—	74.94	67.61	66.12	78.57
HX	75.05	83.13	78.82	77.17	85.13	83.80	75.75	84.82	81.98	86.92	90.80	86.92	—	75.95	70.41	78.06
BJ	74.77	80.62	74.16	74.85	85.36	83.40	76.08	78.25	80.43	77.39	86.22	72.45	79.57	—	71.61	78.06
NJ	72.95	83.66	83.21	79.33	82.40	80.28	74.55	79.96	74.04	78.49	89.51	79.83	82.86	75.03	—	89.15
NB	63.85	67.11	68.83	69.21	73.94	70.14	68.74	74.79	63.81	68.88	76.82	71.43	69.52	66.51	72.00	—

行，ZG 表示中国银行，JT 表示交通银行，ZS 表示招商银行，XY 表示兴业银行，ZX 表示中信银行，PF 表示浦发银行，MS 表示民生银行，GD 表示光大银行，PA 表示平安银行，HX 表示华夏银行，BJ 表示北京银行，NJ 表示南京银行，NB 表示宁波银行。表 3-11 第 1 列代表上市商业银行 i，第 1 行代表其他上市商业银行 j，如表 3-11 第 2 行第 3 列的数值 78.42 表示工商银行对建设银行的风险溢出效应相对程度为 78.42%，以此类推。

根据表 3-11 可以推算出，各上市商业银行 i 对其他上市商业银行 j 的风险溢出具有显著的差异性，但同时具有以下规律和特征：首先，整体来看，上市商业银行 i 对其他商业银行 j 的平均风险溢出程度由高到低为：华夏银行>南京银行>兴业银行>北京银行>平安银行>浦发银行>宁波银行>交通银行>建设银行>中国银行>农业银行>民生银行>工商银行>光大银行>招商银行>中信银行。这说明地方性商业银行对其他商业银行的风险溢出效益普遍大于全国性商业银行，表明地方性商业银行对金融市场体系的风险溢出能力有限，但对其他商业银行的风险溢出效果明显。其次，局部来看，全国性商业银行对其他全国性商业银行的溢出效应，比全国性商业银行对地区性商业银行的平均风险溢出程度高，说明全国性商业银行之间的风险关联度更强。例如，工商银行对其他 4 家全国性商业银行的平均风险溢出相对程度为 79.02%，而工商银行对 11 家地区性商业银行的平均风险溢出相对程度仅为 58.15%。

第六节
研究小结

本章使用 GPD-Copula 模型量化分析了银行业、保险业和证券业的相依性。结果表明，银行业和保险业之间的关联度最大，其次为保险业和证券业，最小为银行业和证券业，为研究系统性风险提供了一定的依据。同时，使用 DCC-GARCH-CoVaR 模型估计广义 CoVaR 模型，以此度量系统重要性金融机构的动态风险溢出效应。结果表明，证券业对整个金融体系动态风险溢出效应最大，表明证券市场的波动影响最大，其次为银行业，最小为保险业。另外，各金融机构之间的动态风险溢出效应具有差异性。

此外，使用分位数回归的广义 CoVaR 模型，分别度量了上市商业银行对整个金融市场体系和上市商业银行对其他上市商业银行的风险溢出效应。结果表明，广义 CoVaR 模型能更准确地度量风险溢出效应，而传统的 VaR 模型由于上市商业银行之间的风险相互独立而被低估。具体而言，一方面，针对上市商业银行对整个金融市场体系的风险溢出效应，以中国银行为代表的全国性商业银行的系统性风险大于其他地方性商业银行，说明全国性商业银行由于规模大，对整个金融市场风险贡献的相对重要程度较高，即"太大而不能倒"。因此，全国性商业银行需要相关监管部门重点防范，制定更为严格的资本充足率标准。另一方面，针对上市商业银行对其他上市商业银行的风险溢出效应，本章使用上市商业银行之间的风险溢出效应矩阵进行说明。研究表明，各上市商业银行之间的风险溢出效应显著存在，各商业银行之间业务关联较为紧密，这为风险防范提供了思路和方向。但各上市商业银行之间的风险溢出效应具有较大差异，在风险管理过程中需要区别对待。

网络舆情指标的构建

网络舆情的内涵界定

一、网络舆情的定义及特点

关于网络舆情的定义，不同学者的定义虽然略有不同，但内涵却是一致的。王来华等（2003）将"舆论情况"简称为"舆情"。谭伟（2003）将网络舆论定义为"公众对某一在互联网上传播的事件表现出的带有倾向性并有一定影响力的言论"。按照百度百科的定义，网络舆情是指在一定的社会空间内，通过网络围绕中介性社会事件的发生、发展和变化，民众对公共问题和社会管理者产生和持有的社会政治态度、信念和价值观。它是较多民众关于社会中各种现象、问题所表达的信念、态度、意见和情绪等表现的总和；是以网络为载体，以事件为核心，广大网民情感、态度、意见、观点的表达、传播与互动，以及后续影响力的集合；也是社会舆情在互联网空间的映射，是社会舆情的直接反映。网络舆情形成迅速，对社会影响巨大。

随着互联网的快速发展，网络舆情借助论坛、博客等平台快速传播发酵。网络舆情常以简短的文字直观地表达感情，与传统媒体如电视广播、报刊等传播信息的方式存在差异，其主要有如下传播特点：

第一，相对自由性。用户借助于互联网获取信息，可以随时随地搜索了解自己所需的信息；另外在信息产生方面，互联网打破了传统媒体对舆论的垄断，每个用户都可以通过电子邮件、论坛、门户网站等自由地表达自己的观点。

第二，传播迅速性。与传统舆情的传播速度相比，网络舆情传播迅速，网民在论坛等传播载体发表言论，消息端接收者可以迅速获取新消息。

第三，覆盖广泛性。一方面网络信息源广泛，微博、论坛、游戏聊天频道等平台都能成为网络舆情传播的源头；另一方面截至 2020 年 3 月，中国网民超过 9 亿人，他们既是网络舆情的接受者，也能成为网络舆情的传播者，并将信息从互联网中影响到互联网外。

第四，情绪非理性。网民在发表言论时常伴有情绪，个体非理性情绪容易互相感染，进而导致大规模的非理性情绪传播。

第五，真假交互性。网民在互联网平台可以匿名发表自己的观点，因此刻意虚造的信息以及未加求证的信息可以肆意传播，事实与谣言共存于舆情信息中。

第六，信息可测性。传统媒体群众对待事件的评价多是口耳相传，难以获取记录，但是互联网的发展让越来越多的人可以把自己观点上传于网络平台，研究者可以借助数据挖掘技术获取分析网络舆情信息。原创言论反映了创作者的看法，转发言论则反映了舆情受众的态度。

由于网络舆情具有相对自由性、传播迅速性、覆盖广泛性、情绪非理性、真假交互性以及信息可测性这六个特点，因而网络舆情的爆发将更加迅速地影响到股票投资者，投资者针对获取的信息买进或者抛售股票，导致金融市场各机构股票价格的变动，进而影响金融市场的稳定。

二、网络舆情的分类

关于网络舆情的分类，目前主要还是根据网络舆情的信息载体差异、传播者差异以及言论来源差异三个角度用不同方法进行分类。第一，根据信息载体差异，可分为文字、图像和多媒体言论。网民常将自己的看法通过文字的形式发表于网络，不同的词语及语境可以反映网民的各类情绪，因此文字形式的舆情信息是互联网最普遍的一种言论形态。第二，根据传播者差异可分为个人言论和新闻媒体言论。网民可以借助论坛、微博等平台发表个人言论，并及时与其他网民进行互动交流，因此个人言论较之新闻媒体言论更能体现网络舆情特点。第三，根据言论来源差异可分为原创言论和转发言论。

此外，也可通过网络舆情信息包含的情感属性对网络舆情信息进行分类，其包括积极、中性以及消极三类情感。对于积极舆情，该类舆情信息反映表达者乐观向上的情绪，里面包含较多积极乐观的词汇，通过互联网平台传播给网民带来正面情绪导向。对于中性舆情，通常舆情信息注重对发生事件或者事物的客观描述，未使用具有明确情感倾向的词汇，在传播中基本不会给舆情受众带来情绪影响。而消极舆情主要反映传播者强烈的负面情绪，舆情信息中悲观词汇较多且感染性强，在传播过程中给舆情受众带来消极情绪影响。

第二节
文本来源及数据采集

一、文本来源

投资者发表对股票市场看法的平台主要包括股吧论坛、财经类门户网站以及博客等网络社交平台。由于信息获取渠道、对来源信息的甄别以及股价趋势变动预判能力的差异，个体投资者与机构投资者相比处于劣势地位，导致个体投资者常常被动接收各类信息。相比于其他网络平台，众多中小投资者更倾向于借助股吧平台表达自己的观点并获取其他投资者的看法，交流经验，传播信息，因此股吧中包含大量个体投资者关于金融市场看法的评论。个体投资者具有总资金量高、易受市场各类消息影响以及倾向于借助股吧平台表达自己的观点并获取其他投资者看法的特点，因此本节意图通过爬取东方财富网股吧平台数据，从投资者情绪和投资者关注的角度构建出衡量股市个体投资者网络舆情水平的舆情指数。

东方财富网股吧是中国最大的股票论坛，其分类详细，适合专业用户，具有用户活跃度最高、评论信息可公开追溯时间最长等特点，该股吧用户量位列第一，可查询到 6 年前甚至更久远的用户评论信息。东方财富网板块丰富，为用户提供热门个股吧、热门主题吧、科创板吧及股吧热门话题等板块，里面汇聚了大量的金融市场动态信息。并且其将用户评论信息齐全地保留下来，包括用户 ID、帖子发表时间、帖子内容、评论量及浏览量等，便于对文本信息的进一步研究。熊熊等（2017）、郜慧等（2018）等学者就借助东方财富网股吧数据分别对投资者情绪对我国股票市场的影响以及其能否提升股市波动率预测精度等问题进行了深入研究。

东方财富网股吧作为开放性的网络论坛，用户可以选择匿名或者注册会员的方式访问并参与讨论。其主要根据不同个股或者主题设置讨论区，由个股设置的讨论区包含深沪两市主板、创业板上市的所有股票；通过主题设置的讨论区包含财经评论吧、新股吧及股市实战吧等。投资者期望了解某只股票的近期信息或者对该股票发表意见进行讨论时会进入此股票的讨论区。机构投资者常通过专门的平台如证券公司的主页、博客等发布网络信息，借助股吧平台进行讨论的大部分是个体投资者。另外，东方财富网对网页信息的反爬虫机制设置较宽松，便于爬取相关数据，考虑到网站获取信息的可得性和全面性，以东方财富网 45 家上市金融机构的个股讨论区文本作为本章的信息源。

二、数据采集

对于网页信息的采集，常用的两种方式是借助爬虫软件或者编写代码来获取目标数据。在国内比较成熟的爬虫软件有"火车头""八爪鱼"及"后羿采集器"等，借助爬虫软件获取信息具有操作便捷易上手、采集接口丰富、支持导出多类数据格式等优点，但是借助爬虫软件，用户想要使用更多的功能则需要通过充值获取，需要较高的采集成本。2020 年 1 月公布的编程语言流行指数（PYPL）排行榜中，Python 依旧位列第一，其搜索频率为 29.72%，并且呈现上涨趋势。Python 作为目前主流的开源编程语言之一，其代码简明规范，易学易读，并且具有可扩展性和可嵌入性；其标准库和第三方库丰富庞大，强大的移植性能适应多个系统平台。Python 在统计分析和数据挖掘方面也应用广泛，常被用于进行统计分析和数据可视化。基于以上考虑，笔者借助 Python 3.6 编写程序来爬取东方财富网网页信息，其中涉及 requests、BeautifulSoup、re 等基准库。

根据研究需要，笔者爬取了 2015 年 1 月至 2018 年 12 月沪深 A 股 45 家上市金融机构股吧评论数据，包括帖子标题、点击量、回复数、发帖用户名、发帖时间以及帖子内容，总计数据条数为 1000 余万条，表 4-1 对爬取信息进行了简要介绍，同时，为对爬取帖子内容有一个直观了解，

表4-2给出了一个所爬取帖子示例。为便于后续数据的分析，将爬取的文本信息以 csv 的格式存储。

表4-1　东方财富网爬取信息介绍

内容	说明
帖子标题	概括帖子正文的内容和主旨
帖子内容	对帖子内容进行分析，反映发帖者（即投资者）的情绪
发帖用户名	指发布帖子的作者，可以是个人用户、专业博主及财经类评论机构等，用以筛选广告贴
点击量	即浏览数，用户浏览某条帖子，其阅读数增加一次，反映帖子的关注度
回复数	他人对帖子进行评论，体现帖子热度
发表时间	记录发帖者帖子发表时间，用以反映帖子的时效性，具体可到秒

表4-2　东方财富网所爬取帖子示例

帖子标题	点击量	回复数	发帖用户名	发帖时间	帖子内容
将手中的股票全部换成东方通信	1385	2	天眼999999	2018-12-31　12：55	将手中的股票全部换成东方通信或其他通信板块的股票！
以东方通信为龙头的通信板块连续	1927	8	天眼999999	2018-12-31　12：42	以东方通信为龙头的通信板块连续多日集体走强！
盘口语言解析主力行为，分时图走势教你狠抓涨停	8409	0	股海老谐	2018-12-29　11：11	小编还发现一个规律，当开盘后的分时线出现两波以上
国投资本12月28日获沪股通加仓49.40万股	1512	0	聚焦沪深港	2018-12-29　8：09	12月28日国投资本沪股通持仓数据收盘价：8.99

第三节
数据处理

一、数据清洗

由于股吧论坛是一个开放性信息交流平台，除了投资者面对股市变动的情绪表达外，里面还存在一定量的无效信息，主要包括商家广告推荐帖、转载的新闻帖以及一些重复的主题帖等。一方面，这类帖子大部分属于无效信息，不能反映出投资者对股市变动的看法以及预期；另一方面，该类信息加大了数据处理的工作量，并对后续的情感分析带来干扰。因此对文本进行分析时需要先对爬取的信息进行去噪处理，以便对股民情感进行进一步分析。

对爬取的帖子内容进行去除广告贴处理，若不剔除将影响网络舆情的度量。对帖子内容的研究发现，广告贴在用户名的选取、帖子标题的设定以及帖子内容的发表上具有一定的特征规律，首先选取发帖用户名中反映的广告贴，删除用户名中包含"资金解密""专家认为""股友""聚焦沪深港""财经评论""资讯"等内容的帖子；然后删除帖子标题中带有"教你""老师""研究员""必读消息""推荐""揭秘""荐股""技巧""学习"等内容的帖子；之后剔除帖子内容带有"值得一提""重点关注""召开""记者""最新"等内容的评论；另外，帖子内容中包含"【""（""［""＜""：""："""《"等符号常为广告贴，亦予以去除。

在对股吧中的帖子进行分析时发现，部分投资者在发表评论时存在刷帖行为，即在同一时间段内将标题和内容完全相同的帖子重复发表多次，或者在同一个帖子中重复某一句话，该行为在一定程度上能够反映投资者对于某个事件或者某只股票变动的激烈情绪，但是刷帖也有可能仅仅是部分发帖者的操作习惯。由于获取的帖子数据量巨大，在对帖子进行分析时，考虑到投资者在发表评论时的习惯，将用户同一时段多次发帖时帖子标题和内容完全重复的帖子进行去重；同时，对评论数据内部进行去重，去掉重复的句子和单词。

二、文本分词

在对股吧数据进行清洗之后，需要对文本进行分词。中文分词常用的两类方法是基于规则和基于统计。基于规则分词通常借助前向最大匹配、后向最大匹配、双向最大匹配等规则使用已有词典进行分词。如对"目前股市行情较好"进行分词，其通过从前向后扫描即前向最大匹配法，该方法要求分出的词存在于词典中并且较长，可得"目前/股市/行情/较好"。该方法虽然易于操作，但由于中文词语含义丰富，语法多变，很难设计出全面通用的规则，而且最终的分词结果还会受到文本中词语间的搭配、上下文语境的影响。基于统计分词需要人工标注语料库，然后通过有监督学习法总结词的概率分布以及词之间的常用搭配以训练分词模型。在统计分词思路中，任何两个字间只区分是否需要切分，对于"目前股市行情较好"这句话将尝试所有可能的分词方案，之后保留语料统计中出现概率最大的一种方案。而"目前/股市/行情/较好"的出现概率比"目前股/市行情/较好"更高。

选取现今比较流行的分词工具 jieba 分词对文本进行切分，其结合了基于规则和基于统计两类方法。jieba 词库从各个领域共收录了 349046 个中文词汇，涉及范围广而深。对于 jieba 词库内包含词语，基于词频大小进行切分组合，对于词库未包含词语，则是基于隐马尔可夫模型（HMM），采用 Viterbi 算法计算最大概率路径进行分词组合。由于分词效果与词库优劣息息相关，笔者在汪昌云和武佳薇（2015）、You 等（2017）构建的金融词库和正负面情感词分类的基础上，添加了 jieba 词库、搜狗金融词库、股市术语以及股吧常用语。为了正确切分股市术语，提高了新增词汇的词频，且各词频排序为：股吧情感词>基础情感词>股市术语>搜狗词库>jieba词库。而后根据正负面情感词分类进行匹配处理，并按照文章分词结果的词频进行修正，最终整理出金融情感词库（其中负面词汇 11577 个，正面词汇 10404 个）。为便于理解和说明，图 4-1 给出了一个文本分词的效果说明。

最后，考虑到文本中存在大量出现频率高但对文本分析无意义的词语，比如"或""只有""并且""的"等，保留以上词语易对情感分析的结果产生影响，还会加大数据处理工作量，因此考虑将该类词语去除。建立一个停用词表，若分词后文本词语与停用词表词语匹配，则会被程序检测并删除。

```
['\n', '', '将', '手中', '的', '股票', '全部', '换成', '东方通信', '或', '其他', '通信'
['\n', '', '以', '东方通信', '为', '龙头', '的', '通信', '板块', '连续', '多日', '的',
['\n', '', '前天', '8.56', '经常', '的', '30', '股', '赚', '7', '个点', '准备',
['\n', '', '国投', '帽子', '戴大', '了', '', '拿掉', '', '哈哈', '\n', '\n', '']
['\n', '', '估计', '7', '块', '要', '跌到', '。', '还好', '只有', '10', '股', '。', '一
['\n', '如果', '你', '有', '喜欢', '的', '人', '了', '，', '你', '还', '会', '爱',
['\n', '', '8.56', '进场', '赚钱', '，', '，', '\n', '\n', '']
['\n', '好', '了', '？', '\n', '\n', '']
['\n', '未来', '或', '有', '惊涛骇浪', '，', '，', '不是', '我', '说', '的', '哦', '\n']
['\n', '', '对', '了', '高', '\n', '\n', '']
['\n', '', '什么', '玩意', '呀', '\n', '\n', '']
['\n', '', '明天', '能', '不能', '回', '9.4', '？', '\n', '\n', '']
```

图 4-1　文本分词效果示意图

三、文本特征提取

对东方财富网股吧数据进行数据清洗后，大量的广告帖和无效帖已被剔除，但是文本中与金融市场网络舆情分析无关的信息仍然存在，进一步通过特征工程法提取出股吧投资者关注及投资者情绪相关的特征。该方法借助转换工具将 jieba 分词后的文本内容通过不同的特征取方法转换成词向量，目前有人工定义模式和自动提取模式支持文本特征提取。人工定义模式提取工作量大，需要本领域权威专家的参与，而自动获取模式具有较好的可移植性，能够适应不同的领域。因此，选用自动提取模式完成具有巨大信息量、内容复杂的股吧评论数据的特征抽取。

词集模型、词袋模型、词袋模型加 IDF 是自动化特征提取的常见算法模型。通过词集模型可判断文本中是否包含待处理词汇；词袋模型则计算待处理内容数量；对词袋模型加 IDF 算法，常用的有 TF-IDF，其中 TF 表示各词语在文本中出现的概率即词频，IDF 用来衡量各词语的重要性，为逆向文档频率。各词语的 IDF 计算公式为：

$$IDF = \log_{10}\left(\frac{all\_text}{contain\_text}\right) \tag{4-1}$$

式（4-1）中，$contain\_text$ 反映包含特定词语的文本文件数，all_text

代表文本文件总数。这里借助 TF-IDF 技术进行特征表示，提高提取准确率。词云图方便突出整个文本的话题和主旨，可以过滤无效信息，通过可视化展示文本中高频出现的关键词。如对国投资本 2015~2018 年的文本数据进行分析后，产生的词云图如图 4-2 所示。从图 4-2 上可以直观看出，"国投""安信" 比例最大，股民发帖时对股票机构提及较多；"涨停""好""涨" 等词较之 "跌""跌停" 字体更大、更醒目，可见在该段时间内，发帖者情感表达中的积极情感词汇较之消极情感词汇出现频次更高，投资者满意度较好。

图 4-2　基于国投资本股吧文本词云图

第四节
情感词典构建

　　分析获取文本信息的情感倾向主要有情感词典构造法和机器学习法两种方法。前者需要借助情感词典，对分词后的情感词、程度副词及否定词等赋予对应权重，根据词性计算获得分数值；后者借助无监督学习，不需要准备情感词典，但首先需要准备好人工标注词性的语料库为数据训练集，之后在海量语料中自动提取数据信息以构建情感分析模型获得情感值。借助情感词典的难点在于需要寻找或者构建合适的情感词典，机器学习法则需要大量的人力和时间进行标注，其标注量越大，模型拟合准确率相对越高。目前研究缺乏囊括金融领域词汇的专用字典，通过情感词典构造法分析文本信息的情感倾向较之机器学习法学术价值更高。选取基础情感词典，并结合金融领域的相关词汇，定义一个新的反映金融领域特征的情感词典，以此为基础进行投资者的情感分析。

现有研究中比较有影响力的情感词典包括大连理工情感词汇本体库、知网情感词典、台湾大学中文情感极性词典等，这些词典为准确分析情感倾向提供了巨大帮助。大连理工情感词汇本体库共含有 27467 个词，其中褒义词 11229 个，贬义词 10784 个；情感分为七大类，分别为乐、好、怒、哀、惧、恶、惊；情感强度分为 1、3、5、7、9 五档。大连理工词典包含词语丰富且收纳了各个研究领域的相关词语，但是对于金融领域的研究还需手工添加金融术语对字典进行补充调整。另外，随着互联网的发展，网名留言中包含很多新的流行词汇，其中包括"点赞""哈哈哈"等网络词汇，以及"看空"等股市情感用语。因此，现有的词典在对股吧留言情感评论时就略显不足，需要通过更新特定领域用词来完善现有词典，提高情感分析的准确性。选取大连理工情感词汇本体库、搜狗词库，并参考 You 等（2017）文章附录中的词典，通过游家兴与吴静（2012）设计的非情感词典，与大连理工情感词汇本体库的积极和消极情感词对比，筛出大连理工积极和消极词典中的部分词语，结合股市术语、股吧专用情感词典，以此作为股吧基础情感词典。在表 4-3 中，给出了情感词典调整的一个示例。

表 4-3　情感词典调整示例

	删除词	增加词
积极情感词	求索、神采、省便、盛开、素洁、兼爱、放达等	潜力股、绩优股、看多、做多、空翻多、护盘、反弹、超卖、利空出尽等
消极情感词	翻云覆雨、胡子拉碴、食古不化、娇惯、悍然等	垃圾股、多杀多、跳水、诱多、诱空、割肉、对倒、哄抬、洗盘、崩盘、杀跌等
程度副词	—	太、无比、极、尤其、极其、格外、非常、还行、只是、仅仅、有点、略微、一点等
否定词	—	无、休、甭、白搭、无须、并非、休想、毫无、切莫、切勿、弗有、木有等

第五节
网络舆情指标构建

一、投资者关注度指标构建

投资者关注度反映了投资者对股市的关注情况,投资者通过搜索引擎获取所关注股票的有关信息,因此搜索量能够从一定程度上反映出投资者关注度,国内外学者常借助百度指数和谷歌指数衡量投资者关注度(Hamid and Heiden,2015;张同辉等,2019)。在东方财富网股吧论坛中,投资者可以通过发布新帖、回复讨论等方式抒发自己的观点,参考熊熊等(2017)、部慧等(2018)研究者度量股吧投资者关注度的方法,借助每日发帖量的变化衡量投资者关注度的变动,通过对个股讨论区每月有效帖的汇总,分别获得 45 家机构投资者的每月关注度。

$$TIE_i = \sum_{t=1}^{n} P_{i,t} \tag{4-2}$$

其中,TIE_i 表示投资者对 i 机构的某月关注度,其通过 i 机构每日有效帖子数 $P_{i,t}$ 加总获得。

二、投资者情绪指标构建

参考游家兴和吴静(2012)、王夫乐和王相悦(2017)等学者构建情绪指标的方法,首先对情绪进行分类,之后设定权重值,最后以各情绪的加权均值作为该机构月度情感倾向值。

将投资者情绪分为三类,即正面情绪、中性情绪和负面情绪,并对每一条评论进行分词,分别计算正面、中性和负面词汇的数量,设定正面情感词和负面情感词,其中正面情感词为 1,负面情感词为−1,中性情感词为 0。若情感词前存在否定词,则情感倾向发生改变,将该条评论的情感权重设定为−1;当存在"太""无比"等程度副词时,程度强的词权重设定为 2;当存在"仅仅""有点"等程度弱的词时,权重为 0.5。

对于股吧帖子内容,首先根据","";""。"等符号为标志,将短文切分为 n 个语句：$clause_1$，$clause_2$，$\cdots$，$clause_j$，之后遍历各个分句中的情感词语：$word_1$，$word_2$，$\cdots$，$word_j$。若情感词前面出现"不""无""并非"等否定词或者"太""无比""十分""仅仅"等程度副词，则该词语情感倾向计算为：

$$T_{word_j} = W_{word_{no/plu}} \times S_{word_j} \qquad (4-3)$$

其中，T_{word_j} 表示情感倾向值，$W_{word_{no/plu}}$ 反映否定词或程度副词的权重，S_{word_j} 表示情感词 $word_j$ 的情感倾向值。

由此，每个分句的情感倾向值为：

$$T_{clause_i} = \sum_{j=1}^{k} T_{word_j} \qquad (4-4)$$

进而，每个帖子的情感倾向值为：

$$T_{text} = \sum_{i=1}^{n} T_{clause_i} \qquad (4-5)$$

其中，T_{text} 表示帖子情感倾向值的大小，其值大于 0 时，投资者的情感倾向为正数，反映为积极情绪；当其值小于 0 时，投资者的情感倾向为负数，反映为消极情绪；其值等于 0 时，则为中性情绪。

进一步地，将个股讨论区每月的数据进行汇总计算，获得投资者对该机构股价变动的月度情感倾向值 $YQX_{i,t}$。

三、投资者意见分歧指标构建

投资者意见分歧是指不同投资者对某只股票未来收益分布判断的差异。多数文献通过代理指标间接衡量投资者分歧，如分析师预测标准差（Berkman et al.，2009；俞红海等，2015）、换手率（Boehme et al.，2006；李科等，2015）、收益波动率（Garfinkel and Sokobin，2006；史永东、李凤羽，2012）。但是分析师预测标准差只反映了专业投资人的意见差异，未能考虑到投资者的意见差异，而换手率和收益波动率难以估计其对投资者分歧的代表程度。通过对东方财富网股吧舆情信息分析获得投资者情绪值，参考尹海员（2016）、黄亮（2019）等学者的方法计算投资者意见的标准差，获得投资者意见分歧指标。

$$LNBD_i \sqrt{\frac{\sum_{t=1}^{n} (YQX_{i,t} - \mu_i)^2}{n}} \qquad (4-6)$$

其中，$LNBD_i$ 表示某时期投资者关于机构 i 的意见分歧指标，$YQX_{i,t}$ 表示投资者在 t 时对机构 i 股价变动的情绪值，μ_i 表示投资者在该时段对机构 i 股价变动的情感均值。

第六节
网络舆情指数可视化

本章通过文本挖掘技术对投资者的股吧留言信息进行分析，进而了解投资者情绪和投资者关注情况，根据以上步骤获得投资者关注、情绪及意见分歧指数，以下从 45 家机构中选取一家机构进行可视化分析。

图 4-3 展示了投资者关于东方财富网股吧个股板块中国投资本的投资者关注度、情感倾向以及投资者意见分歧的月度变化情况，并加入该机构该段时期的金融系统性风险变动情况进行对比。为便于比较，分别对四个指标进行了标准化处理，且从下到上依次为金融系统性风险、投资者关注度、投资者情绪值以及投资者意见分歧。2015 年"股灾"期间，投资者关注度和投资者意见分歧程度更高，此时投资者情绪波动也较大。总体而言，金融系统性风险、投资者关注度和投资者意见分歧的变动趋势相似，投资者关注度和投资者情绪变动与金融市场波动呈现一定的相关性。

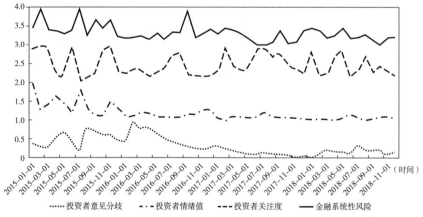

图 4-3 投资者意见分歧、投资者情绪、投资者关注度与金融系统性风险时序特征

第七节
研究小结

关于网络舆情的度量，应用文本挖掘技术对东方财富网股吧舆情信息进行分析。在数据采集的基础上，按照数据清洗、文本分词、文本特征提取、情感词典构建的步骤依次进行，然后从投资者关注和投资者情绪两个方面构建网络舆情指标，具体步骤如下：

首先，选取东方财富网个股讨论区股吧文本作为信息源，利用 Python 爬虫工具获取到包含银行、保险和证券三个行业 45 家机构共计 1000 余万条个体投资者股吧发帖信息。

其次，对文本信息进行处理。对数据进行清洗，去除广告推荐帖等无效信息；利用 jieba 分词对文本信息进行分词处理；借助特征工程方法取出股吧文本信息中与股吧投资者情绪等相关的特征，去除无关文本信息。

再次，构建情感词典。本章构建的金融领域情感词典基于大连理工词典、搜狗词库，并参考 You 等（2017）文章附录中的词典，通过游家兴与吴静（2012）设计的非情感词典，与大连理工词典的积极和消极情感词对比，筛出大连理工积极和消极词典中的部分词语，结合股市术语、股吧专用情感词典，人工整理添加金融专用词典，以确保情感词典的全面性和针对性。

最后，通过设定算法模型，基于投资者关注和情绪两个方面构建投资者关注、投资者情绪以及投资者意见分歧三个指标，进一步选择东方财富网个股板块中任意个股网络舆情的变动情况进行可视化分析。

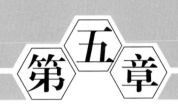

网络舆情对金融系统性风险的影响研究

第一节
引言

中国经济进入"新常态"以来,经济发展面临的不确定性冲击明显增加,金融系统性风险爆发的概率显著上升。一方面,党的十九大报告提出,"健全金融监管体系,守住不发生系统性金融风险的底线"已成为我国经济发展的重要工作。另一方面,第 44 次《中国互联网络发展状况统计报告》显示,截至 2019 年 6 月,中国网民规模达 8.54 亿,互联网普及率为 61.2%。互联网已成为投资者获取和传播信息的重要渠道,网络舆情作为市场参与主体对市场预期的重要反映载体,包含丰富的市场风险信息,同时对金融系统性风险的发生也具有金融加速器作用。基于"互联网+风险管理"对股吧等信息平台进行文本挖掘,以此获取并分析网络舆情信息,对丰富金融系统性风险防控的研究具有重要的理论及现实意义。

金融系统性风险被认为是"许多市场参与者同时遭受损失,并且迅速扩散到整个系统"的风险。多数文献集中于金融市场流动性短缺、高杠杆,以及极端损失造成的系统性风险,从宏观经济角度对个体层面的金融风险或资本短缺程度进行评估(Adrian and Brunnermeier,2016;Allen et al.,2012;杨子晖等,2019)。其中,Adrian 和 Brunnermeier(2016)在 VaR 的基础上提出 CoVaR,通过研究某个金融机构对其他金融机构乃至整个金融市场的风险外溢状况探究金融系统性风险。Brownlees 和 Engle(2017)采用 SRISK 衡量金融机构在严重市场衰退下的资本缺口,并将其纳入金融系统性风险度量指标。郑振龙等(2014)通过股票与债券市场的平均相关系数反映金融系统性风险。Acharya 等(2017)研究发现目前大多数监管机构更多的是关注个体层面的金融风险,而对于整体层面的系统性风险缺乏一定的监控,从而使整个金融体系受到宏观变量的冲击。欧阳资生等(2019)选取金融市场 4 个层面的 14 个代表性指标测度了金融系统性风险,并构造了综合系统性风险指数,发现综合系统性风险指数比单个系统性风险指标可以更好地反映宏观经济波动。

　　大量文献集中于网络舆情对宏观经济和金融市场走势的影响研究，如作为衡量网络舆情关注程度的搜索引擎数据和论坛评论数据已经应用于股市波动性的研究中。具体来说，网络舆情对金融市场的研究可分为两类。一类是网络舆情与股市收益之间的关系。Frijns 等（2017）将股票收益分解为基本和非基本因素进行研究，发现网络情绪解释了收益中非基本因素的水平、方差和协方差，表明股票收益率是由网络情绪驱动的。Ryu 等（2017）构建回归模型研究发现高涨的网络情绪将导致更高的收益。另外，对于某只股票未来收益情况判断的差异即网络意见分歧对股票收益也存在影响。包锋和徐建国（2015）通过事件研究法得出结论，即网络意见分歧水平越大，则股票短期动量收益越高，但是长期而言结果正好相反。另一类是通过网络舆情对市场波动性等的影响，进一步探究网络舆情对金融市场稳定的影响。Ruan 和 Zhang（2016）、Gargano 和 Rossi（2018）建立投资者网络关注度对市场微观结构影响的数理模型，印证了更高的投资者网络关注度会导致更强的股市波动。童中文等（2016）运用 SGMM 和 DGMM 等模型研究媒体效应对银行系统性风险的影响，发现媒体报道数量越多，投资者情绪越悲观，银行发生系统性风险的可能性越小，对金融市场稳定性的影响也越小，反之亦然。吴璇等（2017）研究发现，当公司面临负面媒体舆论情绪或者出现坏消息时，积极的网络舆情管理能够改善股票流动性，进而维护金融市场的稳定。

　　综观该领域研究，现有国内外文献在传统金融学下金融系统性风险的度量、网络舆情与金融市场关系上进行了大量研究，较少涉及网络舆情对金融系统性风险方面的研究。而危机时期，网络舆情往往呈现不同程度的波动，可能引发股票市场的"羊群效应"，投资者集体抛售股票使金融市场剧烈震荡，系统性风险迅速增大，这意味着网络舆情可能对金融系统性风险产生影响。研究发现，首先，从网络舆情信息关注度角度而言，网络关注度越高，反映出投资者在信息处理过程中，选择性地分配更多的注意力，与关注度较低的机构相比，关注度较高的机构对金融系统的风险溢出效应更大。其次，从网络舆情信息传递的情绪角度而言，积极的舆情信息容易放大投资者的投机行为，从而加大股市波动，但当投资者面对消极的舆情信息时，表现更为理性，因此网络情绪中积极情绪的传递较之消极情绪对金融系统性风险的影响更大。最后，从网络舆情信息中对股市未来预期差异的角度而言，对未来股价走势持乐观和悲观看法的差异性会导致股市调整不充分从而加大市场风险；网络意见分歧越大，对金融系统性风险的影响程度越大。

与以往的研究相比，本章的贡献在于：第一，在研究视角方面，现有研究多为网络舆情对股价变动或银行系统性风险的影响，本章的研究则关注网络舆情对银行、保险、证券的综合影响，研究网络舆情对系统性风险的影响，为系统性风险的宏观审慎监管提供参考。第二，在网络舆情指标构建方面，针对金融市场网络舆情研究需要，爬取股吧数据，获取金融领域情感词典，从而构建能够更全面、准确地反映投资者网络舆情水平的指数，本章研究的衡量指标较间接指标更具针对性。第三，在理论研究方面，增加了网络舆情对金融系统性风险影响的相关证据，现有研究常基于传统金融学对金融系统性风险的防控进行研究，笔者基于行为金融学理论，将投资者的行为对金融市场稳定的影响纳入考虑，深入讨论了投资者网络关注度和网络情绪对金融系统性风险的影响。

第二节
网络舆情对金融系统性风险影响的理论分析

一、网络舆情对金融系统性风险的影响机理

随着互联网技术的发展，便捷的上网环境使投资者喜欢通过论坛、贴吧、微博及微信等平台获取股市信息，监管部门对以上平台发布的信息未完全进行监管筛选，投资者们可以即时浏览到以上内容，并且都能作为信息发布者，传递各类信息，网民在网络舆情的文字中所传达的信息不仅仅是对事件进行描述，更包含各自情感观点，舆情中的积极和消极词汇传递出的感情对舆情受众的思想及行为产生影响。积极正面词汇丰富的舆情信息让投资者预期股价变动趋势乐观，消极负面词汇居多的舆情则让投资者

对股市股价变动趋势呈悲观态度。投资者们可以通过浏览舆情信息了解其他投资者对股市的预期，并进行交流反馈。

市场中的投资者部分属于理性投资者，这类投资者对市场较为了解，专业知识扎实，能够针对公司经营状况并结合市场行情对该机构股价变动情况做出客观合理的判断；而市场中大多数投资者属于有限理性投资者，这类投资者相关专业知识有限，有一定的闲置资金，但难以理性分析获得的信息以及市场行情，易于受到他人行为的影响跟风操作，造成股市动荡。从另一个角度讲，股市参与者可以分为机构投资者和个体投资者，相比而言前者具备扎实的专业基础和丰富的市场经验，但因其操作主体是人，即便其决策角度更专业但仍受限于人的能力与思维，无法达到完全理性。个体投资者的投资资金较机构投资者而言较少，但个体投资者群体巨大，总资金高于机构投资者，并且其易于受到市场各类消息的影响，导致更大的情绪波动，难以做出理性决策。

金融系统性风险的发生是金融市场各类小风险的聚集，往往需要经历一定的累积，在一个关键时点由一个导火索引燃并迅速蔓延整个金融体系。在股市中，股价变动受到公司经营状况、国家政策颁布以及市场供求变动等因素的影响，这些因素不会直接引起股市波动，而是通过将信息传递给投资者，投资者结合已有信息以及自身判断做出相应反应。由于投资者个体的反应具有很强的协同情绪，从而导致很强的非理性投资行为（Vaga，1990），投资者在做出决定时易趋于群体一致，引起股价的剧烈变动，进而金融市场系统性风险发生的概率上升；严重时导致股市崩盘、金融市场动荡，发生金融系统性风险。

二、网络舆情对金融系统性风险影响的作用路径

（一）舆情关注效应影响作用路径

投资者的注意力有限，特别在当今的互联网时代里，信息的产生是爆炸式的，每天都会产生大量有用或无用信息，在这种背景下，投资者没办法对所有的信息进行及时有效的处理。另外，股票市场包含数量众多的上市公司，且行业覆盖广泛，投资者难以对股票市场上的所有股票进行关注。并且，由于存在信息不对称，不同投资者对某只股票所了解的信息也存在不对等现象，面对信息资源的急剧增多，投资者会优先接收一部分自

认为对自己有用的信息，而忽略其他信息。此时，个体投资者将更多注意力投放到网络股评观点和各类小道消息上，进而受到以上舆情信息的影响。

目前我国金融市场易受到外界环境因素的影响，发展不够成熟。投资者购买某只股票后，为获取更高收益，会通过在网络平台发表对该只股票积极预期言论吸引其他投资者，越来越多的投资者选购该股票将促进股价上升。对于选购股票者而言，则希望能低价购入某只股票，其借助网络平台发表悲观消极的股市舆情信息，给持股者传递股市将下跌的消息，促使大量持股者争先恐后地售出手中股票，造成股市动乱。

（二）投资者情绪效应影响作用路径

Barberis 等（2006）提到投资者在做决策时具备理性分析能力，但是投资者的判断力会受到环境等各类因素的影响，导致市场中的投资者存在有限理性。行为金融学理论研究者认为，投资者在做投资决策时会受到自己情绪的影响，不仅如此，投资者对待股市的情绪会蔓延给其他投资者，进而对他人的投资决策产生影响。当投资者对股市持有乐观预期时，高涨的投资者情绪会传递给他人，对待处于高价位的股票，投资者将有更高的预期，通过高入高出来获取利益。对股市持有悲观预期的投资者，则认为股市将继续下跌，暂时放弃购进新的股票。在对投资者情绪的理论研究中，网络舆情作为投资者观点信息的传递媒介，对乐观和悲观投资者的投资行为具有重要影响。这些非理性的行为，主要表现为以下三种方式：

第一，投资者投机行为。投资者在选取购买股票时，都会期望获得利益，并且大部分投资者希望在短期内能够获得巨大收益。个体投资者在选购股票时，由于自身专业能力及信息能力受限，难以考虑企业具体运营情况及整个市场行情，他们通过小道消息，或者以其他网民发表的信息为参考，做出选择，却未真正分析股市趋势。

第二，投资者过度自信。人们期望好事情有更高的概率发生在自己身上，甚至对于纯粹的随机事件有不切实际的乐观主义（Kunda，1987）。投资者在进行股票交易时，倾向于认为自己的投资决策是正确的，自己能够避免其他投资者的决策错误。基于此种想法，投资者会频繁进行股市交易，但实际上，过度的自信投资导致的结果往往都是非理性的。

第三，投资者"羊群效应"。股票市场存在巨大风险，投资者在进行交易时，会通过不断调整自己的交易行为来规避风险。很多个体投资者喜好通过"随大流"，即和别人选择一样的股票来规避风险。即使股价下跌，因为其他大部分人的股票也是下跌的，投资者心理上还是会有一定的平衡，正是这种跟风暗示的作用，导致市场中出现各种不理性行为。网络舆情对金融系统性风险的影响路径如图 5-1 所示。

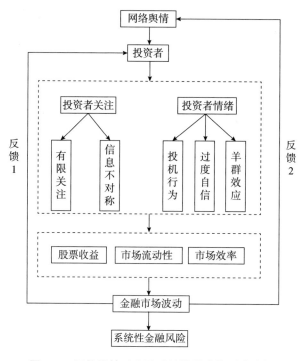

图 5-1　网络舆情对金融系统性风险的影响路径

第三节
网络舆情对金融系统性风险影响的研究假设

　　根据上文文献回顾以及相关理论的研究，基于行为金融学中投资者有

限理性等理论，本节从投资者关注和投资者情绪两个方面研究网络舆情对金融系统性风险的影响，并提出相关假设。

投资者获取的市场信息远超出其信息处理能力，因此投资者只能在信息处理过程中有选择地进行注意力的分配。有限关注度会导致投资者的有限理性，进而造成行为偏差，对市场交易形成影响（Kahneman，1973）。投资者对某只股票变动给予的关注度越高，该股票的股票市场交易表现将更加活跃，进而投资者高关注度能够驱动投资交易行为（Ruan and Zhang，2016）。因此，投资者关注度是网络舆情信息在投资者决策中发挥作用的关键因素，是引发市场交易和流动性变化的前提。投资者注意力具有驱动作用，股票市场的动态信息将促使投资者进行频繁的交易。换言之，股票市场流动性受到投资者关注度的影响，且投资者关注度越高，股市流动性越强，进而加大金融系统性风险（陈蓉、吴宇翔，2019）。

基于以上分析提出假设 1：投资者关注度对金融系统性风险产生影响，且关注度越高，金融系统性风险越大。

由于投资者是有限理性，非理性投资者会对股价产生错误预期，造成价值偏离。欧洲央行在《金融稳定报告》中提到，投资者的自满带来了金融稳定风险，并且在金融资产收益低落而投资者追求收益的情况下对金融稳定的冲击更强烈。投资者情绪主要呈现为积极情绪和悲观情绪，对股价未来走势持乐观观点的投资者其过度自信和投机行为会放大，进而加大股市波动，而持悲观观点的投资者由于损失厌恶等特征而表现得更为理性，处于积极高涨情绪的投资者较之消极低落情绪者对股市的影响更显著（Yang and Zhou，2015）。

基于以上分析提出假设 2：投资者情绪对金融系统性风险的影响具有非对称性，高涨的情绪较之低落的情绪影响更大。

市场中投资者存在信息不对称，导致投资者对于股票趋势的判断存在差异。当投资者存在意见分歧时，在卖空限制条件下乐观投资者的过度自信行为放大，会积极买入并持有股票，但悲观投资者却无法做空股票，致使股票价格调整不充分，并且市场中投资者意见分歧程度越大，对未来股价走势乐观和悲观看法的差异性会导致股价高估，进而出现价格反转现象（陈国进、张怡军，2009；丁慧等，2018）。另外，投资者意见分歧将会引发当期交易量的波动，当投资者出现大的意见分歧时，交易量将出现聚集性的正自相关。

基于以上分析提出假设 3：投资者意见分歧对金融系统性风险产生影响，投资者意见分歧程度越高，金融系统性风险越大。

第四节
指标构建与变量选取

一、金融系统性风险指标测度

本章采用 Engle（2002）提出的动态条件相关（DCC-GARCH）模型估计广义 CoVaR 模型，构建 DCC-GARCH-CoVaR 模型。对于 DCC-GARCH-CoVaR 模型，本书在第三章已做了详细说明，这里不再重复。假设 $CoVaR_q^{j|i}$ 反映当金融机构 i 陷入危机时，金融体系或金融机构 j 面临的条件风险价值。而 $\Delta CoVaR_q^{j|i}$ 反映当金融机构 i 陷入危机时，对金融体系或者金融机构 j 的风险溢出值，其定义表达式为：

$$\Delta CoVaR_q^{j|i} = CoVaR_q^{j|X^i = VaR_q^i} - CoVaR_q^{j|X^i = VaR_{0.5}^i} \tag{5-1}$$

在构建 DCC-GARCH-CoVaR 模型后，就可以计算所选取的银行、证券和保险三个行业 45 家金融机构的风险溢出效应（$\Delta CoVaR$）。

二、网络舆情指标构建

对于解释变量，网络舆情变动情况通过投资者关注、投资者情绪和投资者意见分歧指数的变动反映。本书在第四章中已对以上三个指标的构建做了详细介绍，考虑到指标的量纲差异，在接下来的分析中，对投资者关注度指数进行归一化处理；考虑到积极和消极的投资者情绪对金融系统性风险的影响存在差异，为便于比较，对投资者情绪值的绝对值加 1 后取对数，之后保留其正负号；对投资者意见分歧指数取对数。

三、控制变量选取

考虑到宏观经济以及股市变动对金融系统性风险的变动存在影响，

参考文凤华等（2014）、赵汝为等（2019）和陈荣达等（2019）等学者们的观点，选取居民消费价格指数（CPI）、宏观经济景气指数（HG）、进出口总值（JCK）、当月 IPO 数（NIPO）、当月市场换手率（TURN）以及投资者信心指数（CCI）作为控制变量。考虑到数据的量纲差异，将居民消费价格指数、宏观经济景气指数、进出口总值取对数（见表 5-1）。

表 5-1　所有变量、名称及计算方法

变量	指标	简称	计算方法
因变量	系统性风险指数	YA	基于 DCC-GARCH 模型计算 △CoVaR
自变量	投资者关注度	TIE	每月帖子数之和归一化
	投资者情绪值	YQX	投资者情绪取对数
	虚拟变量	D	1 代表积极情绪，0 代表消极情绪
	投资者意见分歧	LNBD	投资者情绪的标准差取对数
控制变量	居民消费价格指数	LNCPI	居民消费价格指数取对数
	宏观经济景气指数	LNHG	一致指数取对数
	进出口总值取对数	LNJCK	进出口总值取对数
	当月 IPO 数	NIPO	—
	当月市场换手率	TURN	—
	投资者信心指数	CCI	—

第五节
模型设定

一、动态面板模型

（一）计量模型设定

针对假设 1，构建如下模型进行检验：

$$YA_{i,\ t} = \alpha_0 + \alpha_1 YA_{i,\ t-1} + \beta_1 TIE_{i,\ t} + \gamma_j \sum_j Control_{j,\ i,\ t} + \varepsilon_{i,\ t} \quad (5\text{-}2)$$

式（5-2）中，$YA_{i,\ t}$ 用于衡量金融系统性风险情况，其值越大，金融系统性风险程度越大；$TIE_{i,\ t}$ 用于衡量投资者关注度，其值越大，投资者对该股票关注度越高；$Control_{j,\ i,\ t}$ 为控制变量。考虑到宏观经济以及股市变动对金融系统性风险变动的影响，选取宏观经济景气指数中的一致指数（LNHG）、进出口总值（LNJCK）、居民消费价格指数（LNCPI）、当月 IPO 数（NIPO）、市场当月换手率（TURN），以及投资者信心指数（CCI）六个指标作为计量模型的控制变量。回归结果中，若 β_1 显著为正，则说明随着投资者关注的增大，金融系统性风险变大。

针对假设 2，构建如下模型进行检验：

$$YA_{i,\ t} = \alpha_0 + \alpha_1 YA_{i,\ t-1} + \beta_2 YQX_{i,\ t} D_{i,\ t} + \beta_3 YQX_{i,\ t}(1 - D_{i,\ t}) +$$
$$\gamma_j \sum_j Control_{j,\ i,\ t} + \varepsilon_{i,\ t} \quad (5\text{-}3)$$

式（5-3）中，$YA_{i,\ t}$ 用于衡量金融系统性风险情况，$YQX_{i,\ t}$ 为投资者情绪的衡量指标，$Control_{j,\ i,\ t}$ 为控制变量；$D_{i,\ t}$ 为虚拟变量，当 $YQX_{i,\ t} > 0$ 时，投资者处于积极情绪（YJJ），此时 $D_{i,\ t} = 1$；反之，投资者处于消极情绪（YXJ），此时 $D_{i,\ t} = 0$。借助虚拟变量，对比积极情绪和消极情绪对金融系统性风险的影响差异。

针对假设 3，构建如下模型进行检验：

$$YA_{i,\ t} = \alpha_0 + \alpha_1 YA_{i,\ t-1} + \beta_4 LNBD_{i,\ t} + \gamma_j \sum_j Control_{j,\ i,\ t} + \varepsilon_{i,\ t} \quad (5\text{-}4)$$

式（5-4）中，$YA_{i,\ t}$ 用于衡量金融系统性风险情况，$LNBD_{i,\ t}$ 为投资者意见分歧的衡量指标，$Control_{j,\ i,\ t}$ 为控制变量，其选取原理同上。回归结果中，若 β_4 显著为正，则说明投资者对股市变动趋势的意见分歧程度越大，系统性风险越高。

（二）动态面板模型的估计——DGMM 和 SGMM

面板数据相对于时间序列数据而言，包含更多个体的信息，其从截面和时间两个维度，既能够反映一个时间段内多个个体机构的变动，也可以体现个体随着时间的变动趋势。面板数据模型通过是否考虑被解释变量对自身变动的影响分为静态和动态面板回归模型，其中动态面板回归模型等式右侧包含被解释变量滞后项，静态面板回归模型则未包含。另外，静态面板模型组内估计量具有一致性，但动态面板模型则具有非一致性，动态面板模型参数估计方法主要包括工具变量估计（IV）和广义矩估计（GMM）两种方法。本章采用广义矩估计方法。

在一阶平稳自回归模型中：

$$Y_{i,t} = u + \rho Y_{i,t-1} + \beta X_{i,t} + \gamma Z_i + \alpha_i + \varepsilon_{i,t} \qquad (5-5)$$

对式（5-5）两边进行一阶差分，可得：

$$\Delta Y_{i,t} = \rho \Delta Y_{i,t-1} + \beta \Delta X_{i,t} + \Delta \varepsilon_{i,t} \qquad (5-6)$$

差分后 $\varepsilon_{i,t}$ 与 $\Delta Y_{i,t-1}$ 依然相关，则 $\Delta Y_{i,t-1}$ 为内生变量。若不存在自相关，则 $Y_{i,t-2}$ 与 $\Delta Y_{i,t-1}$ 相关，而 $Y_{i,t-2}$ 与 $\Delta \varepsilon_{i,t} = \varepsilon_{i,t} - \varepsilon_{i,t-1}$ 不相关，可将 $Y_{i,t-2}$ 作为 $\Delta Y_{i,t-1}$ 的工具变量进行估计，同理可得 $\{Y_{i,t-3}, Y_{i,t-4}, \cdots\}$ 也可以作为有效工具变量，将所有可能的滞后变量视为工具变量进行广义距估计，进而得到差分 GMM 估计（DGMM）（Arellano and Bond，1991）。差分 GMM 估计对模型进行差分并设置差分值的工具变量，解决了残差的异方差和内生性问题。但利用差分 GMM 估计也有新问题产生，即其易发生变量弱工具性，由不随时间变化的其他变量被去除导致；另外，利用差分 GMM 估计也容易出现 Sargan 检验显著拒绝原假设的情况，导致估计结果无效。此外，该估计方法同组内估计量存在一样的缺点，即不能估计个体效应 Z_i 的系数估计值 $\bar{\gamma}$。

借助水平 GMM 估计可以解决当 $Y_{i,t}$ 接近随机游走时，$Y_{i,t-2}$ 与 $\Delta Y_{i,t-1}$ 的相关性很差，使用差分 GMM 估计所产生的弱工具变量问题。水平 GMM 估计在水平方程差分前使用 $\{Y_{i,t-1}, Y_{i,t-2}, \cdots\}$ 作为 $Y_{i,t-1}$ 的工具变量。在 $\{Y_{i,t-1}, Y_{i,t-2}, \cdots\}$ 与个体效应 α_i 不相关、$\varepsilon_{i,t}$ 不存在序列自相关时可以得到模型的一致估计量。把差分方程和水平方程组合为一个系统进行 GMM 估计，成为系统 GMM 估计（SGMM）（Blundll and Bond，1998）。系统 GMM 估计增加了被解释变量差分的滞后项与随机误差正交的矩条件，克服了差分 GMM 在小样本中存在偏差的问题，提高了估计的有效性和一致性。系统 GMM 估计首先消除固定效应，其对模型进行一阶差分，然后选取合适的工具变量并且产生相应的矩条件方程。之后，为获得模型的一致性估计选用解释变量的滞后项作为差分方程中对应变量的工具变量。利用系统广义矩估计对随机误差项中是否存在序列相关和异方差并无要求，不需要准确知道随机误差项的分布信息，因此该方法较之其他方法能够获得更有效的参数估计量。

二、面板向量自回归模型

为研究受投资者关注和投资者情绪冲击时金融系统性风险短期内的动态变化情况，并进一步通过预测误差的方差分解分析投资者关注、投资者情绪和投资者意见分歧对金融系统性风险变动的短期贡献情况，下文通过建立面板数据的向量自回归模型（PVAR），借助脉冲响应进行分析。

PVAR 模型将传统的 VAR 方法与面板数据方法相结合，该模型未对自变量和因变量进行区分，各个变量均可以相互影响，其将各变量作为系统中所有变量滞后值的函数来构造模型，之后对多方程联立的模型分析各变量间的影响关系。Holtz-Eakin 等（1988）首次建立 PVAR 模型，并借助广义矩估计来估计变量系数，以此为基础进行脉冲响应以及方差分解。Love 和 Zicchino（2006）利用面板数据的向量自回归模型研究金融因素对投资的影响，借助 Stata 软件对 PVAR 模型的应用编写代码，进行计算分析。本章选取金融系统性风险值（YA）、投资者关注（TIE）、投资者情绪（YQX）以及投资者意见分歧指数（LNBD）构建 PVAR 模型：

$$YA_{i,\ t} = \alpha_0 + \sum_{j=1}^{p} \Phi_j YA_{i,\ t-j} + \sum_{k=1}^{p} \eta_j X_{i,\ t-k} + e_i + f_t + \varepsilon_{i,\ t} \qquad (5\text{-}7)$$

式（5-7）中，$YA_{i,\ t}$ 为模型的被解释变量，用于衡量金融系统性风险情况；$X_{i,\ t-k}$ 为模型的解释变量，包含投资者关注、投资者情绪和投资者意见分歧三个指标；p 代表滞后阶数，Φ_j 和 η_j 为变量估计的回归系数矩阵，e_i 为各机构之间的差异，f_t 表示时间趋势特征，$\varepsilon_{i,t}$ 为模型的随机干扰项。

关于 PVAR 模型估计，采用广义矩估计求取模型参数，其思路如下：首先，借助面板数据中截面均值差分法，以此消除数据的时间效应；然后，运用"前向均值差分"法替代"平均值差分"法消除个体效应可能带来的偏差，Arellano 和 Bover（1995）提出"前向均值差分"法，即 Helmert 过程，通过该方法消除个体效应可避免"平均值差分"法产生的偏差，模型中变量与随机干扰项不存在相关性，转换后的变量与内生滞后变量的正交性不变；最后，为分析模型内变量之间的相互影响关系，将滞后变量作为工具变量并采用广义矩估计对 PVAR 模型进行估计。

第六节
实证结果分析

一、样本选择与变量描述

考虑到我国金融公司的系统重要性和同质性等因素，选择 2015 年前上市的共计 45 家金融公司作为我国金融机构的样本，具体包含平安银行、宁波银行、浦发银行、华夏银行、民生银行、招商银行、南京银行、工商银行、兴业银行、北京银行、交通银行、建设银行、中国银行、中信银行、农业银行、光大银行 16 家银行；申万宏源、东北证券、锦龙股份、国元证券、国海证券、广发证券、长江证券、山西证券、西部证券、国信证券、中信证券、国金证券、西南证券、海通证券、东方证券、招商证券、东兴证券、国泰君安、兴业证券、东吴证券、华泰证券、光大证券、方正证券、国投安信、太平洋证券 25 家证券公司；中国平安、新华保险、中国太保、中国人寿 4 家保险公司。

在计算金融系统性风险指标时，使用沪深 300 指数作为金融市场月收益率的度量指标，考虑到数据的准确性和可获得性，选取 2015 年 1 月到 2018 年 12 月的月度数据进行分析。其中因变量和控制变量原始数据均来源于同花顺和 Wind 数据库。对各变量的描述性统计见表 5-2。

表 5-2　变量描述性统计

变量	观测值	极小值	极大值	平均值	标准差
YA	2160	−0.0854	0.2274	0.0729	0.0386
TIE	2160	0.0000	1.0000	0.2038	0.2364
YQX	2160	−8.6637	7.8938	−1.1186	4.6196
LNBD	2160	0.0000	2.5032	1.1385	0.1623

续表

变量	观测值	极小值	极大值	平均值	标准差
LNCPI	2160	4.6131	4.6338	4.6228	0.0045
LNHG	2160	4.5410	4.6367	4.6003	0.0330
LNJCK	2160	19.2078	19.8597	19.6438	0.1318
NIPO	2160	0.0000	4.0073	2.7091	1.0387
TURN	2160	0.1232	0.6786	0.2810	0.1387
CCI	2160	4.6032	4.8203	4.7143	0.0673

现在对各变量进行相关性分析，表5-3给出了各变量之间的相关系数。从表5-3中可看出，金融系统性风险（YA）与投资者关注（TIE）、投资者情绪（YQX）、投资者意见分歧（LNBD）之间都存在显著的相关性，并且都在1%的置信水平上显著，其中金融系统性风险（YA）与投资者关注（TIE）和投资者意见分歧（LNBD）显著正相关，与投资者情绪（YQX）显著负相关。另外，投资者关注（TIE）与投资者情绪（YQX）正相关，但其关系并不显著，投资者意见分歧（LNBD）与投资者关注（TIE）、投资者情绪（YQX）显著正相关。

表5-3　变量间相关性分析

变量	YA	TIE	YQX	LNBD	LNCPI	LNHG	LNJCK	NIPO	TURN	CCI
YA	1									
TIE	0.213***	1								
YQX	-0.071***	0.032	1							
LNBD	0.174***	0.165***	0.174***	1						
LNCPI	0.018	-0.337***	-0.156***	-0.072***	1					
LNHG	-0.552***	-0.564***	-0.018	-0.160***	0.231***	1				
LNJCK	-0.481***	-0.096***	-0.122***	-0.185***	0.161***	0.245***	1			
NIPO	-0.353***	0.039*	0.257***	-0.059***	-0.198***	0.470***	-0.045**	1		
TURN	0.509***	0.681***	0.067***	0.183***	-0.378***	-0.803***	-0.326***	-0.167***	1	
CCI	-0.699***	-0.298***	-0.041	-0.160***	0.185***	0.577***	0.581***	0.142***	-0.600***	1

注：*、**和***分别表示在10%、5%和1%的水平上显著。

二、变量平稳性检验

在进行面板回归分析之前需要对单个变量进行单位根检验，以此避免伪回归。单位根检验方法主要可以分为同质单位根和异质单位根两类，其中 LLC 检验和 HT 检验属于同质单位根检验，而 ADF-Fisher 和 PP-Fisher 检验（IPS 检验）属于异质单位根检验，如果同质单位根检验和异质单位根检验均拒绝原假设，则可认为序列平稳，不存在单位根。表5-4 为以上四种方法的检验结果。结果表明，宏观经济景气指数（LNHG）未能同时通过同质和异质单位根两类检验，但在将宏观经济景气指数（LNHG）进行一阶差分之后在四种单位根检验方法下均为平稳序列；当日 IPO 数（NIPO）在 ADF-Fisher 检验下不显著，而在 LLC 检验、HT 检验和 PP-Fisher 检验下显著，其余变量均通过以上四种检验，不存在单位根。

表5-4　面板数据单位根检验

变量	LLC	HT	ADF-Fisher	PP-Fisher
YA	−5.8058 ***	−2.7630 ***	14.9552 ***	2.7847 ***
TIE	−10.3290 ***	−10.6617 ***	15.5674 ***	10.7383 ***
LNBD	−11.7496 ***	−22.2888 ***	20.6849 ***	42.2873 ***
LNCPI	−7.5964 ***	−28.7312 ***	14.4489 ***	32.9010 ***
D. LNHG	−24.3025 ***	−51.0278 ***	26.3746 ***	107.0505 ***
LNJCK	−26.5040 ***	−34.6252 ***	35.6434 ***	45.2011 ***
NIPO	−20.3130 ***	−8.6257 ***	0.8196	1.5493 *
TURN	−14.0202 ***	−15.9781 ***	24.3388 ***	12.7982 ***
CCI	−4.3919 ***	−97.7826 ***	6.8037 ***	−3.4317

注：* 、** 和 *** 分别表示在 10%、5% 和 1% 的水平上显著；LLC 为 Adjusted t* 统计量，HT 为 Z 统计量，ADF-Fisher 和 PP-Fisher 均为 P 统计量；"D. LNHG" 表示对变量 LNHG 的一阶差分。

三、动态面板模型回归结果分析

对个体效应的处理方式不同，选用的模型也有所差异。本章分别通过静态面板模型中的固定效应模型（FE）和随机效应模型（RGLS），动态面板模型中的系统广义矩估计（SGMM）和差分广义矩估计（DGMM）进行分析，对比不同模型的回归结果。

首先，采用静态面板回归讨论网络舆情对金融系统性风险的影响，具体结果见表5-5。在固定面板模型的检验中，三个模型 F 检验的 P 值均等于 0，故拒绝原假设，即认为固定面板模型显著优于混合模型，之后通过 Hausman 检验判断选择固定面板模型或者随机面板模型，由于 P 值均大于 0.1，不能拒绝原假设，因此应选择随机效应模型。

接着，通过以上三个模型对比各个变量之间的关系。在随机效应模型中，由帖子数反映网络关注度，其系数为 -0.0940，说明网络关注度与金融系统性风险呈负相关，随着网络关注度增高，金融系统性风险降低，这与学者们的研究结果相悖。如表 5-5 所示，在模型（2）中，反映积极和消极情绪的系数均显著，且反映网络积极情绪的系数为 -0.0018，反映网络消极情绪的系数为 0.0008，前者绝对值是后者的两倍多，表明网络情绪具有非对称性，并且网络积极情绪比消极情绪对金融系统性风险的影响程度更大。在模型（3）中，LNBD 表示网络意见分歧，其数值越大，网络意见分歧程度越高，其系数为 0.0049，说明投资者对股市变动趋势预期差距越大，金融系统性风险水平越高。

金融系统性风险的变化会受到前期风险变化的影响，其是一段时间内积累的结果，静态模型中缺乏对各机构时间维度上金融系统性风险动态积累差异性度量指标，未能考虑到金融系统性风险前期对后期的影响，其参数估计结果相对动态面板模型而言缺乏信服力。为保证各变量回归系数显著度的可靠性和回归结果的稳健性，进而使用动态面板模型系统广义矩估计（SGMM）和差分广义矩估计（DGMM）进行分析。

表5-5　静态面板模型估计结果

变量	固定效应模型			随机效应模型		
	（1）	（2）	（3）	（1）	（2）	（3）
TIE	-0.0095 *** (0.0030)			-0.0940 *** (0.0030)		
YJJ		-0.0018 *** (0.0004)			-0.0018 *** (0.0004)	

续表

变量	固定效应模型			随机效应模型		
	（1）	（2）	（3）	（1）	（2）	（3）
YXJ		0.0009 **			0.0008 **	
		(0.0004)			(0.0004)	
LNBD			0.0047 ***			0.0049 ***
			(0.0031)			(0.0031)
LNCPI	1.5241 ***	1.4881 ***	1.5163 ***	1.5240 ***	1.4883 ***	1.5163 ***
	(0.1130)	(0.1127)	(0.1132)	(0.1130)	(0.1127)	(0.1132)
D.LNHG	0.1156 *	0.1240 **	0.1314 **	0.1158 *	0.1241 **	0.1314 **
	(0.0599)	(0.0594)	(0.0597)	(0.0598)	(0.0594)	(0.0597)
LNJCK	−0.0537 ***	−0.0566 ***	−0.0547 ***	−0.0537 ***	−0.0566 ***	−0.0547 ***
	(0.0042)	(0.0042)	(0.0042)	(0.0042)	(0.0042)	(0.0042)
NIPO	−0.0086 ***	−0.0084 ***	−0.0089 ***	−0.0086 ***	−0.0084 ***	−0.0089 ***
	(0.0005)	(0.0005)	(0.0005)	(0.0005)	(0.0005)	(0.0005)
TURN	0.0659 ***	0.0590 ***	0.0522 ***	0.0657 ***	0.0589 ***	0.0522 ***
	(0.0059)	(0.0044)	(0.0042)	(0.0059)	(0.0044)	(0.0042)
CCI	−0.2597 ***	−0.2627 ***	−0.2630 ***	−0.2598 ***	−0.2626 ***	−0.2630 ***
	(0.0103)	(0.0102)	(0.0102)	(0.0103)	(0.0102)	(0.0102)
Constant	−4.6871 ***	−4.4444 ***	−4.6186 ***	−4.6860 ***	−4.4454 ***	−4.6191 ***
	(0.5267)	(0.5247)	(0.5270)	(0.5266)	(0.5246)	(0.5269)
Adj-R square	0.7078	0.7102	0.7068	0.6056	0.6071	0.6057
F	27.01 ***	27.27 ***	26.73 ***			
Wald chi2				4999.23 ***	5056.14 ***	4974.49 ***
Hausman 检验				0.21	0.77	0.17

注：系数括号内的数值为参数估计的 Robust 标准差；*、** 和 *** 分别表示 p<0.1、p<0.05、p<0.01；"D.LNHG" 表示对变量 LNHG 的一阶差分。

在进行系统 GMM 估计时，需要满足一阶差分后的扰动项存在序列一阶相关，但不存在二阶相关才能保证系统 GMM 估计量的一致性。表 5-6 中，AR（1）的结果显示以上模型结果都存在一阶序列相关，而 AR（2）的结果显示以上模型结果不存在二阶序列相关，由此没有充分理由拒绝随机干扰项 $\varepsilon_{i,t}$ 不存在序列相关的原假设，故系统 GMM 估计量一致。同时，运用 Sargan 检验来判断工具变量的有效性，模型中所有 Sargan 值均大于 0.1，无法拒绝"所有工具变量均有效"的原假设。另外，被解释变量均满足滞后一期数据为正，且通过 1% 的显著水平检验，说明选用动态面板模型研究网络舆情与金融系统性风险间的关系是合理的。

表 5-6 动态面板模型 GMM 估计结果

变量	(1)	(2)	(3)	(4)	(5)	(6)
	SGMM	DGMM	SGMM	DGMM	SGMM	DGMM
L. Y	0.4930 *** (0.0035)	0.5205 *** (0.0054)	0.4903 *** (0.0046)	0.5206 *** (0.0073)	0.4952 *** (0.0032)	0.5227 *** (0.0045)
TIE	0.0019 *** (0.0007)	0.0003 (0.0009)				
YJJ			-0.0009 *** (0.0001)	-0.0005 *** (0.0001)		
YXJ			-0.0004 *** (0.0001)	-0.0004 *** (0.0001)		
LNBD					0.0111 *** (0.0007)	0.0081 *** (0.0008)
LNCPI	1.3523 *** (0.0159)	1.4023 *** (0.0160)	1.3514 *** (0.0251)	1.3805 *** (0.0166)	1.3538 *** (0.0160)	1.4030 *** (0.0144)
D. LNHG	0.0381 *** (0.0044)	0.0888 *** (0.0106)	0.0340 *** (0.0097)	0.0798 *** (0.0082)	0.0355 *** (0.0048)	0.0854 *** (0.0074)
LNJCK	-0.0699 *** (0.0004)	-0.0612 *** (0.0004)	-0.0718 *** (0.0008)	-0.0627 *** (0.0006)	-0.0673 *** (0.0006)	-0.0598 *** (0.0005)
NIPO	-0.0056 *** (0.0001)	-0.0057 *** (0.0002)	-0.0048 *** (0.0001)	-0.0051 *** (0.0001)	-0.0054 *** (0.0001)	-0.0056 *** (0.0002)
TURN	0.0491 *** (0.0008)	0.0499 *** (0.0010)	0.0541 *** (0.0008)	0.0508 *** (0.0010)	0.0498 *** (0.0008)	0.0489 *** (0.0009)
CCI	-0.0682 *** (0.0018)	-0.0521 *** (0.0028)	-0.0662 *** (0.0040)	-0.0515 *** (0.0030)	-0.0670 *** (0.0023)	-0.0523 *** (0.0018)

续表

变量	(1) SGMM	(2) DGMM	(3) SGMM	(4) DGMM	(5) SGMM	(6) DGMM
Constant	−4.5196 *** (0.0645)	−4.9990 *** (0.0777)	−4.4900 *** (0.1181)	−4.8747 *** (0.0651)	−4.5962 *** (0.0660)	−5.0389 *** (0.0605)
Sargan	44.8370 (1.0000)	44.7342 (1.0000)	44.7979 (1.0000)	44.4956 (1.0000)	44.7280 (1.0000)	44.8896 (1.0000)
AR（1）	−5.0685 (0.0000)	−5.0075 (0.0000)	−5.0607 (0.0000)	−4.9968 (0.0000)	−5.0657 (0.0000)	−5.0063 (0.0000)
AR（2）	0.4384 (0.6611)	0.4833 (0.6289)	0.9024 (0.3669)	0.8951 (0.3708)	0.5686 (0.5697)	0.5899 (0.5553)

注：系数括号内的数值为参数估计的 Robust 标准差；*、** 和 *** 分别表示 $p<0.1$、$p<0.05$、$p<0.01$；L. Y 表示 Y 的一阶滞后变量；Sargan 统计量、AR（1）、AR（2）括号中给出的值为 p 值；"D. LNHG" 表示对变量 LNHG 的一阶差分。

然后，根据表 5-6 分析网络舆情对金融系统性风险的动态影响。首先，金融系统性风险指标的一阶滞后系数均为正数，说明当期的金融系统性风险大小受到上一期的影响。由表 5-6 模型（1）和模型（2）中结果可以看出，网络关注度（TIE）系数为正，即投资者网络关注度越高，金融系统性风险越大。模型（3）和模型（4）考虑了积极和消极的网络情绪对金融系统性风险的影响是否存在非对称性，其中积极和消极情绪的系数均显著，并且在模型（3）中，系数分别为−0.0009 和−0.0004，其中反映积极情绪指标系数的绝对值是反映消极情绪指标系数的绝对值的两倍多，因此积极和消极的网络情绪对金融系统性风险的影响具有非对称性。模型（5）和模型（6）反映网络意见分歧对金融系统性风险的影响情况，网络意见分歧显著为正，即网络意见分歧程度越大，金融系统性风险越大。

表 5-6 同样也说明了在回归结果中控制变量对金融系统性风险的影响。居民消费价格指数（LNCPI）、宏观经济景气指数（LNHG）、进出口总值（LNJCK）三个指标反映了宏观经济对金融系统性风险的影响，居民消费价格指数越高，表明物价上涨，此时金融系统性风险的水平越高；宏观经济景气指数系数为正，与金融系统性风险水平成正比。当月 IPO 数（NIPO）、当月市场换手率（TURN）以及投资者信心指数（CCI）反映了

股票市场对金融系统性风险的影响。当月 IPO 数越多，金融系统性风险水平越低；市场换手率越高，此时股市流动性加大，当市场流动性发生较大变化时易造成金融市场不稳定（姚登宝，2017）；投资者信心指数越高，此时股市发展趋势较好，投资者越乐观，其过度自信和投机行为被放大，金融系统性风险水平升高。

为确保实证研究结果的可靠性，可通过选择不同时段数据对实证结果进行稳健性检验。由表 5-6 的回归结果可知，通过 DGMM 估计方法关于网络舆情对金融系统性风险影响的回归结果与 SGMM 估计方法获得的估计结果未有显著差异。进一步调整实证检验时间段，选用 2015~2016 年的数据进行稳健性检验，具体结果见表 5-7。

表 5-7　动态面板模型 GMM 估计结果

变量	(1)	(2)	(3)	(4)	(5)	(6)
	SGMM	DGMM	SGMM	DGMM	SGMM	DGMM
L. Y	0.5595 *** (0.0013)	0.5398 *** (0.0017)	0.5469 *** (0.0051)	0.5326 *** (0.0042)	0.5699 *** (0.0027)	0.5429 *** (0.0020)
TIE	0.0034 *** (0.0002)	0.0027 *** (0.0004)				
YJJ			−0.0016 *** (0.0002)	−0.0011 *** (0.0002)		
YXJ			−0.0007 *** (0.0002)	−0.0008 *** (0.0002)		
LNBD					0.0264 *** (0.0017)	0.0117 *** (0.0018)
LNCPI	2.5959 *** (0.0130)	2.5561 *** (0.0084)	2.5981 *** (0.0514)	2.4685 *** (0.0303)	2.5124 *** (0.0264)	2.5173 *** (0.0236)
LNHG	−0.0988 *** (0.0037)	0.0170 *** (0.0019)	−0.1546 *** (0.0071)	−0.0104 (0.0074)	−0.0856 *** (0.0083)	0.0180 *** (0.0049)
LNJCK	−0.0861 *** (0.0008)	−0.0811 *** (0.0005)	−0.0921 *** (0.0014)	−0.0868 *** (0.0011)	−0.0830 *** (0.0013)	−0.0798 *** (0.0007)
NIPO	−0.0043 *** (0.0000)	−0.0055 *** (0.0001)	−0.0024 *** (0.0001)	−0.0041 *** (0.0001)	−0.0039 *** (0.0001)	−0.0052 *** (0.0000)

续表

变量	(1)	(2)	(3)	(4)	(5)	(6)
	SGMM	DGMM	SGMM	DGMM	SGMM	DGMM
TURN	0.0566 *** (0.0007)	0.0734 *** (0.0004)	0.0574 *** (0.0011)	0.0754 *** (0.0009)	0.0587 *** (0.0008)	0.0755 *** (0.0005)
CCI	0.1462 *** (0.0009)	0.1050 *** (0.0013)	0.1406 *** (0.0032)	0.1027 *** (0.0048)	0.1461 *** (0.0037)	0.1047 *** (0.0020)
Constant	−9.8311 *** (0.0565)	−10.2769 *** (0.0404)	−9.4696 *** (0.2210)	−9.6371 *** (0.1359)	−9.5989 *** (0.1172)	−10.1420 *** (0.0914)
Sargan	44.8795 (0.9667)	44.9656 (1.0000)	44.6695 (0.9685)	44.8493 (1.0000)	44.8732 (0.9668)	44.9786 (1.0000)
AR (1)	−5.0433 (0.0000)	−5.1916 (0.0000)	−4.9922 (0.0000)	−5.1438 (0.0000)	−5.0064 (0.0000)	−5.1692 (0.0000)
AR (2)	−1.0996 (0.2715)	−1.03 (0.3030)	−0.5568 (0.5777)	−0.6054 (0.5449)	−0.8871 (0.3750)	−0.9599 (0.3371)

注：系数括号内的数值为参数估计的 Robust 标准差；*、** 和 *** 分别表示 $p<0.1$、$p<0.05$、$p<0.01$；L. Y 表示 Y 的一阶滞后变量；Sargan 统计量、AR (1)、AR (2) 括号中给出的值为 p 值。

　　表5-7 中的实证结果显示，各变量对金融系统性风险影响的变动趋势与 2015~2018 年一致。但从影响程度来看，由于 2015~2016 年包含"股灾"的极端风险，该时间段网络舆情对金融系统性风险的影响更显著，整体而言其变量系数绝对值是 2015~2018 年回归结果的两倍。总之，以上回归结果进一步证明了结论的可靠性。

四、脉冲响应分析

　　通过 GMM 动态面板模型的回归结果显示投资者关注、投资者情绪及投资者意见分歧对金融系统性风险存在长期影响效应，但其在短期内的影响如何还有待进一步研究确认。由于本章重在研究网络舆情各变量对金融系统性风险的影响，因此在下文的分析中仅讨论因变量为金融系统性风险的脉冲响应和方差分解结果。上文已经完成面板数据的单位根检验，结果显示金融系统性风险、投资者关注、投资者情绪和投资者意见分歧四个变量序列均平稳。对 PVAR 模型进行估计需确定模型滞后阶数，根据 AIC 和

BIC 准则并综合考虑现有文献，选择滞后一阶估计 PVAR 模型，之后对模型进行稳健性检验，所有特征根对应的模型都小于 1，反映模型平稳性较好。

（一）脉冲响应分析

脉冲响应分析能够将短期内各期数某个变量受到另一变量冲击的响应情况通过曲线图的形式直观地反映出来。图 5-2 为通过蒙特卡洛实验模拟500 次后得到各变量对金融系统性风险冲击的脉冲响应图。图 5-2 中共考察了 20 响应期内的冲击变动情况，其中 X 坐标表示冲击作用的响应期数，Y 坐标展示冲击响应的强度。

图 5-2（a）反映短期内金融系统性风险（YA）对自身的冲击变动情况。由此可知，其对自身的正向冲击将产生正响应，并且呈现逐渐减弱趋势，其在第 20 期趋于 0。说明金融系统性风险的增大会导致未来风险加大，并且其时间影响较长。

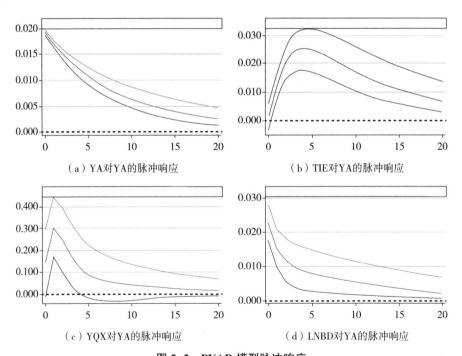

（a）YA对YA的脉冲响应　　（b）TIE对YA的脉冲响应

（c）YQX对YA的脉冲响应　　（d）LNBD对YA的脉冲响应

图 5-2　PVAR 模型脉冲响应

图 5-2（b）反映短期内投资者关注（TIE）对金融系统性风险（YA）

冲击变动情况。金融系统性风险在应对投资者关注的正向冲击呈现正响应，且在第4期达到峰值，之后逐渐减弱，在第20期趋于0。说明投资者关注度的增大在短期内会导致金融系统性风险的增大，之后逐渐减弱但影响时间较长。

图5-2（c）反映短期内投资者情绪（YQX）对金融系统性风险（YA）冲击变动情况。金融系统性风险应对投资者情绪的正向冲击呈现正响应，且其在第1期达到峰值，之后快速减弱，在第5期趋于0。说明高涨的投资者情绪短期内会导致金融系统性风险加大。

图5-2（d）反映短期内投资者意见分歧（LNBD）对金融系统性风险（YA）冲击变动情况。金融系统性风险应对投资者意见分歧的正向冲击呈现正响应，其在第1期对金融系统性风险的冲击即达到峰值，对金融系统性风险影响迅速，之后冲击快速减弱，在第10期逐渐趋于0。说明投资者对市场预期差异加大，短期内将导致系统性风险增大。

（二）方差分解

预测误差的方差分解可以分析变量的结构冲击对其他变量的贡献度，以此评价不同变量结构冲击的重要程度。这里研究投资者关注、投资者情绪和投资者意见分歧对金融系统性风险变动的短期贡献情况。

由表5-8中方差分解检验结果可知，金融系统性风险在第1期只受到自身影响，其他各因子还未产生影响。之后金融系统性风险受到自身影响的作用开始减弱，在第2期降为95.2%，而网络舆情对金融系统性风险的影响作用逐渐显现，其中投资者关注的贡献率为0.5%，投资者情绪的贡献率为0.5%，投资者意见分歧的贡献率为3.7%。此后，金融系统性风险自身贡献逐步减弱，投资者关注和投资者意见分歧的方差贡献率缓慢增加，而投资者情绪的贡献率最小且保持在0.4%左右。最终，在第20期各变量的贡献率基本保持稳定，此时除去金融系统性风险自身67.8%的贡献率外，投资者意见分歧的贡献率最大，为21.8%，投资者关注次之，为10.1%，投资者情绪的贡献率最小，为0.4%。投资者情绪的贡献率最小，并不代表投资者情绪对金融系统性风险的影响很小、可以忽略，而是投资者情绪对于金融系统性风险的影响应该考虑到其积极情绪与消极情绪的差别，该差异在上文GMM动态面板模型中已进行研究讨论。

表 5-8　方差分解　　　　　　　　　　　　　　　单位：%

时期	YA	TIE	YQX	LNBD	时期	YA	TIE	YQX	LNBD
1	100	0	0	0	11	71.4	8.7	0.4	19.6
2	95.2	0.5	0.5	3.7	12	70.6	9.0	0.4	20.1
3	90.3	1.7	0.7	7.4	13	69.9	9.2	0.4	20.5
4	86.0	3.1	0.6	10.3	14	69.4	9.4	0.4	20.8
5	82.4	4.4	0.5	12.7	15	69.0	9.6	0.4	21.1
6	79.5	5.5	0.5	14.5	16	68.6	9.7	0.4	21.3
7	77.1	6.4	0.4	16	17	68.3	9.9	0.4	21.5
8	75.2	7.2	0.4	17.2	18	68.1	9.9	0.4	21.6
9	73.6	7.8	0.4	18.2	19	67.9	10.0	0.4	21.7
10	72.4	8.3	0.4	19	20	67.8	10.1	0.4	21.8

综合分析脉冲响应和方差分解的结果可以发现，投资者对金融系统性风险在短期内存在显著影响，并且投资者关注度越高，投资者意见分歧越大，将对金融系统性风险产生正向促进作用，且影响作用较大。而投资者情绪越高涨虽对金融系统性风险产生正向冲击作用，但是由于其未将积极情绪和消极情绪进行区分，其对金融系统性风险所产生的影响相对而言较微弱。

（三）稳健性检验

这里通过更改模型滞后阶数以及模型数据长度进行稳健性检验，同样通过蒙特卡洛实验模拟 500 次后得到各变量对金融系统性风险冲击的脉冲响应图，并分析 20 期内变量的结构冲击对其他变量的贡献度。

将模型滞后阶数由滞后 1 期改为滞后 2 期，继续讨论投资者关注、投资者情绪和投资者意见分歧对金融系统性风险的影响进行脉冲响应和方差分解分析，了解各期的变动情况。

图 5-3（a）反映短期内金融系统性风险（YA）对自身的冲击变动情况，其对自身冲击的响应逐渐减弱；图 5-3（b）中投资者关注（TIE）对金融系统性风险（YA）的正向冲击早期呈现负响应，在第 3 期转为正响应，呈现先增大后逐渐减弱的抛物线式的趋势；图 5-3（c）中投资者情绪（YQX）对金融系统性风险（YA）的冲击在第 2 期正响应达到峰值，之

后逐渐减弱；图5-3（d）中投资者意见分歧（LNBD）对金融系统性风险
（YA）的冲击效应快速减弱，在第5期已趋向于0，说明投资者意见分歧越
大短期内金融系统性风险越大。由此可知，各变量对金融系统性风险的冲击
结果与滞后1期建模分析结果虽有差异，但与投资者关注、投资者情绪及投
资者意见分歧对金融系统性风险正向冲击产生的正向响应的结果吻合。

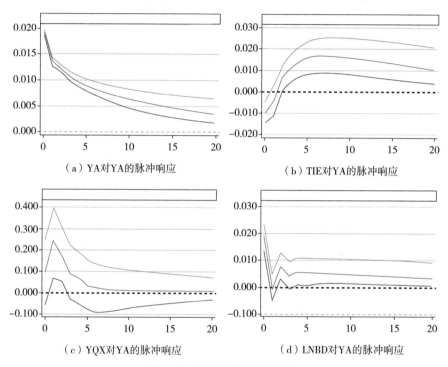

（a）YA对YA的脉冲响应 （b）TIE对YA的脉冲响应

（c）YQX对YA的脉冲响应 （d）LNBD对YA的脉冲响应

图5-3 PVAR模型脉冲响应

之后，再通过表5-9对比各变量对金融系统性风险影响的贡献度。由
表5-9中方差分解检验结果可知，金融系统性风险在第1期只受到自身影
响，之后金融系统性风险受到自身影响的作用开始减弱，在第2期降为
97.1%，而网络舆情对金融系统性风险的影响作用逐渐显现，其中投资者
关注的贡献率为0.8%，投资者情绪的贡献率为0.3%，投资者意见分歧的
贡献率为1.9%。最终，在第20期各变量的贡献率基本保持稳定，此时除
去金融系统性风险自身48.8%的贡献率外，投资者意见分歧的贡献率最
大，为28.8%，投资者关注次之，为20.7%，投资者情绪的贡献率最小，
为1.7%。

表 5-9 方差分解   单位：%

时期	YA	TIE	YQX	LNBD	时期	YA	TIE	YQX	LNBD
1	100	0	0	0	11	61.1	17.7	1.1	20.2
2	97.1	0.8	0.3	1.9	12	58.8	18.3	1.2	21.7
3	93.2	2.8	0.3	3.7	13	56.8	18.9	1.3	23.0
4	88.5	5.4	0.2	5.8	14	55.1	19.3	1.4	24.2
5	83.6	8.1	0.2	8.0	15	53.6	19.7	1.5	25.3
6	78.9	10.6	0.3	10.3	16	52.4	20.0	1.5	26.2
7	74.4	12.7	0.4	12.5	17	51.3	20.2	1.6	27.0
8	70.4	14.4	0.6	14.6	18	50.3	20.4	1.6	27.7
9	66.8	15.7	0.8	16.7	19	49.5	20.6	1.7	28.3
10	63.7	16.8	0.9	18.5	20	48.8	20.7	1.7	28.8

进一步地，考虑到不同时间长度模型结果可能存在差异，选取 2015~ 2016 年的数据构建 PVAR 模型，对变量进行单位根检验 4 个变量序列均平稳；确定最优滞后阶为滞后 1 阶；且所有特征根对应的模型都小于 1，模型平稳。之后进行脉冲响应和方差分解分析。

图 5-4（a）反映短期内金融系统性风险（YA）对自身的冲击变动情况，其对自身冲击的响应逐渐减弱，即金融系统性风险增大会导致未来风险变大；图 5-4（b）中投资者关注（TIE）对金融系统性风险（YA）的正向冲击产生正向响应，且呈抛物线式，其在第 3 期达到顶峰之后逐渐减弱，并在第 10 期逐渐趋于 0；图 5-4（c）中投资者情绪（YQX）对金融系统性风险（YA）的正向冲击产生负向响应，且在第 4 期达到峰值，第 20 期趋于 0，产生该结果的原因主要是未对积极和消极情绪进行区分，在上文动态面板回归中已将积极和消极情绪纳入考虑；图 5-4（d）中投资者意见分歧（LNBD）对金融系统性风险（YA）的正向冲击呈现正向响应，并且其冲击效应在短期内减弱，在第 10 期已趋于 0，说明投资者意见分歧越大将导致金融系统性风险增大，且影响主要体现在短期内。在根据 2015~ 2016 年数据构建的模型中，各变量对金融系统性风险的冲击结果与根据 2015~2018 年数据构建的模型产生的结果虽有差异，但总体趋势相似。

由表 5-10 中方差分解检验结果可知，金融系统性风险从第 2 期开始受到其他变量的影响，此时金融系统性风险受到自身影响降到 93%，而网

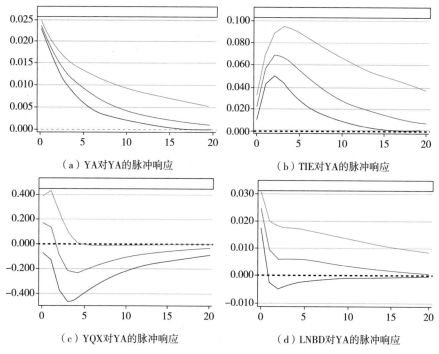

（a）YA对YA的脉冲响应   （b）TIE对YA的脉冲响应

（c）YQX对YA的脉冲响应   （d）LNBD对YA的脉冲响应

图 5-4 PVAR 模型脉冲响应

络舆情对金融系统性风险的影响作用逐渐显现，其中投资者关注的贡献率比较微弱，为 0.1%，投资者情绪的贡献率为 0.8%，投资者意见分歧的贡献率为 6.1%。各变量的方差贡献率变动逐渐变化，在第 16 期各变量的贡献率保持稳定，此时除去金融系统性风险自身 72.5% 的贡献率外，投资者意见分歧的贡献率最大，为 19.6%，投资者关注次之，为 6.9%，投资者情绪的贡献率最小，为 1.0%。

表 5-10 方差分解   单位：%

时期	YA	TIE	YQX	LNBD	时期	YA	TIE	YQX	LNBD
1	100	0	0	0	6	80.1	3.7	0.8	15.3
2	93.0	0.1	0.8	6.1	7	78.3	4.5	0.8	16.4
3	88.3	0.7	1.1	9.9	8	76.8	5.1	0.8	17.2
4	85.0	1.7	1.0	12.3	9	75.7	5.6	0.9	17.9
5	82.3	2.8	0.9	14.0	10	74.8	5.9	0.9	18.4

时期	YA	TIE	YQX	LNBD	时期	YA	TIE	YQX	LNBD
11	74.1	6.2	0.9	18.8	16	72.5	6.9	1.0	19.6
12	73.6	6.4	0.9	19.0	17	72.4	6.9	1.0	19.7
13	73.2	6.6	0.9	19.3	18	72.3	7.0	1.0	19.8
14	72.9	6.7	0.9	19.4	19	72.2	7.0	1.0	19.8
15	72.7	6.8	0.9	19.6	20	72.2	7.0	1.0	19.8

　　上文分别通过将模型滞后阶数改为滞后 2 阶、更改数据长度选取 2015～2016 年数据两种方法，分别建立 PVAR 模型进行脉冲响应及方差分解分析，将所得结果与之前模型对比。将模型改为滞后 2 阶其冲击响应效果与前者使用滞后 1 阶模型结果基本相似。选取 2015～2016 年的数据建模分析其投资者情绪对金融系统性风险正向冲击产生负向结果，与前者结果有差异，考虑到前文中已对投资者情绪进行积极和消极区分分析，此处不做阐述；另外，两年期数据建模各变量对金融系统性风险的贡献率要小于前者。总而言之，投资者对金融系统性风险在短期内存在显著影响，并且投资者关注度越高、投资者情绪越高涨、投资者意见分歧越大，将对金融系统性风险产生正向促进作用，并且模型实证结果稳健。

第七节
研究小结

　　本章首先确定模型变量，考虑到宏观经济以及股市变动对金融系统性风险的影响选取相应控制变量，借助 DCC-GARCH 模型估计广义 CoVaR 构建金融系统性风险指标；其次建立广义矩估计动态面板模型研究网络舆情指标对系统性风险的长期影响效应；最后通过面板向量自回归模型，运用脉冲响应函数分析短期内各时期变量间的冲击效应，并通过方差分解分析了解到各变量在不同时期对金融系统性风险变动的贡献率，为后续政策启示的提出提供理论基础。

新冠肺炎疫情、网络舆情与金融系统性风险的关联研究

第一节
引言

2019 年底，湖北武汉发生新型冠状病毒肺炎疫情（以下简称"新冠肺炎疫情"），2020 年 3 月 11 日，世界卫生组织将此次疫情定性为"一种大范围的流行病"，各地纷纷出台一级响应政策，截至 2020 年 3 月 31 日中国累计确诊病例超 8 万例。此次疫情的发生无疑为我国经济发展带来了新挑战，且突发事件的发生是金融运行稳定的一大阻碍。例如，2003 年非典疫情导致我国实际 GDP 增速明显下滑，社会消费品总额出现断崖式下降；2008 年雪灾对工业生产产生明显影响；2018 年中美贸易战在一定程度上加大了我国经济的外部风险与下行压力。然而，突发事件的发生对金融业系统性风险的影响有待进一步分析。理论上，突发事件通常可视为外部冲击（可分为正向外部冲击和负向外部冲击），外部冲击最终都会使金融机构间的系统性风险水平上升（项后军等，2015；Greenwood，2015；方意，2016；李明辉等，2016）。银行、证券、保险作为金融业重要的组成部分，有必要对其系统性风险进行分析。因此，在验证此次新冠肺炎疫情对金融业系统性风险影响的基础上，进一步分析疫情对金融业系统性风险的水平效应和趋势效应，对维护金融体系的稳定性具有非常重要的理论和现实意义。

对新冠肺炎疫情这类突发事件的影响研究，目前学术界多采用事件研究法进行分析。事件研究法由 Fama 等（1969）提出，主要被用于检验事件发生前后价格变化或价格对披露信息的反应程度；MacKinlay（1997）利用金融市场数据衡量特定事件对公司价值的影响时将事件研究法引入金融研究中，之后事件研究法开始被广泛用于研究特定事件发生时对金融市场的影响。王永钦等（2018）利用事件研究法分析了存款保险制度对银行的影响，并得出存款保险制度对于规模较小、地方性的城市商业银行有显著的负向效应。韩佳彤等（2019）利用事件研究法分析得出股票市场存在

"两会"会议效应。肖争艳等（2019）利用事件研究法分析了央行沟通的股票市场稳定效应，并得出《货币政策执行报告》和《金融稳定报告》有利于稳定股市波动的结论。封思贤和丁佳（2019）利用事件研究法分析了数字加密货币出台反洗钱公告对价格和交易量的影响，并得出反洗钱公告出台会对价格和交易量产生显著影响的结论。谢建国和贾珊山（2019）采用事件研究法对公开表态事件对人民币汇率的影响进行了研究。

金融系统性风险一直是业界和学界关注的热点。目前，对于系统性风险度量常用的方法有 MES、CCA、SRISK、VaR 以及 CoVaR 等。Acharya 等（2017）在期望损失 ES 的基础上提出 MES 方法，考察了整个市场收益率下跌情形下单个机构对金融系统性风险的边际贡献。Derbali 和 Hallara（2015）使用 MES 模型测量了欧洲金融机构的系统性风险。Adrian 和 Brunnermeier（2016）基于 VaR 提出了 CoVaR 并以此度量金融机构的金融系统性风险，该方法不仅考虑了单个金融机构，还考虑了从单个金融机构对其他金融机构及整个金融市场的风险外溢状况来探究金融系统性风险，以及考虑了金融市场厚尾、波动集聚等问题。Ouyang 等（2020）运用构建了一个包含投资者情绪的半参数-CoVaR 模型，采用线性分位数 lasso 回归和局部多项式方法估计该模型并构建赋权有向网络，并据此分析中国银行业风险传染效应与投资者情绪对金融风险传染的影响。也有学者利用 SRISK 来衡量系统性风险，如 Brownlees 和 Engle（2017）采用金融系统性风险指数 SRISK 衡量了金融机构在严重市场衰退下的资本缺口，并将其纳入金融系统性风险度量指标。除此之外，也有部分学者从金融机构极值风险、金融体系间的传染效应、金融市场的波动性和不稳定性、流动性和信用风险 4 个层面测度金融系统性风险（何青等，2018；欧阳资生等，2019；Giglio et al. ,2016）。

从以上文献可以看出，事件研究法的核心是对事件窗口期以及预期收益的计算，但本章所用的事件研究法是 Gourinchas 和 Obstfeld（2012）、Schularick 和 Taylor（2012）所用的方法，它并不需要确定事件窗口期以及预期收益的分布。度量系统性风险的方法虽然有很多，但各种方法也各有优劣，如 VaR 描述的风险是单个金融机构相互独立的风险，MES 仅度量机构的风险贡献等。笔者之所以采用 Adrian 和 Brunnermeier（2016）提出的 $\Delta CoVaR$ 来度量金融行业之间的系统性风险，是因为它可以度量金融机构与金融体系之间的尾部依赖关系，之后再对系统性风险的水平效应和趋势效应进行分析。

本章的主要贡献主要有：第一，通过构造事件的虚拟变量代替事件研究法估计窗口期的选择，避免了窗口期选择的主观性。第二，由于大多数文献对网络舆情指数的研究集中于它的度量以及对股票市场的影响（欧阳资生、李虹宣，2019），鲜有研究其对系统性风险的影响。本章尝试将网络舆情指数与突发事件背景下的系统性风险联系在一起，从而为研究突发事件背景下的系统性风险提供新思路。第三，通过改进的事件研究法将新冠肺炎疫情与金融行业的系统风险联系起来，为风险监管部门提供了监管风险新思路。本章余下部分结构安排如下：第二节为实证设计，说明系统性风险指标的计算方法以及基本回归模型的设定；第三节为实证分析，分析新冠肺炎疫情发生后各金融行业的系统性风险水平以及系统性风险的水平效应、趋势效应和舆情效应，并进行稳健性检验；第四节为研究小结。

第二节

实 证 设 计

本节主要包含两个部分的内容：第一部分是对金融行业系统性风险指标的计算加以说明；第二部分是对基本回归模型进行说明，用以分析此次新冠肺炎疫情对金融行业系统性风险的水平效应、趋势效应和舆情效应。

一、系统性风险的计算

（一）金融行业系统性风险的测度

本节采用 Adrian 和 Brunnermeier（2016）提出的 $\Delta CoVaR$ 来度量金融业之间的系统性风险，其中的状态变量选取参照和文佳等（2019）、Ouyang 等（2020）等的研究文献。首先计算出各金融机构的 $VaR_{q,\ t}^{i}$，其次计算出各金融机构的 $\Delta CoVaR_{t}^{sys\,|\,i}$，最后借助各金融机构的市值计算出各金融行业的系统性风险 $\Delta CoVaR_{j,\ t}^{sys}$。具体过程如下：

首先，利用分位数回归计算出各金融机构 i 在 95% 和 50% 置信水平下的动态在险价值 $VaR_{0.95,\,t}^{i}$ 与 $VaR_{0.5,\,t}^{i}$，计算方法如下：

$$R_{t}^{i} = \alpha_{q}^{i} + \beta_{q}^{i} \cdot M_{t} + \varepsilon_{q,\,t}^{i} \tag{6-1}$$

$$VaR_{q,\,t}^{i} = \hat{\alpha}_{q}^{i} + \hat{\beta}_{q}^{i} \cdot M_{t} \tag{6-2}$$

其中，式（6-1）中的 R_{t}^{i} 表示金融机构 i 在 t 时刻的收益率，$R_{t}^{i} = \ln(P_{t}) - \ln(P_{t-1})$；$M_{t}$ 表示状态变量，它主要包含市场风险、信用风险和流动性风险三类。市场风险利用股票市场波动率和股票市场收益率两个变量来表示，这里选用沪深 300 指数衡量股票市场的波动率和收益率，而波动率的获取则是利用 GARCH（1,1）模型得到。信用风险采用信用利差的环比变化值衡量，其中，信用利差是两个相同期限的无违约风险和有违约风险债券的收益率的差，它的测算方法有很多，这里选取 AAA 级企业债 1 年期到期收益率与国债 1 年期到期收益率之差来计算。流动性风险采用国债 3 个月期的到期收益率的环比变化值和期限利差的环比变化值两个指标来反映，这里采用国债 1 年期到期收益率与国债 3 月期到期收益率之差来测算期限利差。

其次，利用分位数回归计算出金融系统在金融机构 i 处于压力状态（95% 置信水平）下与正常状态（50% 置信水平）下的在险价值，即 $CoVaR_{t}^{sys\,|\,VaR_{0.95}^{i}}$ 和 $CoVaR_{t}^{sys\,|\,VaR_{0.5}^{i}}$，具体计算方法如下：

$$R_{t}^{sys} = \alpha_{0.95}^{sys\,|\,i} + \beta_{0.95}^{sys\,|\,i} \cdot R_{t}^{i} + \gamma_{0.95}^{sys\,|\,i} \cdot M_{t} + \varepsilon_{0.95,\,t}^{sys\,|\,i} \tag{6-3}$$

其中，R_{t}^{sys} 表示金融系统在 t 时刻的收益率，这里分别用不同金融指数的收益率来计算不同金融行业的系统性风险，即分别用沪深 300 银行指数（代码：000951. CSI）、沪深 300 资本指数（代码：L11643. CSI）和沪深 300 保险指数（代码：L11518. CSI）的收益率来计算银行业、证券业和保险业的系统性风险 R_{t}^{sys}。因此，$CoVaR_{t}^{sys\,|\,VaR_{0.95}^{i}}$ 和 $CoVaR_{t}^{sys\,|\,VaR_{0.5}^{i}}$ 的计算方法如下所示：

$$CoVaR_{t}^{sys\,|\,VaR_{0.95}^{i}} = \hat{\alpha}_{0.95}^{sys\,|\,i} + \hat{\beta}_{0.95}^{sys\,|\,i} \cdot VaR_{0.95,\,t}^{i} + \hat{\gamma}_{0.95}^{sys\,|\,i} \cdot M_{t} \tag{6-4}$$

$$CoVaR_{t}^{sys\,|\,VaR_{0.5}^{i}} = \hat{\alpha}_{0.95}^{sys\,|\,i} + \hat{\beta}_{0.95}^{sys\,|\,i} \cdot VaR_{0.5,\,t}^{i} + \hat{\gamma}_{0.95}^{sys\,|\,i} \cdot M_{t} \tag{6-5}$$

根据式（6-4）和式（6-5）可进一步得出金融机构的系统性风险为：

$$\Delta CoVaR_{t}^{sys\,|\,i} = CoVaR_{t}^{sys\,|\,VaR_{0.95,\,t}^{i}} - CoVaR_{t}^{sys\,|\,VaR_{0.5,\,t}^{i}} = \hat{\beta}_{0.95}^{sys\,|\,i} \cdot (VaR_{0.95,\,t}^{i} - VaR_{0.5,\,t}^{i}) \tag{6-6}$$

最后，根据各金融机构的市值即可计算出各金融行业的系统性风险，具体计算方法如下所示：

$$\Delta CoVaR_{j,\,t}^{sys} = \sum_{i=1} \frac{mv_{i,\,t}^{j}}{\sum\limits_{i=1}^{N_j} mv_{i,\,t}^{j}} \cdot \Delta CoVaR^{sys\,|\,i} \qquad (6-7)$$

式（6-7）中 j 表示各金融行业，$j \in (1,2,3)$ 分别代表银行业、证券业及保险业，N_j 为金融行业 j 中金融机构的总数，$mv_{i,\,t}^{j}$ 表示第 j 个行业中金融机构 i 在 t 时刻的市值，$\Delta CoVaR_{j,\,t}^{sys}$ 为金融行业在 t 时刻的系统性风险。

（二）网络舆情指数的构建

本章通过网络爬虫技术收集了 2019 年 1 月至 2020 年 6 月 45 家上市金融机构的股吧评论数据（包括帖子标题、点击量、回复数、发帖用户名以及帖子内容等），并对收集到的评论数据进行信息分类，具体包括删除广告贴、去掉重复的句子和单词、整理金融情感词库以及去停用词。然后，根据整理出的金融情感词库将网络舆情分为正面舆情、中性舆情和负面舆情，即对信息分类后的股吧评论数据分别计算正面、负面和中性词汇的数量，并且设定正面情感词为 1，负面情感词为 -1，中性情感词为 0；另外，若情感词前存在否定词，则情感倾向发生改变，将该条评论的情感权重设定为 -1，当存在"太""无比"等程度副词时权重设定为 2，当存在"仅仅""有点"等程度副词时权重设定为 0.5。可以得出第 i 个金融机构在第 t 天内的网络舆情指数度量方法为：

$$NPO_{i,\,t}^{j} = M_{i,\,t}^{pos} + M_{i,\,t}^{neg} + M_{i,\,t}^{neu} \quad 1 \leqslant i \leqslant N_j;\ j \in \{1,2,3\};\ t \in T \tag{6-8}$$

其中，T 表示整个样本时间段（即 2019 年 1 月至 2020 年 6 月），$j \in \{1,2,3\}$ 分别代表银行业、证券业和保险业，N_j 表示金融行业 j 中金融机构的总数，$M_{i,\,t}^{c} = \sum\limits_{k \in K} \omega_{i,\,k} x_{i,\,k}$ 表示类型为 $c \in \{pos, neu, neg\}$ 的股吧评论在时间 t 内的加权数量之和，其中，K 表示在第 t 天内的评论总数，k 表示在第 t 天内的每一条评论，$\omega_{i,\,k}$ 表示每条评论的正面、中性和负面词汇，pos 表示正面词汇，neu 表示中性词汇，neg 表示负面词汇，$x_{i,\,k}$ 代表每条评论中不同情感词的权重信息。最后利用金融机构的市值进行加权得出每个金融行业的网络舆情指数，即：

$$NPO_{j,\,t} = \sum_{i=1}^{N_j} \frac{mv_{i,\,t}^{j}}{\sum\limits_{i=1}^{N_i} mv_{i,\,t}^{j}} \cdot NPO_{i,\,t}^{j} \qquad (6\text{-}9)$$

二、基本回归模型

本章构建的基本回归模型不仅包含了新冠肺炎疫情对金融行业系统性风险水平的影响，还包含了对金融行业系统性风险走势和舆情的影响，即既包含了水平效应和趋势效应，还包括了舆情效应。基本回归模型如下所示：

$$\Delta CoVaR_{j,\,t}^{sys} = \eta_j + \phi_j \cdot D_{-s} + \varphi_j \cdot D_s + \varepsilon_j \qquad (6\text{-}10)$$

$$\Delta CoVaR_{j,t}^{sys} = \psi_j + \delta_j \cdot time + \zeta_j \cdot D_{-s} + \tau_j \cdot D_s + \rho_j \cdot time \cdot D_{-s} + \vartheta_j \cdot time \cdot D_s + \varepsilon_j$$
$$(6\text{-}11)$$

$$\Delta CoVaR_{j,t}^{sys} = \varpi_j + \theta_j \cdot NPO_{j,t} \cdot D_{-s} + \kappa_j \cdot NPO_{j,t} \cdot D_s + \varepsilon_j \qquad (6\text{-}12)$$

其中，$\Delta CoVaR_{j,\,t}^{sys}$ 与式（6-7）中的含义相同，D_{-s} 表示新冠肺炎疫情发生前 s 天的虚拟变量，D_s 表示的是新冠肺炎疫情发生后 s 天的虚拟变量，具体定义见式（6-13）和式（6-14）。$time$ 表示时间变量，从样本起始日起至样本期末结束，初值为 1，每增加一天，$time$ 值就增加 1。$NPO_{j,\,t}$ 表示的是各金融行业的网络舆情指数。水平效应指的是新冠肺炎疫情发生后各金融行业系统性风险高于全部样本期内平均水平的程度，具体采用式（6-10）中的 φ_j 表示，若 φ_j 显著大于 0，则说明此次新冠肺炎疫情对系统性风险存在水平效应。趋势效应指的是新冠肺炎疫情发生后，各金融行业系统性风险随时间变化趋势大于新冠肺炎疫情发生前的水平，具体采用式（6-11）中的 $(\vartheta_j - \rho_j)$ 表示，若 ϑ_j 显著大于 ρ_j，这说明此次新冠肺炎疫情对系统性风险存在趋势效应。舆情效应指的是新冠肺炎疫情发生后，各金融行业系统性风险受舆情指数的影响大于疫情发生前，具体用式（6-12）中的 $(\kappa_j - \theta_j)$ 表示。

$$D_{-s} = \begin{cases} 1, & t' - s \leq t \leq t' - 1 \\ 0, & 其他时间 \end{cases} \qquad (6\text{-}13)$$

$$D_s = \begin{cases} 1, & t' \leq t \leq t' + s - 1 \\ 0, & 其他时间 \end{cases} \qquad (6\text{-}14)$$

其中，t' 表示新冠肺炎疫情发生的时间，由于新冠肺炎疫情对全国产生影响是在武汉封城后，因此选择武汉封城的时间点作为事件研究的发生日。s的选择则根据本章的实际研究，取值为$s \in [6, 46]$。46天的选择是由于根据《人民日报》报道，"4月8日零时，武汉在封城70多天后解封，这说明抗疫取得了阶段性的成果"，因此将武汉封城至武汉解封这一时间段用于研究新冠肺炎疫情对系统性风险的水平效应、趋势效应、舆情效应，从武汉封城至武汉解封历时46天（不包括周末与节假日）。因此，本章选取最长天数为46。最短时间的选择则是因为在春节后的首个交易日上证综指出现超过7%的跌幅，超过3000多只A股股票跌停，虽然央行紧急出手1.2万亿元用于公开市场操作，确保流动性的充足供应，但是各行业对于突发事件的发生通常存在一定时间的消化期，因此为更好地分析疫情对各行业系统性风险的影响，选择武汉封城后的一周作为消化期，也就是选择事件发生后的第6天作为研究的最短时间（不包括周末与节假日）[①]。随着s取值的变化，即可得到此次疫情对系统性风险水平效应、趋势效应和舆情效应的动态影响。

第三节

实证分析

本节首先对样本数据的选取进行说明，然后对此次疫情对系统性风险水平效应、趋势效应和舆情效应进行实证分析。

一、样本数据的选取

为尽可能全面反映金融行业的系统性风险，从而进行水平效应和趋势效应分析，笔者从银行、证券、保险三个板块选取了45家上市公司作为样本（其中银行机构16家，证券机构25家，保险机构4家），样本区间为2019年1月至2020年6月，并且用三个金融板块对应的指

---

① 为了让结果更具准确性，本章还做了$s \in [2, 46]$的实证分析，所得结果与$s \in [6, 46]$一致。

数计算各行业的系统性风险值。所有数据均来源于国泰安数据库和 Wind 数据库。

在计算各行业系统性风险值时所使用的解释变量的描述统计结果如表 6-1 所示。

表 6-1　各变量描述统计汇总

变量	变量名称	最小值	最大值	均值	标准差
状态变量	股票市场收益率	−0.0821	0.0578	0.0009	0.0135
	股票市场波动率	0.0076	0.0350	0.0133	0.0047
	期限利差环比变化	−1.6463	16.3810	0.0908	0.9511
	3 个月国债到期收益率环比变化	−0.1853	0.1846	−0.0004	0.0337
	信用利差环比变化	−0.1958	0.2430	0.0002	0.0581
行业总市值	银行总市值（百亿元）	574.1147	693.8675	638.0660	29.0663
	证券总市值（百亿元）	127.6323	188.4233	157.0937	11.5179
	保险总市值（百亿元）	127.8270	205.1472	177.3870	17.9209
行业指数收益率	沪深 300 银行指数收益率	−0.0671	0.0641	0.0002	0.0117
	沪深 300 资本指数收益率	−0.1053	0.0953	0.0010	0.0221
	沪深 300 保险指数收益率	−0.0765	0.0876	0.0006	0.0168

二、实证结果分析

实证分析中，首先对银行业、证券业、保险业的系统性风险走势进行分析，然后构建以新冠肺炎疫情发生前后 s 天（$6 \leqslant s \leqslant 46$）的虚拟变量以及分别与时间变量、网络舆情指数交叉项来对系统性风险的水平效应、趋势效应和舆情效应进行分析。

（一）系统性风险走势分析

根据前文系统性风险的计算可得出各行业系统性风险值走势图（见图 6-1）。

由图 6-1 可得出如下结论：

（1）新冠肺炎疫情发生后，增大了三个金融行业的系统性风险水平，具体表现为银行、证券、保险三个行业在新冠肺炎疫情发生期间（武汉封城至武汉解封期间）的风险均值均高于这三个行业的整体样本均值。

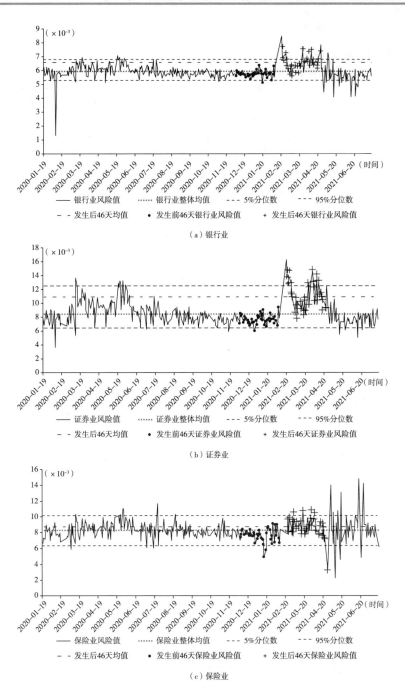

（a）银行业

（b）证券业

（c）保险业

图 6-1　各行业系统性风险走势

（2）新冠肺炎疫情的发生，改变了银行、证券、保险三个行业系统性风险值随时间变化的趋势，具体表现为在武汉封城前的 46 天，银行、保险、证券三个行业的系统性风险值较为平缓，但在武汉封城后，这三个行业的系统性风险值均出现一定的上升趋势，并且银行、证券、保险三个行业在武汉封城后 46 天的系统性风险值整体高于武汉封城前 46 天的系统性风险值。

（3）新冠肺炎疫情增大了银行、证券、保险行业的系统性风险波动，具体表现为在武汉封城后，银行、证券、保险行业地系统性风险观测值超过样本观测期间 5% 和 95% 分位数水平的情况多于武汉未封城前。

根据图 6-1 可以直观地观察各金融行业在疫情发生前后系统性风险值的变化趋势，但是图 6-1 并不能严谨地量化新冠肺炎疫情发生对各金融行业系统性风险的影响，这是因为图 6-1 并不能数字化地反映此次疫情对系统性风险的影响（水平效应、趋势效应和舆情效应），因此需要借助式(6-10)至式(6-12) 进行进一步的实证分析。

（二）疫情对系统性风险水平效应分析

水平效应的分析是通过构造新冠肺炎疫情发生前后的虚拟变量进行回归得到，也就是式（6-10）中的 φ_j。为深入分析水平效应，本部分还展示了疫情发生前各金融行业风险均值相对于整体样本均值的变化，也就是式（6-10）中的 ϕ_j，各金融行业系统性风险的水平效应计算结果如表 6-2 所示。

由表 6-2 可知，新冠肺炎疫情发生后银行业、证券业与保险业的回归系数 φ_j 均显著为负，而新冠肺炎疫情发生前证券业 ϕ_j 在 10% 水平下显著为正（武汉封城前 14 天至前 46 天）。保险业的 ϕ_j 在 10% 水平显著为正（武汉封城前的前 18 天至 46 天）。根据水平效应的定义可知，新冠肺炎疫情发生后，各金融行业的系统性风险均不存在水平效应。各行业系统性风险水平效应走势如图 6-2 所示。

由表 6-2 与图 6-2 可知，在新冠肺炎疫情发生后，它的冲击并没有对各金融行业的系统性风险产生水平效应，这可能是因为在武汉封城后，各地纷纷出台一级响应政策，财政部下拨资金用于疫情防控，较多企业改变办公方式（由线下办公转到线上办公）等，通过这一系列举措降低损失，虽然系统性风险波动变大，但影响可控。

表6-2 各金融行业系统性风险水平效应分析

（×10⁻³）

银行业

s	6	7	8	9	10	11	12	13	14	15	16	17	18	19
φ_j	-1.41***	-1.27***	-1.22***	-1.13***	-1.03***	-0.92***	-0.87***	-0.84***	-0.76***	-0.72***	-0.67***	-0.66***	-0.65***	-0.61***
ϕ_j	0.17	0.18	0.17	0.20	0.20	0.17	0.17	0.16	0.17	0.21	0.21	0.19	0.15	0.15
s	20	21	22	23	24	25	26	27	28	29	30	31	32	33
φ_j	-0.60***	-0.56***	-0.57***	-0.56***	-0.53***	-0.54***	-0.59***	-0.57***	-0.57***	-0.58***	-0.58***	-0.60***	-0.60***	-0.61***
ϕ_j	0.14	0.15	0.13	0.13	0.13	0.13	0.13	0.13	0.15	0.15	0.15	0.15	0.15	0.15
s	34	35	36	37	38	39	40	41	42	43	44	45	46	
φ_j	-0.64***	-0.63***	-0.67***	-0.66***	-0.67***	-0.68***	-0.67***	-0.68***	-0.68***	-0.68***	-0.67***	-0.68***	-0.70***	
ϕ_j	0.16	0.16·	0.16·	0.16	0.15	0.14	0.14	0.14	0.14	0.13	0.13	0.12	0.12	

证券业

s	6	7	8	9	10	11	12	13	14	15	16	17	18	19
φ_j	-5.42***	-5.07***	-4.78***	-4.50***	-4.19***	-3.82***	-3.68***	-3.53***	-3.22***	-3.07***	-2.95***	-2.80***	-2.73***	-2.58***
ϕ_j	0.71	0.82	0.83	0.84	0.84	0.76	0.80	0.80	0.83·	0.91*	0.94*	0.99*	0.91*	0.92*
s	20	21	22	23	24	25	26	27	28	29	30	31	32	33
φ_j	-2.54***	-2.40***	-2.41***	-2.36***	-2.28***	-2.27***	-2.35***	-2.31***	-2.37***	-2.38***	-2.45***	-2.59***	-2.64***	-2.71***
ϕ_j	0.88*	0.89*	0.83*	0.82*	0.81*	0.79*	0.82*	0.83*	0.89**	0.91**	0.92**	0.92**	0.91**	0.92**

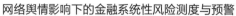

续表

证券业

s	34	35	36	37	38	39	40	41	42	43	44	45	46
φ_j	-2.75***	-2.72***	-2.82***	-2.79***	-2.77***	-2.83***	-2.84***	-2.85***	-2.85***	-2.83***	-2.78***	-2.77***	-2.73***
ϕ_j	0.94**	0.95***	0.95***	0.95***	0.94***	0.92***	0.90***	0.89***	0.90***	0.87***	0.86***	0.83***	0.85***

保险业

s	6	7	8	9	10	11	12	13	14	15	16	17	18	19
φ_j	-0.58	-0.70	-0.57	-0.77·	-0.79·	-0.76·	-0.77·	-0.71·	-0.68·	-0.67·	-0.70·	-0.63·	-0.59·	-0.58·
ϕ_j	0.40	0.23	0.40	0.25	0.40	0.42	0.48	0.44	0.38	0.33	0.33	0.46	0.63*	0.70*

s	20	21	22	23	24	25	26	27	28	29	30	31	32	33
φ_j	-0.67*	-0.61**	-0.58*	-0.58*	-0.54*	-0.59*	-0.55*	-0.56*	-0.59**	-0.67**	-0.66**	-0.69**	-0.74**	-0.78***
ϕ_j	0.72*	0.74**	0.75**	0.74**	0.71**	0.71**	0.73**	0.72**	0.75**	0.74**	0.73**	0.72**	0.72**	0.71**

s	34	35	36	37	38	39	40	41	42	43	44	45	46
φ_j	-0.76***	-0.73**	-0.71**	-0.68**	-0.65**	-0.64**	-0.65**	-0.66**	-0.62**	-0.62**	-0.58**	-0.53**	-0.39**
ϕ_j	0.70**	0.68**	0.69**	0.68**	0.67**	0.66**	0.65**	0.65**	0.65**	0.63**	0.62**	0.63**	0.65**

注：*** 代表在 0.1%的水平下显著，** 代表在 1%的水平下显著，* 代表在 5%的水平下显著，· 代表在 10%的水平下显著。

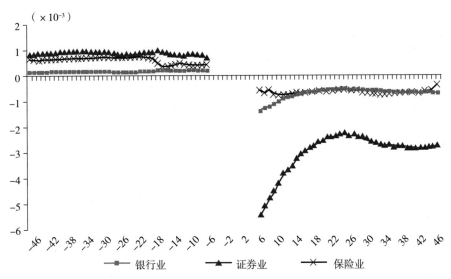

图 6-2　各金融行业系统性风险水平效应

注：横坐标为负代表的是 ϕ_j 的结果，为正代表的是 φ_j 的结果。

（三）系统性风险趋势效应分析

对于趋势效应的分析，这里引入时间变量以及时间变量与虚拟变量的交叉项，通过基本回归，即式（6-11）对趋势效应进行实证分析，大小用 $(\vartheta_j - \rho_j)$ 表示，其中 ϑ_j 表示 D_s 与时间变量 time 交叉项的回归系数，ρ_j 表示 D_{-s} 与时间变量 time 交叉项的回归系数，计算结果如表 6-3 所示。

根据表 6-3 的计算结果可知，保险业中虚拟变量与时间变量交叉项的回归系数大都不显著，而银行业与证券业中虚拟变量与时间变量交叉项的回归系数 ρ_j 均显著，银行业的 ϑ_j 在武汉封城后的第 7 天至第 32 天显著大于 0，证券业的 ϑ_j 在武汉封城后的第 7 天至第 31 天显著大于 0，这说明在新冠肺炎疫情发生后银行业与证券业的系统性风险在此期间表现出显著上升的趋势（$\vartheta_j > 0$），而保险业并无此趋势。根据表 6-3 的计算结果可得出各金融行业系统性风险的趋势效应（见图 6-3）。

表6-3　各金融行业系统性风险趋势效应分析

（ ×10⁻⁵ ）

银行业

s	6	7	8	9	10	11	12	13	14	15	16	17	18	19
ϑ_j	19.39	22.74*	18.46*	18.59**	18.70**	19.63***	17.24***	14.85***	15.16***	13.67***	12.81	11.22***	9.97***	9.61***
ρ_j	-1.99	-1.64	-0.77	-2.37	-1.99	0.18	0.16	0.27	0.09	-1.52	-1.11	-0.41	0.77	0.75
s	20	21	22	23	24	25	26	27	28	29	30	31	32	33
ϑ_j	8.59***	8.31***	7.18***	6.49***	6.28***	5.43***	3.87**	3.86**	3.41**	2.94*	2.56*	2.10·	1.83·	1.54
ρ_j	0.80	0.67	0.94	0.81	0.61	0.65	0.40	0.31	-0.03	-0.09	-0.17	-0.27	-0.26	-0.34
s	34	35	36	37	38	39	40	41	42	43	44	45	46	
ϑ_j	0.98	0.97	0.44	0.44	0.40	0.27	0.30	0.23	0.19	0.22	0.32	0.21	-0.06	
ρ_j	-0.45	-0.48	-0.46	-0.45	-0.34	-0.31	-0.27	-0.27	-0.26	-0.20	-0.17	-0.10	-0.15	

证券业

s	6	7	8	9	10	11	12	13	14	15	16	17	18	19
ϑ_j	48.45	57.05·	57.85*	57.22**	58.43**	62.63***	54.56***	49.40***	51.74***	47.36***	43.29***	40.79***	36.84***	35.52***
ρ_j	-8.02	-13.66	-9.85	-7.93	-5.77	-0.77	-2.45	-2.18	-2.56	-5.18	-5.15	-5.96	-2.63	-2.51
s	20	21	22	23	24	25	26	27	28	29	30	31	32	33
ϑ_j	31.68***	31.05***	27.13***	24.84***	23.81***	21.40***	17.25***	16.28***	13.51***	11.92**	9.67**	6.41*	4.94	3.40
ρ_j	-1.22	-1.06	0.24	0.50	0.50	0.79	-0.14	-0.43	-1.72	-1.93	-2.12	-2.29	-2.16	-2.40

续表

证券业

s	34	35	36	37	38	39	40	41	42	43	44	45	46
ϑ_j	2.59	2.79	1.20	1.54	1.80	0.86	0.75	0.58	0.63	0.84	1.45	1.52	1.93
ρ_j	-2.68	-2.68	-2.70	-2.57	-2.32	-2.09	-1.84	-1.77	-1.82	-1.50	-1.29	-0.97	-1.09

保险业

s	6	7	8	9	10	11	12	13	14	15	16	17	18	19
ϑ_j	-6.55	-12.57	-0.15	-11.48	-10.02	-5.68	-5.01	-1.39	0.23	0.55	-0.59	1.62	2.21	2.24
ρ_j	10.09	18.23	1.40	9.38	-0.99	-1.85	-4.24	-1.65	1.13	2.60	2.12	-2.45	-7.13	-7.84

s	20	21	22	23	24	25	26	27	28	29	30	31	32	33
ϑ_j	-0.71	0.91	1.64	1.30	2.07	0.77	1.47	1.21	0.37	-1.01	-0.87	-1.27	-1.89	-2.51
ρ_j	-7.45	-6.86	-6.20	-5.19	-3.83	-3.35	-3.28	-2.78	-3.16	-2.72	-2.38	-1.92	-1.79	-1.63

s	34	35	36	37	38	39	40	41	42	43	44	45	46
ϑ_j	-1.90	-1.28	-0.90	-0.36	0.16	0.20	0.05	-0.01	0.45	0.49	0.94	1.37	2.84*
ρ_j	-1.38	-0.89	-0.84	-0.69	-0.45	-0.25	-0.15	-0.08	-0.06	0.18	0.36	0.37	0.29

注：*** 代表在 0.1% 的水平下显著，** 代表在 1% 的水平下显著，* 代表在 5% 的水平下显著，· 代表在 10% 的水平下显著。

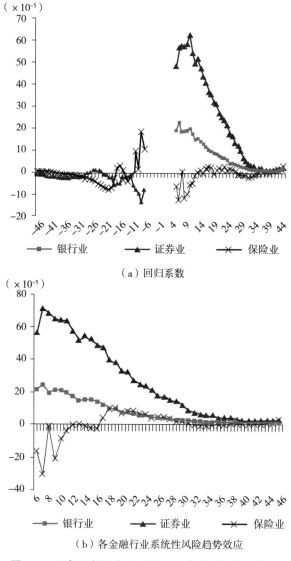

（a）回归系数

（b）各金融行业系统性风险趋势效应

图6-3 回归系数及各金融行业系统性风险趋势效应

图6-3（a）表示的是回归系数 ρ_j 和 ϑ_j，图6-3（b）表示的是新冠肺炎疫情对各金融行业系统性风险水平的趋势效应（$\vartheta_j - \rho_j$）。根据图6-3（a）可发现银行业与证券业在疫情发生后的回归系数显著大于疫情发生前，也就是银行业与证券业存在着趋势效应。根据图6-3（b）可得出以下两个结论：

（1）新冠肺炎疫情对银行业和证券业的系统性风险产生了显著的正向趋势效应，即银行业和证券业在新冠肺炎疫情发生后的系统性风险随时间变化趋势大于疫情发生前的水平，并且银行业与证券业的 $(\vartheta_j - \rho_j)$ 值均在疫情发生后的第 7 天达到峰值，这说明此时这两个行业的趋势效应达到最大，自此之后趋势效应逐渐下降，说明此次疫情虽然会对银行、证券行业的系统性风险产生一定的影响，但是其影响会逐渐减弱，或者说这两个行业有能力逐渐消化掉此次外部冲击所造成的影响（即使所花时间较长）。结合表 6-2 的计算可知银行业与证券业在武汉封城后的第 33 天和第 32 天起 ϑ_j 便没有出现显著大于 0 的情况，结合图 6-3（b）可以发现自此之后 $(\vartheta_j - \rho_j)$ 值便趋于平缓，这说明在此之后银行业与证券业的系统性风险随时间变化的趋势与疫情发生前相差不大，这也从侧面佐证了这两个金融行业有能力消化此次疫情所带来的影响。而保险业不存在趋势效应的原因可能是由于此次疫情发生后，财政部多次下发疫情防控资金，社会各界也纷纷捐款捐物积极应对疫情，这在一定程度上减轻了保险行业的压力，使保险业基本未受到此次疫情的冲击。

（2）银行业与证券业存在的趋势效应中有两点不同之处：一是大小不同，根据图 6-3 可明显看出证券业的趋势效应高于银行业；二是趋势效应的显著性水平不同，证券业的显著性水平高于银行业。根据证券业的趋势效应高于银行业以及证券业趋势效应的显著性水平高于银行业可知，在面对外部冲击时，银行业比证券业更具稳定性，也就是银行业面对外部冲击的能力强于证券业。

（四）系统性风险舆情效应分析

对于舆情效应的分析，我们引入网络舆情指数与虚拟变量的交叉项，通过基本回归，即式（6-12）对疫情效应进行实证分析，大小用 $(\kappa_j - \theta_j)$ 表示，计算结果如表 6-4 所示。

根据表 6-4 的计算结果可知，银行业与证券业在疫情发生后的回归系数 κ_j 均显著大于 0，而保险业在疫情发生后的第 10 天后回归系数显著大于 0，这说明这三个行业在疫情发生后的网络舆情指数均会对系统性风险产生正向影响。根据表 6-4 的计算结果可以得出三个金融行业的舆情效应走势（见图 6-4）。

表 6-4　各金融行业系统性风险舆情效应分析　　　　　　　　　　　　（ $\times 10^{-5}$ ）

银行业

	6	7	8	9	10	11	12	13	14	15	16	17	18	19
s	6	7	8	9	10	11	12	13	14	15	16	17	18	19
κ_j	2.67***	2.45***	2.44***	2.38***	2.33***	2.28***	2.26***	2.27***	2.25***	2.13***	2.05***	2.05***	2.06***	2.06***
θ_j	-0.52	-0.48	-0.45	-0.53	-0.51	-0.38	-0.35	-0.32	-0.31	-0.42	-0.42	-0.39	-0.41	-0.35
s	20	21	22	23	24	25	26	27	28	29	30	31	32	33
κ_j	2.05***	1.81***	0.174***	1.66***	1.55***	1.55***	1.66***	1.54***	1.51***	1.51***	1.51***	1.54***	1.52***	1.52***
θ_j	-0.32	-0.29	-0.28	-0.25	-0.22	-0.21	-0.17	-0.15	-0.08	-0.05	-0.02	0.00	0.01	0.03
s	34	35	36	37	38	39	40	41	42	43	44	45	46	
κ_j	1.58***	1.56***	1.62***	1.59***	1.59***	1.60***	1.60***	1.62***	1.63***	1.64***	1.64***	1.63***	1.61***	
θ_j	0.05	0.07	0.07	0.07	0.06	0.06	0.06	0.06	0.06	0.06	0.06	0.05	0.06	

证券业

	6	7	8	9	10	11	12	13	14	15	16	17	18	19
s	6	7	8	9	10	11	12	13	14	15	16	17	18	19
κ_j	20.66***	19.66***	19.23***	19.04***	18.81***	18.58***	18.54***	18.56***	18.44***	17.58***	17.16***	17.00***	17.07***	17.09***
θ_j	-4.33	-4.75	-4.64	-4.50	-4.18	-3.51	-3.56	-3.34	-3.28·	-3.58·	-3.67·	-2.85·	-2.63·	-2.07
s	20	21	22	23	24	25	26	27	28	29	30	31	32	33
κ_j	17.04***	15.07***	14.39***	13.69***	12.93***	12.65***	12.88***	12.22***	12.30***	12.17***	12.43***	13.05***	13.09***	13.32***
θ_j	-1.86	-1.60	-1.49	-1.28	-1.11	-1.03	-0.69	-0.51	0.10	0.33	0.52	0.66	0.72	0.89

续表

证券业

s	34	35	36	37	38	39	40	41	42	43	44	45	46
κ_j	13.34***	13.12***	13.50***	13.16***	12.96***	13.22***	13.29***	13.40***	13.46***	13.51***	13.50***	13.47***	13.43***
θ_j	1.03	1.10·	1.14·	1.16·	1.15*	1.13*	1.10·	1.11*	1.14*	1.09*	1.07*	1.03*	1.08*

保险业

s	6	7	8	9	10	11	12	13	14	15	16	17	18	19
κ_j	2.34	2.73	2.48	3.01	3.16·	3.17	3.28·	3.14·	3.11	3.09·	3.26*	3.05*	2.97*	2.96*
θ_j	2.63	1.93	2.66	2.18	2.72	2.88	3.22	3.14	3.01	2.96	2.95	4.34·	5.87**	6.23**

s	20	21	22	23	24	25	26	27	28	29	30	31	32	33
κ_j	3.13*	2.78·	2.53·	2.57·	2.39·	2.64·	2.47·	2.50·	2.70·	3.11***	3.12***	3.27**	3.53**	3.79**
θ_j	6.31**	6.34**	6.22***	6.02***	5.73**	5.69**	5.77***	5.55***	5.37***	4.69***	4.26***	3.86**	3.67**	3.51**

s	34	35	36	37	38	39	40	41	42	43	44	45	46
κ_j	3.68**	3.59·	3.55**	3.46**	3.39**	3.42**	3.45**	3.47**	3.46**	3.45**	3.48**	3.51**	3.75***
θ_j	3.34**	3.06·	3.01·	2.87·	2.72·	2.59·	2.51·	2.46·	2.43·	2.30·	2.21·	2.19·	2.20**

注：***代表在 0.1%的水平下显著，**代表在 1%的水平下显著，*代表在 5%的水平下显著，·代表在 10%的水平下显著。

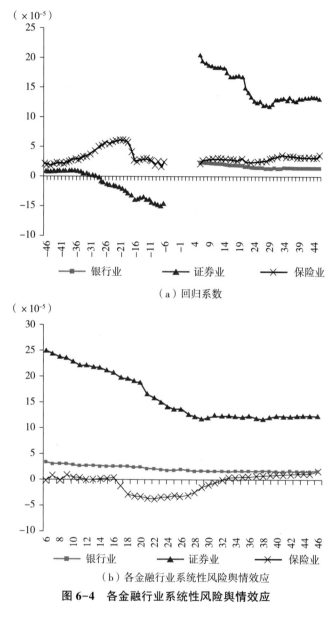

图 6-4 各金融行业系统性风险舆情效应

图 6-4（a）表示的是回归系数 θ_j 和 κ_j，图 6-4（b）表示的则是各金融行业的系统性风险舆情效应（$\kappa_j - \theta_j$）。根据图 6-4（a）可以发现银行业与证券业在疫情发生后的回归系数显著大于疫情发生前，而保险业并没有此规律。图 6-4（b）则表示的是各金融行业的舆情效应，可得

出以下结论：

（1）银行业与证券业在疫情发生后存在舆情效应，并且均在最初时刻（第 6 天）的舆情效应最大，自此之后舆情效应开始逐渐减弱，这可能是由于随着疫情取得阶段性胜利之后，大众对金融市场的恐慌情绪减弱，从而使金融行业的舆情效应较弱。而保险业在疫情发生后的第 10 天至第 16 天与第 33 天至第 46 天存在舆情效应，中间一段时间不存在舆情效应，这可能是由于民众对保险业的关注度没有对银行业与证券业高，因此疫情发生后出现较小的舆情效应，一段时间之后舆情效应消失。而疫情发生后的一个月后又开始出现舆情效应，可能是由于 2020 年 3 月 9 日美股三大股指出现暴跌，次日，意大利实行封城，欧洲新冠肺炎疫情开始暴发。由于全球疫情的暴发，人们开始逐渐关注保险业的发展，从而使保险业从疫情发生后的第 33 天又出现舆情效应。

（2）根据图 6-4（b）可以发现金融行业存在舆情效应的大小不同，其中证券业舆情效应最大，其次是银行业，最后是保险业。说明证券业比银行业和保险业在面对外部冲击时所受的影响强度大。

（五）稳健性检验

为说明上述实证结果的稳健性，本章将计算 $\Delta CoVaR_{j,t}^{sys}$ 的 95% 分位数更改为 90% 分位数对各金融行业 $\Delta CoVaR_{j,t}^{sys}$ 的水平效应、趋势效应和舆情效应进行稳健性检验。计算结果如图 6-5 所示。

图 6-5（a）表示更换分位数水平后的水平效应，图 6-5（b）表示更换分位数水平后的趋势效应，图 6-5（c）表示更换分位数水平后的舆情效应。将图 6-5（a）与图 6-2 进行对比，90% 分位数下水平效应与 95% 分位数下大致相同，均不存在水平效应。将图 6-5（b）与图 6-3（b）进行比较发现，90% 分位数下仍然是银行业与证券业存在显著的正向趋势效应，而保险业不存在趋势效应。将图 6-5（c）与图 6-4（b）比较发现，90% 分位数水平下的仍是银行业与证券业从第 6 天开始就存在舆情效应，保险业则是疫情发生后的第 10 天至第 16 天与第 33 天至第 46 天存在舆情效应，与 95% 分位数水平下所得结论一致，说明实证结果具有稳健性。

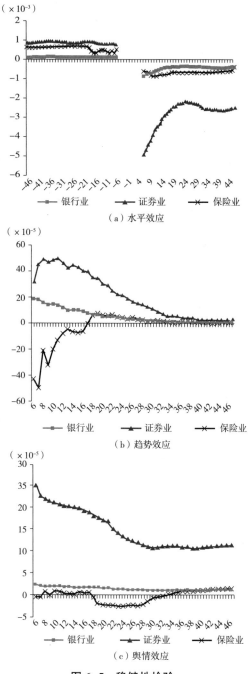

（a）水平效应

（b）趋势效应

（c）舆情效应

图 6-5　稳健性检验

第四节
研究小结

本章以新冠肺炎疫情的发生作为冲击事件，利用改进的事件研究法分析了新冠肺炎疫情对银行业、证券业与保险业的系统性风险的影响，并且刻画了此次疫情对金融行业系统性风险的水平效应、趋势效应和舆情效应。然而，此次疫情涉及范围广、时间长，对于时间的选择具有主观性，并且金融行业中涉及板块众多，银行业、证券业以及保险业只是一部分，因此还可以扩大研究范围，但本章的研究至少可得出以下几个结论：

第一，新冠肺炎疫情会导致金融行业系统性风险水平以及波动性增大。具体表现为，在新冠肺炎疫情发生后，银行业、证券业以及保险业的系统性风险均值均高于整体样本均值，并且在疫情发生后，各金融行业的系统性风险观测值超过5%和95%分位数的情况多于疫情发生前。

第二，新冠肺炎疫情发生后，各金融行业均不存在水平效应，即虽然存在疫情发生后金融行业的系统性风险值高于整体样本均值的情况，但是这一情况并不显著，这可能是因为趋势效应持续的时间较长，从而削弱了此次疫情对金融行业系统性风险的水平效应。

第三，新冠肺炎疫情发生后，银行业和证券业的系统性风险存在显著的正向趋势效应，并且持续时间较长，而保险业不存在趋势效应，但这并不是可以放松保险业系统性风险监管的理由，这是由于金融行业之间存在关联性，系统性风险很容易在金融机构之间相互传染。

第四，新冠肺炎疫情发生后，银行业与证券业均存在长时间的舆情效应，并且舆情效应逐渐减弱，保险业虽然存在舆情效应，但可能由于大众对保险业的较低关注度致使保险业存在较小的舆情效应。欧洲新冠肺炎疫情发生后，保险业的大众关注度提高，从而使保险业又开始出现舆情效应，并且逐渐增加。

第五，从趋势效应来看，银行业在面对外部冲击时比证券业更稳定。

具体表现为新冠肺炎疫情发生后银行业的趋势效应水平以及趋势效应的显著性水平低于证券业，这说明银行作为现代经济的核心，有能力通过自我调节应对此次疫情的冲击。

第六，新冠肺炎疫情不可避免地会对经济社会造成负面影响，但不会改变我国经济长期向好的基本面。从武汉封城后我国各金融行业均不存在水平效应这一特征事实可以看到，新冠肺炎疫情对我国经济的影响冲击是短期的、一次性冲击现象，不会改变我国的经济基本面。目前的重点是兼顾疫情的防控和生产的恢复，纾困企业，有序推动企业复工复产。要加大政策调节力度，把我国发展的巨大潜力和强大动能充分释放出来，实现经济社会发展目标任务。

媒体报道、经济政策不确定性与金融系统性风险关联研究

第一节
引言

经济政策不确定性是指未来与经济相关的政策变动中包含的各类无法预知的成分，其形式主要包括采用何种政策、政策是否实施、政策何时执行、政策执行方式选择以及政策实施效果等（陈国进等，2017）。经济政策不确定性涵盖相关政策变动过程中包含的所有不确定性。经济政策通过塑造经济环境，进而影响经济的平稳运行，发挥政策稳定器效用。目前，经济政策不确定性主要通过经济政策不确定性指数来反映，其核心构成为新闻指数，即通过对指定的新闻媒体报道进行关键词检索编制而成。

2008 年金融危机后，世界经济仍处在国际金融危机后的深度调整期，世界各国为促进经济复苏，不断推出刺激政策，导致经济政策不确定性加剧。中国作为新兴市场国家，近年来，为缓解经济下行压力，政府相继出台了供给侧结构性改革、"一带一路"倡议等政策，近期又面临中美贸易摩擦、新冠肺炎疫情等国内外重大事件影响，增加了我国经济政策的不确定性。如果宏观经济政策不确定性造成政策效果与目标之间出现偏离，就会给国民经济发展带来不利影响，甚至引致系统性风险。

基于经济政策不确定性对宏观经济和金融市场走势的影响，对经济政策不确定性的研究已引起了各界浓厚的兴趣。Baker 等（2016）首次尝试量化经济政策不确定性，编制了世界主要经济体的经济政策不确定性指数（Economic Policy Uncertainty Index），该指标虽然得到学术界的广泛使用，但其指标设计对发展中国家存在缺陷，如编制中国经济政策不确定指数时，仅仅利用了中国香港《南华早报》的新闻信息，因而不能全面反映中国经济政策不确定性水平。为此，Huang 和 Luk（2020）通过对 114 份中国报纸每月发表文章进行文本挖掘，构建了中国经济政策不确定性指数。目前，已经有诸多学者从理论和实证角度研究政策不确定性如何对宏观经济、股票市场、企业投资、家庭消费等变量产生影响。例如，Pastor 和 Veronesi（2013）通过建立一般均衡模型得出政府政策的不确定性助长了股价的波动性和关联度。Hoque 和 Zaidi（2019）基于马尔可夫模型研究了经济政策不确定性对股票市场的冲击，发现经济政策不确定性对股市收益会产生显著影响。金雪军等（2014）探讨了政策不确定性冲击对 GDP、投资、消费、出口等带来的影响。潘攀等（2020）讨论了经济政策不确定性如何影响银行风险承担，从而进一步影响企业投资行为。杨子晖等（2019）研究发现，经济政策不确定性在金融风险传染中发挥着重要作用，同时股票市场是风险的源头，对外汇和经济政策不确定性具有较强的溢出效应。

不确定性条件下的政策预期行为是引起金融系统性风险的核心因素之一。然而，目前国内外学者还鲜有研究经济政策不确定性与金融系统性风险的关系。事实上，自 2008 年全球金融危机以来，我国金融市场与金融机构虽然总体上运行平稳，但仍时有发生极端风险事件。因此，党的十九大报告明确指出要"守住不发生金融系统性风险的底线"。

系统性风险被认为是"许多市场参与者同时遭受损失，并且迅速扩散到整个系统"的风险。Acharya 等（2017）研究发现目前为止大多数监管机构更多的是关注个体层面的金融风险，而对于整体层面的系统性风险缺乏一定的监控，从而使整个金融体系受到宏观变量的冲击。在险价值（VaR）虽然是目前度量金融风险的一个很好的指标，但 VaR 无法对整体的金融风险进行刻画，并将低估不同金融机构的尾部风险溢出效应（Adams et al.，2014）。随着该领域研究的不断发展，边际期望损失法（MES）（Acharya et al.，2017）、条件在险值法（CoVaR）以及条件在险值差（ΔCoVaR）（Adrian and Brunnermeier，2016；Benoit et al.，2017；李政等，2019）、SRISK（Brownlees and Engle，2017）、CATFIN（Allen et al.，2012）等风险测度方法被提出。这些研究大多从金融市场的高杠杆、流动性短缺，以及极端损失引发的金融系统性风险，并利用公开市场数据和资产负债表数据，从宏观角度对个体风险贡献水平或资本短缺程度等单一方面进行评估，进而提出一系列的风险测度指标，但其无法全面解释金融系统性风险的内在复杂性。为了能够全面反映金融系统性风险的整体运行情况，构建一个充分反映金融风险的系统性风险综合指标显得尤为重要（何青等，2018；Varotto and Zhao，2018；Giglio et al.，2016；欧阳资生等，2019）。

鉴于此，本章首先采用分位数格兰杰因果模型（Chuang et al.，2009）研究经济政策不确定性与金融系统性风险之间的关系。同时，在现有金融系统性风险度量的基础下，借鉴 Giglio 等（2016）的研究框架，选取机构极值风险、传染效应、波动与不稳定性、流动与信用风险四个大类 14 个指标，对比分析经济政策不确定性与不同金融系统性风险指标的因果关系。此外，为避免单个指标对系统性风险反映不全面，采用主成分分位数回归加总并提取单个金融系统性风险指标，构建中国系统性风险的综合指标，通过关联性研究探讨政策的"稳定器"和风险的"助推器"效用。

第二节

指标说明与研究设计

一、指标来源及说明

（一）经济政策不确定性指标的选取

本章所用的经济政策不确定性指数来源于 Huang 和 Luk（2020）提出的中国经济政策不确定性指数。其核心构成为新闻指数，即通过对指定的新闻媒体报道进行关键词检索编制而成，综合反映了《人民日报》《北京青年报》《广州日报》等 114 份中国报纸每月发表文章中，出现"经济""不确定性""政策"这三类词语文章的比例，并按照相关政策类别构建细分指数，能较好地反映不同经济政策类别对金融系统性风险的影响。图 7-1 为中国经济政策不确定性时间序列，从整体上看，中国经济政策不确定性指数不断波动，于 2008 年金融危机后到达第一个顶峰，之后随着 2008年 11 月"四万亿政策"的出台，经济政策不确定性逐渐平稳。2011 年标准普尔下调世界最大经济体美国的主权信用评级后达到第二个顶峰。国内政策变化和金融市场的一些重大事件，包括 2013 年金融业"钱荒"事件、2015 年中国"股灾"、2016 年 1 月中国股市"熔断机制"发布、2018 年 7 月美国发动的中美贸易战等在图 7-1 中均有体现。

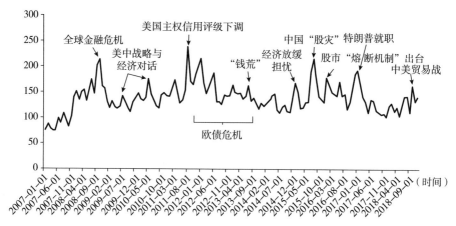

图 7-1　2007 年 1 月至 2018 年 12 月中国经济政策不确定性指数时序

（二）系统性风险指标的选取

本章的研究样本包括银行、保险和证券三个板块共 45 家上市公司的股票月收益率数据，样本的时间跨度为 2007 年 1 月至 2018 年 12 月。同时，选取沪深 300 指数作为金融市场月收益率的度量指标，由上市公司季报提供的总资产、总负债等数据来计算账面和市场杠杆率，并由公司市值占比来度量各机构在总体计算中的权重，然后采用全部上市金融公司相关指标的平均值作为衡量系统性风险的测度指标。本章数据均来自国泰安和 Wind 数据库。参考 Giglio 等（2016）、欧阳资生等（2019）、郭晨和吴君民（2019）研究，选取机构极值风险、传染效应、波动与不稳定性、流动与信用风险四个大类、14 个小类的金融系统性风险指标。首先，通过 Adrian 和 Brunnermeier（2016）的研究计算风险条件值（CoVaR）以及 ΔCoVaR，根据 Acharya 等（2017）的研究测量边际期望损失（MES），并通过 Allen 等（2012）的研究计算金融体系巨灾风险指标（CATFIN）得到机构极值风险。对于机构间的传染效应，选取吸收比率、吸收比率差（Kritzman et al.，2011）和平均相关系数（Patro et al.，2013）三个指标；对于波动与不稳定性，选取收益波动率、账面杠杆率、市场杠杆率和规模集中度四个指标。最后，流动性和信用风险通过个股流动性、信用利差和期限利差三个指标来衡量。14 个指标的具体含义及测度方法见表 7-1。

表 7-1　金融系统性风险测度指标

指标类别	变量名称	变量含义	变量定义或说明
机构极值风险	CoVaR	条件在险值	$Pr(X^{syst} < CoVaR^i \mid X^i = VaR^i) = q$
	ΔCoVaR	条件在险值差	$\Delta CoVaR^i = CoVaR^i(q) - CoVaR^i(0.5)$
	MES	边际期望损失	$MES^i = E[R^i \mid R^m < q]$
	CATFIN	金融体系巨灾风险	非参数方法计算截面尾部风险值
传染效应	Abs	吸收比率	$Abs(K) = \sum_{i=1}^{k} Var(PC_i) \Big/ \sum_{i=1}^{N} Var(PC_i)$
	ΔAbs	吸收比率差	$\Delta Abs = Abs(K)_{short} - Abs(K)_{long}$
	Average_Cor	平均相关系数	$\rho = \left(N \sum x_i y_i - \sum x_i \sum y_i\right) \Big/ \left(\sqrt{N \sum x_i^2 - (\sum x_i)^2} \sqrt{N \sum y_i^2 - (\sum y_i)^2}\right)$
波动与不稳定性	Volatility	收益波动率	个股日平均收益率的月度标准差
	Book_lev	账面杠杆率	总负债/总资产
	Market_lev	市场杠杆率	总负债/总市值
	Size_concen	规模集中度	$Herfindahl = N \sum_{i=1}^{N} ME_i^2 \Big/ (\sum_{i=1}^{N} ME_i)^2$
流动与信用风险	AIM	个股流动性	个股换手率
	Credit_spread	信用利差	上海银行间同业拆放利率 shibor 与国债收益率利差
	Term_spread	期限利差	10 年和 3 个月国债到期收益率利差

为直观了解表 7-1 中 14 个金融系统性风险测度指标的变化趋势，在四大类中的每一类中选取一个作为代表，图 7-2 描绘了从中选取的 CoVaR、Abs、Market_lev、Credit_spread 四个指标在样本期间的变化趋势。为便于观察其时序特征，对这四个指标进行了标准化处理。从图 7-2 可以看出，四种测量指标在总趋势和波动方面存在一定相似之处。如在 2007~2008 年次贷危机期间，所有指标均出现了剧烈波动，而在 2013 年我国"钱荒"时波动幅度较小。但四个指标也存在一定的差异，如样本初期 CoVaR、Abs 和 Market_lev 上升，但 Credit_spread 却有所下降，这说明单个测度指标可

能只反映了系统性风险的某个特定方面，仅能在某个方面反映金融系统性风险。因此，为综合反映金融系统性风险，选择 PCQR 模型，从单个金融系统性风险指标中提取共同信息，并通过降低单个度量指标的噪声来得到金融系统性风险综合指标是可行的。

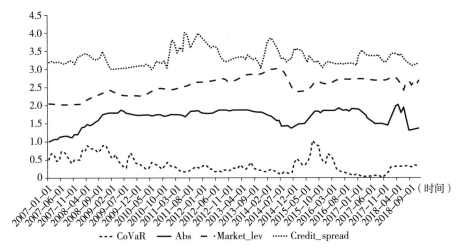

图7-2　2007年1月至2018年12月系统性风险指标时序

二、模型的构建

(一) 主成分分位数回归

本节采用分位数回归来描述经济政策不确定性与金融系统性风险之间的非对称关系。如在讨论金融系统性风险对经济政策不确定性影响时，设定经济政策不确定性为被解释变量，设定金融系统性风险为解释变量。由于选取的金融系统性风险测度指标较多，且各个指标具有一定的相关性，因此，笔者试图构建金融系统性风险综合指标。此时，采用主成分分位数回归法（PCQR）提取单个测度指标中能够有效测度金融系统性风险的不可观测因子，再进行分位数回归，以此计算不同分位数水平下的因子得分和系数值。此外，采用主成分分位数回归不仅能够较好地解决多重共线性问题，还能反映数据全貌以对比不同尾部特征的影响情况。具体分析模型如下：

第一步，将 X 标准化处理，从 X 提取的 i 成分记为 a_i，a_i 需满足各自方差及协方差最大，且有 $a_i = Xw_i$，求解得出第一对主成分；并求得矩阵

$T = X'YY'X$ 的特征值与特征向量，W_i 为最大特征值 λ_1 所对应的特征向量，目标函数值为 $\sqrt{\lambda_1}$。

第二步，假设 X 的秩为 r，循环第一步，以此得到 r 个主成分。在公因子提取阶段，成分通过留一交叉验证法确定主成分个数，然后估计公因子 F_t：

$$\hat{F}_t = (\Lambda'\Lambda)^{-1}\Lambda'x_t \qquad (7-1)$$

其中，Λ 为 $\sum_{t=1}^{T} x_t x_t'$ 前 K 个特征值的特征向量。

第三步，将 y_{t+1} 对 $\hat{F}_t$ 进行分位数回归：

$$Q_t(y_{t+1} \mid I_t) = \hat{\alpha}'\hat{F}_t \qquad (7-2)$$

也就是说，主成分分位数回归法可以给出对 y_{t+1} 的条件分位数估计。对所有的 t，满足当 N 和 T 趋向于无穷大时，$\hat{\alpha}'F_t$ 趋向于 $\alpha'f_t$。采用主成分分位数回归方法，能充分利用各金融系统性风险测度指标信息，将其与分位数回归相结合，判断金融系统性风险指标在各个分位点的拟合情况，并比较在各个分位点上拟合情况的优劣。

（二）分位数格兰杰因果模型

根据 Chuang 等（2009）提出的分位数格兰杰因果模型，检验经济政策不确定性与各金融系统性风险测度指标，以及与通过主成分分位数回归构建的金融系统性风险综合指标的分位数格兰杰因果关系。我们以检验金融系统性风险是否为经济政策不确定性的格兰杰因果原因为例，首先进行如下分位数回归：

$$y_t = a(\tau) + b(\tau)\frac{t}{T} + c(\tau)\left(\frac{t}{T}\right)^2 + \sum_{i=1}^{q}\alpha_i(\tau)x_{t-i}\sum_{j=1}^{q}\beta_j(\tau)y_{t-j} + e_t$$

$$(7-3)$$

其中，$\frac{t}{T}$ 和 $\left(\frac{t}{T}\right)^2$ 为趋势项，在解释变量存在趋势的情形下，将趋势项纳入模型；T 为样本容量。q 为滞后项阶数，滞后阶数的选取标准为：若 q 阶滞后项的模型在分位区间 $\tau \in [0.05, 0.95]$ 上不能拒绝 $\beta_q(\tau) = 0$ 的原假设，但 $q-1$ 阶模型在分位区间 $\tau \in [0.05, 0.95]$ 上可以拒绝原假设，则 y_{t-q} 不构成 x_t 的分位数格兰杰因果原因，但 y_{t-q+1} 构成 x_t 的分位数格兰杰因果原因，此时可确定最优滞后项系数 $q^* = q - 1$。

根据 Koenker 和 Machdo（1999）构造的 Wald 统计量，对 y_{t-q} 滞后项的回归系数进行联合检验，即 $H_0 : \beta_1(\tau) = \beta_2(\tau) = \cdots = \beta_q(\tau) = 0,\ \forall\ \tau \in (0, 1)$。若拒绝原假设，则可认为经济政策不确定性是金融系统性风险的分位数格兰杰因果原因。金融系统性风险对经济政策不确定性的格兰杰因果原因同理可得。

第三节
经济政策不确定性与金融系统性风险关系的实证分析

一、描述性统计

为对经济政策不确定性和 14 个金融系统性风险指标有个直观的了解，表 7-2 给出了经济政策不确定性指数和金融系统性风险指标的描述性统计，其中 14 个金融系统性风险指标是通过对 45 家机构月度数据的计算，获得各单个金融系统性风险测度指标数据。

如表 7-2 所示，经济政策不确定性指数在 2007 年 1 月至 2018 年 12 月的均值为 138.86，在 2011 年美国主权信用评级下调后达到最高点，说明国外发生的一些重大经济事件也会通过贸易联系、国际资本流动等渠道对中国产生影响。从金融系统性风险测度指标可以看出，不同类别的金融系统性风险指标值存在一定的差异，其中个股流动性和市场杠杆率的均值和标准差最大，并且波动剧烈，范围在 5.5339 ~ 115.4039 及 3.6122 ~ 21.2190。收益波动率的波动范围最小，为 0.0089~0.0576。由股市收益率计算得到的 CoVaR、ΔCoVaR、MES 和 CATFIN 的变动幅度相似，均在 2007~2008 年全球金融危机和 2015 年"股灾"期间出现局部最大值。Abs 和 Average_Cor 代表金融机构之间的传染效应程度，其均值为 0.8235 和 0.5954。Size_concen 代表金融机构的规模集中度，其均值为 3.1429，标准差为 0.3736。

表7-2 测度指标的描述性统计

变量	观测值	均值	标准差	极小值	极大值
EPU	144	138.8627	28.6083	73.6200	238.3200
CoVaR	144	0.0314	0.0109	0.0146	0.0629
ΔCoVaR	144	0.0246	0.0123	0.0057	0.0582
MES	144	0.0336	0.0152	0.0111	0.0768
CATFIN	144	0.1005	0.0404	0.0439	0.2115
Abs	144	0.8235	0.0724	0.6224	0.9307
ΔAbs	144	0.0778	0.0561	−0.1190	0.2072
Average_Cor	144	0.5954	0.1268	0.2635	0.8555
Volatility	144	0.0201	0.0082	0.0089	0.0576
Book_lev	144	0.9228	0.0323	0.7158	0.9411
Market_lev	144	12.9055	4.4969	3.6122	21.2190
Size_concen	144	3.1429	0.3736	2.3418	4.0735
AIM	144	34.8556	23.2833	5.5339	115.4039
Credit_spread	144	1.1904	0.5959	0.3701	3.0015
Term_spread	144	1.0232	0.6139	−0.5566	2.4136

二、实证结果

(一)分位数格兰杰因果关系

经济政策不确定性指数作为实体经济不确定性的量化指标,其值可以代表经济运行状况。经济政策不确定性值高代表经济不确定性程度高,通常预示着经济处在下行阶段,反之则表明经济运行状况良好。本章首先通过最小信息准测(BIC)确定序列差分的滞后阶数,然后通过前述模型选取最优滞后阶数,再采用分位数格兰杰因果检验方法,分别从"金融系统性风险不是经济政策不确定性的格兰杰原因"和"经济政策不确定性不是金融系统性风险的格兰杰原因"两个原假设维度分析经济政策不确定性与金融系统性风险之间的因果关系。具体检验结果见表7-3。

表 7-3　经济政策不确定性与金融系统性风险的分位数格兰杰因果检验

原假设：金融系统性风险不是经济政策不确定性的格兰杰原因

$\beta_i(\tau)=0$	CoVaR	ΔCoVaR	MES	CATFIN	Abs	ΔAbs	Average_Cor
$i=1$	2.9642*	2.9143*	3.8231*	3.1821*	1.2425	1.2952	4.1252*
$i=2$	2.6812*	4.1384**	2.8142*	4.2123**	1.8421	1.5821	3.1943*
$i=3$	4.1246**	6.8312***	4.9312**	2.5912	—	2.9472*	2.1445
$i=4$	—	8.2312***	5.1234**				
$\beta_i(\tau)=0$	Volatility	Book_lev	Market_lev	Size_concen	AIM	Credit_spread	Term_spread
$i=1$	4.9231**	2.1425	1.2481	1.2524	3.1242*	3.0192*	5.2934**
$i=2$	3.1249*	1.2501	3.1287*	2.9842*	3.8471*	3.8241*	4.1234**
$i=3$	1.4283		2.1934		4.1294**	2.3491	2.1442
$i=4$	2.9451*				2.8241		1.1026

原假设：经济政策不确定性不是金融系统性风险的格兰杰原因

$\beta_i(\tau)=0$	CoVaR	ΔCoVaR	MES	CATFIN	Abs	ΔAbs	Average_Cor
$i=1$	3.1378*	3.4721*	2.9124*	2.7523*	1.6345	1.4125	4.5221**
$i=2$	2.7529*	3.0134*	2.8418*	3.1252*	2.1624	2.3412*	3.6319*
$i=3$	4.8421**	4.2734**	4.1289**	2.1523	1.9312*	2.4157	
$i=4$	5.3281**	—	3.8242*				
$\beta_i(\tau)=0$	Volatility	Book_lev	Market_lev	Size_concen	AIM	Credit_spread	Term_spread
$i=1$	4.3215**	2.4123	1.5263	2.3141	3.4121*	3.6721*	5.1251**
$i=2$	3.5218*	1.8523*	2.4123*	2.9532**	3.2124*	2.9536*	4.5211**
$i=3$	2.5321	—	3.1541*	3.1241*	2.1245**	3.1251*	3.1241*
$i=4$	—		2.1563	3.5216*			2.5124

注：根据 Chuang 等（2009）的研究，结合本章研究要求，选择分位区间为 [0.2, 0.8]；i 代表滞后阶数；*、** 和 *** 分别代表显著性水平 10%、5% 和 1%；表中结果为检验统计量的 Wald 值。

由表 7-3 可知，总体上，金融系统性风险与经济政策不确定性之间存在双向因果关系。一方面，是因为中国金融市场是典型的"政策性市场"，一些政策的出台可能导致金融市场的剧烈波动从而引发金融系统性风险，例如 2016 年出台的股市"熔断机制"，引发股民的非理性抛售，导致股市触发熔断，引起了金融市场的强烈震荡。另一方面，由于金融市场的体制仍存在诸多需完善之处，股票市场是经济的晴雨表，当金融市场出现异常时，往往需要政府出台相应的经济政策，从而导致经济政策的不确定性水平上升。

（二）金融系统性风险对经济政策不确定性的影响

在此，将中国经济政策不确定性作为被解释变量，讨论金融系统性风险对中国经济政策不确定性的影响。首先，分别将单个金融系统性风险指标与中国经济政策不确定性指数进行分位数回归，研究在不同分位水平下各个系统性风险指标和经济政策不确定性之间的关系。然后，考虑到单一金融系统性风险指标只能测度金融系统性风险某个方面，因此采用主成分分位数回归提取这些指标中的有效信息构建金融系统性风险综合指标，进一步量化金融系统性风险对经济政策不确定性的影响。实证结果如表7-4所示。

表7-4　金融系统性风险对经济政策不确定性的分位数回归结果

变量名	$\tau = 0.2$	$\tau = 0.5$	$\tau = 0.8$
Panel 1：单个金融系统性风险测度指标			
CoVaR	0.1532 ***	0.1252 *	0.1135 *
ΔCoVaR	0.1272 ***	0.1152 ***	0.1062 ***
MES	0.1523 ***	0.1264 ***	0.1105 ***
CATFIN	0.0283 *	0.0828 ***	0.0549 ***
Abs	0.0019	0.0269	0.0216 **
ΔAbs	0.0002	0.0177 *	0.0408 *
Average_Cor	0.0335 **	0.0117	0.0025
Volatility	0.0097	0.0095	0.0129
Book_lev	0.1773 ***	0.1395 ***	0.0705 ***
Market_lev	0.1332 ***	0.0857 ***	0.0022
Size_concen	0.0134	0.0128	0.0046
AIM	0.0968 ***	0.0933 ***	0.1523 ***
Credit_spread	0.0211	0.0182 *	0.0101
Term_spread	0.0052	0.0413 **	0.0784 ***
Panel 2：金融系统性风险综合指标			
PCQR	0.2816 ***	0.2569 ***	0.2412 ***

注：①分位数回归被解释变量为经济政策不确定性。②$\tau = 0.2$，0.5，0.8分别表示0.2、0.5和0.8三个分位数点。③Panel 1为单个系统性风险指标月度数据的实证结果，Panel 2为金融系统性风险综合指标的实证结果。④表中估计值为分位数回归的拟合优度R^2，*、**和***分别代表显著性水平10%、5%和1%。

表7-4中，Panel 1为单个金融系统性风险指标对经济政策不确定性分位数回归结果。总体而言，各金融系统性风险指标对经济政策不确定性影响显著。尽管每个金融系统性风险指标对金融风险的反映不同，但这些指标均能在一定程度上反映我国金融系统性风险的共同特征，从而会从不同方面影响政府经济政策的制定。具体而言，在0.2、0.5和0.8分位点，14个系统性金融指标中分别有8个、10个和9个指标对经济政策不确定性具有显著影响。此外，ΔCoVaR、MES、Book_lev和AIM在0.2、0.5、0.8分位点具有较高的显著性水平，Abs和Term_spread在高分位点（$\tau=0.8$）上有较高的显著性，而低分位点不具有显著性。代表金融机构自身脆弱性的CoVaR、ΔCoVaR、MES、CATFIN，代表市场波动与不稳定性的Book_lev、Market_lev，以及代表市场流动性的AIM对于未来经济政策的不确定性具有显著的预示作用。而对比不同金融系统性风险指标在不同分位点的R^2可以发现，有8个金融系统性风险测度指标在0.2分位点中的R^2均大于0.5和0.8分位点的对应值，说明金融系统性风险指标对经济政策不确定性的下尾分布拟合更好，对中间和上尾拟合相对较差，反映了金融系统性风险的增加会导致经济政策的不确定性增加，而金融系统性风险的降低则对经济政策不确定性产生的影响有限。究其原因，当金融市场处于平稳时期，系统性风险水平较低，政府和监管当局不会大批量出台政策，经济政策不确定性水平平稳。但当金融市场发生异常，金融系统性风险增加时，则需要政府和监管当局出台相应政策，从而引发经济政策不确定性水平上升。

表7-4中，Panel 2为通过主成分分位数回归法构造的金融系统性风险综合指标对经济政策不确定性的分位数回归结果。PCQR在0.2、0.5、0.8分位点回归的R^2分别为0.2816、0.2569、0.2412，都高于单个金融系统性风险指标的R^2，说明所构造的金融系统性风险综合指标更能反映其与经济政策不确定性的影响。

图7-3为利用主成分分析法构造的金融系统性风险综合指标的时间序列。在图7-3中，3条虚线代表提取出来的3个主成分。构成金融系统性风险综合指标的这3个主成分分别对应不同的维度，且随着我国经济的发展和经济政策的颁布处于不断变化之中。金融系统性风险综合指标的3个主成分在2008年全球金融危机、2013年"钱荒"、2015年"股灾"阶段急剧上升。综合3个金融系统性风险的主成分来看，在经济政策平稳阶段，

我国金融系统性风险水平处于较低阶段。在危机爆发阶段，政府频繁发布宏观经济政策调控市场，经济政策不确定性显著增加。目前我国经济转型进入关键阶段，从图 7-3 中可以看出，2018 年后，我国经济仍面临经济下行压力，金融系统性风险水平不断积聚，可能会对经济政策的制定造成一定的影响，导致经济政策不确定性水平上升。

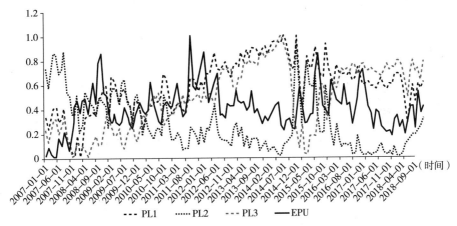

图 7-3　2007 年 1 月至 2018 年 12 月系统性风险成分指数时间序列

（三）经济政策不确定性对金融系统性风险的影响

现在，反过来探讨经济政策不确定性对金融系统性风险的影响。这时，被解释变量为金融系统性风险，为控制其他变量对金融系统性风险带来的影响，本章借鉴 Ouyang 等（2020）、Härdle 等（2016）和陈国进等（2017，2018）的方法，将股票市场收益率、汇率、金融机构信贷、收益率变动、利率波动率、汇率波动率和房地产超额收益作为状态控制变量。表 7-5 为控制变量的选择和其计算方法。可以建立如下计量模型：

$$Q_t(y_{t+1} \mid I_t) = \beta_{\tau,\,0} + \beta_{\tau} EPU_t + \gamma_t Control_t + \varepsilon_i \qquad (7\text{-}4)$$

式（7-4）中，EPU_t 代表经济政策不确定性指数，$Control_t$ 为控制变量。

表 7-5　控制变量的选择和计算方法

控制变量	计算方法或说明
股票市场收益率	上证指数月收益率

续表

控制变量	计算方法或说明
汇率	美元兑人民币汇率
金融机构信贷	金融机构新增人民币贷款（亿元）
收益率变动	1年期国债即期收益率的变动水平
利率波动率	1月期上海银行间同业拆放利率标准差
汇率波动率	汇率标准差
房地产超额收益	房地产指数收益率与股票市场收益率之差

表7-6为经济政策不确定性对金融系统性风险的分位数回归结果。总体而言，经济政策不确定性对各金融系统性风险有显著的关系，这说明经济政策不确定性对金融系统性风险具有一定的影响。从拟合效果来看，经济政策不确定性对绝大多数单个金融系统性风险测度指标拟合效果较好，但不够稳健，而经济政策不确定性与利用主成分分位数回归法构造的金融系统性风险综合指标具有显著而稳健的拟合能力。整体来看，经济政策不确定性对金融系统性风险在0.2分位点拟合效果最好，0.5分位点次之，0.8分位点拟合效果最差。

表 7-6 经济政策不确定性对金融系统性风险的分位数回归结果

变量名	$\tau = 0.2$	$\tau = 0.5$	$\tau = 0.8$
Panel 1：单个金融系统性风险测度指标			
CoVaR	0.1424 ***	0.1184 ***	0.1218 **
ΔCoVaR	0.1212 ***	0.1124 ***	0.1731 *
MES	0.1258 **	0.1016 **	0.0841 *
CATFIN	0.1241 **	0.1051 **	0.0931 **
Abs	0.1351 ***	0.1512 *	0.1445 *
ΔAbs	0.1263 **	0.1452 **	0.1572 **
Average_Cor	0.0951 **	0.0841 *	0.0951
Volatility	0.0957 *	0.1135	0.0831
Book_lev	0.1463 **	0.1238 **	0.1025 *

续表

变量名	$\tau = 0.2$	$\tau = 0.5$	$\tau = 0.8$
Panel 1：单个金融系统性风险测度指标			
Market_lev	0.1256*	0.1052*	0.9251
Size_concen	0.0421	0.0386**	0.0913*
AIM	0.0833*	0.0732*	0.0353
Credit_spread	0.0032**	0.0245*	0.0083
Term_spread	0.0043**	0.0081**	0.0095*
Panel 2：系统性风险综合指标			
PCQR	0.2918***	0.2642***	0.2358***

注：①分位数回归被解释变量为金融系统性风险。②Panel 1 为单个系统性风险指标月度数据的实证结果，Panel 2 为金融系统性风险综合指标的实证结果。③表中估计值为分位数回归的拟合优度 R^2，*、** 和 *** 分别代表显著性水平 10%、5%和 1%。

第四节
研究小结

　　本章从机构极值风险、传染效应、波动与不稳定性和流动与信用风险四个层面、14 个金融系统性风险测度指标出发，结合分位数格兰杰因果检验，并基于主成分分位数回归研究我国金融系统性风险和经济政策不确定性之间的关系。研究发现：第一，经济政策不确定性与金融系统性风险存在双向格兰杰原因，这一方面是由于中国金融市场是典型的"政策性市场"，一些政策的出台可能导致金融市场的剧烈波动从而引发金融系统性风险；另一方面也说明当前我国金融市场仍存在诸多问题，当金融市场出现异常时，金融系统性风险增加，政府和金融监管机构将不得不出台相应的经济政策，导致经济政策不确定性水平上升。第二，单个金融系统性风险指标与中国经济政策不确定性的拟合效果存在差异性，其中机构极值风险类的测度指标与经济政策不确定性的双向拟合效果均较好，说明金融系统性风险对经济政策不确定性具有较好的预示作用，同时，经济政策不确定性对金融系统性风险也会产生一定的影响。第三，采用主成分分位数回归构建的金融系统性风险综合指标与经济政策不确定性指数的拟合效果更好，这主要归功于金融系统性风险综合指标克服了各单个指标仅能从某一方面刻画金融系统性风险的缺陷。第四，经济政策不确定性不能起到"稳定器"效果，其对系统性风险加剧有助推作用，同时系统性风险的上升也会倒逼经济政策不确定性的增加。

　　本章的结论为当前我国处理金融系统性风险和经济政策不确定性关系时提供了重要启示。一方面，经济政策的不确定性与金融系统性风险存在显著影响关系，这就要求防范经济政策不确定性与金融系统性风险的双向传导机制的负面影响。防范金融风险不仅需要监控金融体系的压力和风险，还要完善对经济政策不确定性水平的测度和监控，保持经济政策的一致性和连贯性，利用各种舆论工具正确引导国民预期，并根据金融市场运行状况对经济政策做出适时调整，防止因经济政策的频繁变动影响舆情，造成"羊群效应"，对金融市场的平稳发展产生冲击。另一方面，在反映金融系统性风险水平中，机构极值风险的效果最好，然后是波动与不稳定性，它们对未来经济政策的不确定性具有较好的预示作用，政府和监管者应利用这些金融系统性风险指标判断未来的经济趋势，提前做好经济政策调控准备。

复杂网络与金融系统性风险
传染效应的理论分析

从形态上来说，复杂网络与复杂系统是同构的，运用复杂网络研究金融系统性风险传染效应，实质上是研究复杂系统上的网络特征与金融系统性风险传染效应的关系。本章首先从复杂网络内涵和金融系统性风险传染机制出发，从整体上分析复杂网络与金融系统性风险传染效应的总体关系；其次分别从节点的度、影响力中心和网络连接性等网络拓扑性质，以及小世界特性与无标度特性等网络结构特性，并将其拓展至有向网络，分析金融风险传染效应。

第一节
复杂网络与金融系统性风险传染效应关系研究

基于复杂网络的金融系统性风险传染效应研究，既可以从复杂网络的统计特征入手，研究网络基本几何特征与金融系统性风险传染效应的关系，识别金融网络中的关键节点，分析金融风险传染强度；也可以从复杂网络的形成理论入手，研究网络形成与系统性风险传染效应之间的关系，分析金融系统性风险的形成、积累、爆发和释放。从理论上来看，复杂网络与系统性风险具有相似特征，如非线性、突发性和不平衡性等。

一、复杂网络的内涵

目前对于复杂网络尚未形成统一的定义，复杂网络可以看作一个高度抽象的复杂系统。复杂系统中存在大量的个体（或元素），这些个体（或元素）之间具有某种联系，且这种联系随时间而变化。我们将系统中的个体（或元素）作为节点，个体（或元素）之间的联系作为边，联系的强度作为边的权重，将复杂系统构建成一个复杂网络。因此，任何一个包含大量个体（或元素），且个体（或元素）之间具有复杂联系的系统均可看作一个复杂网络。在计算机科学中，通过运用邻接矩阵来构建复杂网络。

根据国内外研究成果，利用复杂网络研究金融风险，最常用的网络类型有两种：无向加权网络和有向加权网络，如图 8-1 所示。图 8-1 （a）

的沪深 300 双层行业指数网络是无向加权网络，图片来源于 Long 等（2017）的研究，其中节点表示行业，节点间的连边表示行业之间的相关系数。图 8-1（b）的银行间网络传染是有向加权网络，图片来源于 Aldasoro 等（2017）的研究，其中节点表示银行，节点大小表示银行总资产，节点之间的有向连边表示银行间的借贷关系，如从节点 6 到节点 2 的箭头表示银行 6 通过贷款给银行 2，与银行 2 相连接，边的宽度表示交易量。

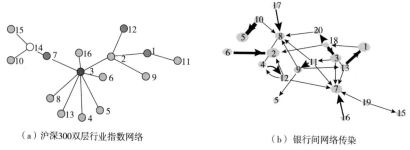

（a）沪深300双层行业指数网络　　　　（b）银行间网络传染

图 8-1　两种常用的网络类型

二、复杂网络的发展

网络科学起源于 18 世纪 Euler 对七桥问题的研究，Euler 对七桥问题的分析和论证，开创了图论（Graph Theory）这一数学分支。但图论只是分析小规模网络和规则网络的工具，其后匈牙利学者 Erdos 和 Renyi 将随机方法引入图论，开始了复杂网络理论的系统性研究。随后，对于复杂网络的研究主要集中在网络的拓扑性质、网络的传播模型（Kitsak et al.，2010）、网络的同步（Wang and Chen，2002）、网络的社团结构（Newman，2012）和网络博弈（Rong et al.，2007）等领域。

随着复杂网络理论的发展和完善，许多学者发现复杂网络可以对现实世界各种复杂系统进行抽象建模，例如航空网（Guimerá and Amaral，2004；韩定定等，2017）、企业董事网（Battiston and Catanzaro，2004；马磊，2016）和基因网络（Chai et al.，2014；李雪瑞等，2018）等。金融市场是一个大型复杂系统，金融机构间以及不同金融市场间业务往来复杂且密切，其相互关联性较强。许多学者开始将复杂网络运用到金融领域，以金融市场中的金融机构或金融市场为节点，以金融机构间或金融市场间的业务往来关系为连边依据，构建金融网络，运用拓扑性质和传播理论考察金融市场内或金融市场间的网络结构和演化规律（Kanno，2016；谢赤等，2017）。

三、金融系统性风险传染机制分析

根据国内外学者对金融系统性风险的研究，金融系统性风险的演化机制大体可分为风险累积、爆发和扩散三个阶段。相较于风险爆发和扩散两个阶段，风险积累是耗时最长的一个阶段。当风险积累到一定程度后，一个冲击就可以成为风险爆发的导火线，这个冲击可以是金融体系内部或金融体系外部的冲击，如某个金融机构的倒闭或某项政策的实施。在风险扩散阶段，金融系统性风险具体表现为金融危机转化成危机蔓延，即金融危机通过某些渠道或路径传染至整个金融体系，继而扩散至实体经济。

那么，金融系统性风险是如何传染的呢？下面从直接传染机制和间接传染机制两个方面进行分析。直接传染机制包括资产负债渠道、支付体系渠道和融资风险渠道，对于资产负债渠道，金融机构间密切的业务往来形成了金融机构间复杂的资产负债关系，杠杆率和经营风险提高。当金融机构遭遇冲击时，该冲击会沿着资产负债渠道传染至另一相关联的金融机构，形成机构间的风险共担。对于支付体系渠道，支付体系关系到金融机构间的资金流动，当金融机构陷入流动性困境时，该危机通过支付体系渠道传染至另一金融机构，影响另一金融机构的交易头寸。对于融资风险渠道，金融机构间存在融资联系，当金融机构遭遇危机无法从其他金融机构进行融资时，与该机构存在融资关系的金融机构无法及时收回其信贷资金，风险将通过融资链条进行传递。间接传染机制包括业务趋同、经营模式高度相关和"羊群行为"，对于业务趋同和经营模式高度相关，目前不同金融机构间的业务模式和经营模式高度相关，公众对不同金融机构有相同的预期，整个金融体系的杠杆程度提高。当金融危机爆发时，由于公众预期和杠杆率，风险会快速传染至整个金融体系，金融市场的系统性风险加剧。对于"羊群行为"，当某一金融机构遭遇危机时，由于公众的恐慌心理及跟风行为，风险会被扩大至整个金融体系，影响金融机构的经营环境。

四、有向复杂网络与金融系统性风险的总体关系

从复杂网络或复杂系统的角度看，系统的稳定性在于网络结构、个体（或元素）的稳定性和个体间（或元素间）的作用力。从金融系统的角度来看，金融系统的稳定性在于金融网络结构、金融机构的稳定性和金融机构间的相互联系。

从形态上说，复杂网络与复杂系统是同构的，而金融系统本身就是一个复杂系统，因此复杂网络与金融系统是同构的。我们可以通过复杂网络与金融系统的同构性，运用复杂网络的网络特征来研究金融风险传染效应。例如，哪些金融机构的联系最广（哪些节点具有较多的边）、哪些金融机构在风险传染渠道中占据重要位置（哪些节点的平均路径最小）等。也可以研究金融系统性风险的积累和分散（网络的形成）、金融系统的稳定性（网络的稳定性）、金融机构间的传染路径和传染速度（网络结构）等。

关于有向复杂网络与金融系统性风险之间的关系，具体可以把金融系统看成一个复杂网络，其节点代表金融机构，边表示金融机构间的联系，边的权重表示金融机构间联系的强度，边的方向性表示机构间联系的方向性。金融网络的度中心、影响力中心和网络连接性反映金融风险传染效应不同方面的特征，度中心反映金融机构的"太联系不能倒"，影响力中心反映金融机构的"太系统不能倒"，网络连接性反映金融机构的风险积累和分散，网络的方向性反映金融机构风险传染路径。金融网络的小世界特性和无标度特性反映出随机冲击对金融网络的影响不大，但风险一旦蔓延，其传染速度很大，这与金融系统"健壮又脆弱"的特性相符。

第二节
网络拓扑性质与金融系统性风险
传染效应关系研究

复杂网络理论已开展了一系列网络拓扑性质研究，目前已将其映射到

金融系统，研究网络拓扑性质与金融系统性风险传染效应的关系。节点的度和影响力中心是复杂网络演化的主要贡献者，对应于金融系统中，是金融风险传染中的系统重要性机构。网络连接性包括网络连接的数量和网络连接的强度，是复杂网络稳定性的主要控制者，对应于金融系统中，是金融风险传染的路径、速度和强度。大部分网络拓扑性质的定义是针对无向无权网络而言的，这里，先介绍无向无权图的网络拓扑性质，再将其扩展至有向加权网络中。

一、节点的度

一般情况下，用邻接矩阵来表示复杂网络，邻接矩阵中的元素表示复杂网络节点的连接关系及连接权重。在有向加权网络中，若节点 i 存在指向节点 j 的连接，则邻接矩阵中的元素 $a_{ji} \neq 0$，元素 a_{ji} 的值为节点 i 与节点 j 之间的连接权重。同理，若节点 j 存在指向节点 i 的连接，则邻接矩阵中的元素 $a_{ij} \neq 0$，元素 a_{ij} 的值为节点 j 与节点 i 之间的连接权重，这里，$a_{ij} \neq a_{ji}$。若节点 i 不存在指向节点 j 的连接，则邻接矩阵中的元素 $a_{ij} = 0$，特别说明，节点 i 不存在指向节点 j 的连接，并不意味着节点 j 不存在指向节点 i 的连接。定义有向加权网络中节点 v_i 的入连接数为该节点的入度，其数学表达式为 $D(v_i) = \sum_{j=1}^{N} a_{ij}$，$i \neq j$；节点的出连接数为该节点的出度，其数学表达式为 $D(v_i) = \sum_{j=1}^{N} a_{ji}$，$i \neq j$；网络的度定义为网络中所有节点 v_i 的入度和出度之和，其数学表达式为 $D(G) = \sum_{i=1}^{N} (\sum_{j=1}^{N} a_{ij} + \sum_{j=1}^{N} a_{ji})$。

在有向加权网络中，入度数最大的节点，也就是输入的连接边数最多的节点；出度数最多的节点，也就是输出的连接边数最多的节点。对应于金融系统中，入度数最大的金融机构，也就是输入联系最广泛的金融机构；出度数最大的金融机构，也就是输出联系最广泛的金融机构。根据节点度的数学表达式可以发现，节点的度只与该节点有直接联系的节点相关，是网络的一个局部度量。这里，称节点度数最大的节点为复杂网络的度中心。

二、影响力中心

影响力中心一般情况下是指对网络影响最大的节点，如互联网页中非常重要的网页，金融网络中的系统重要性金融机构等。目前确定影响力中心的方法主要包括两种：特征向量中心和∂中心。

据以往研究成果发现，∂中心比特征向量中心所适用的网络类型更广泛。特征向量中心适用于两种网络类型：一是对称关系的网络；二是不对称但节点的入度数均不等于零的网络。∂中心除了适用于以上两种网络类型外，还适用于不对称也不反对称关系的网络、反对称关系的网络两种网络类型。∂中心是根据节点的具体特性与邻接矩阵来定义的，将网络中每一节点的具体特性与该节点的连接权重相结合，其结合值最大的节点为∂中心，即影响力中心。

在有向加权网络中，根据入度与出度的思想，结合∂中心的定义，定义输入影响力中心和输出影响力中心。将节点具体特性与该节点输入连接权重相结合，输入影响力中心就是其结合值最大的节点。将节点具体特性与该节点输出连接权重相结合，输出影响力中心就是其结合值最大的节点。从定义上看，影响力中心不仅取决于节点的连接边数和连接权重，还取决于网络中每个节点的具体特性。对应于金融系统中，影响力中心不仅取决于机构的输入联系或输出联系，还取决于机构的规模、杠杆率等具体特性。

三、网络连接性

从复杂系统角度看，系统中个体（或元素）之间联系的生成或消失意味着系统能量的吸收和释放。对应于金融系统中，机构之间联系的生成或消失意味着风险的传染和释放。

在金融网络中，单个金融机构分散风险，会增加连边数量，进而增加其他机构的风险。在风险积累阶段，分散在金融网络中的风险并没有消失，而是储存在金融系统中，被系统吸收，转化为系统风险。大量研究成果表明，高连接网络比低连接网络更稳定。从复杂网络理论来解释，高连接网络的连边数量较多，其蕴含的系统风险较多，但系统更稳定，当受到较小冲击时，该冲击所产生的风险会被系统吸收，从而增加了高连接网络的系统风险。低连接网络的连边数量较小，其蕴含的系统风险较小，但系统不稳定，当受到较小冲击时，该冲击会干扰系统的正常运行，引发金融系统性风险，造成网络连接断裂，机构间联系断开，从而释放出更多的风险。从系统性风险的严重程度来看，当遭受较大的外部（或内部）冲击时，高连接网络与低连接网络最终转化为同一网络类型。

第三节
网络结构与金融系统性风险传染效应关系研究

大量研究表明，不同国家、不同地区和不同时期的金融系统，其金融网络结构会有所差异，但总体上呈现复杂网络的一般特性：小世界特性和无标度特性。另外，网络结构越密集的系统，其风险传染速度越快。

一、小世界特性

复杂网络的小世界特性是指尽管网络规模很大，但网络中任意两个节点有一条相对较短的路径。金融网络具有小世界特性，意味着金融系统中任意两个金融机构之间有一条相对较短的联系路径。当系统性风险发生时，风险能够沿着机构间相对较短的路径进行传播，风险传染速度较快。那么，金融网络为什么具有小世界特性？根据国内外研究成果，大部分金融机构通常与规模较大的金融机构进行交易，在金融体系中规模较大的金融机构数量较小，因此大部分金融机构可以通过规模较大的金融机构进行联系，其联系路径距离较短，金融网络具有小世界特性。

二、无标度特性

复杂网络的无标度特性是指网络中节点的度分布极度不均匀，极少数节点与其他节点有较多的连接，我们称这些极少数节点为"中心节点"，而大部分节点与其他节点有较少的连接。

金融网络具有无标度特性，意味着具有较多连接的极少数金融机构是金融网络稳定的关键。当金融系统受到随机冲击时，该冲击所引起的风险传染速度较慢，系统性风险较小。当金融系统中的"中心节点"受到冲击时，该冲击所引起的风险传染速度较快，系统性风险较大。那么，金融网络为什么具有无标度特性？根据国内外研究成果，规模大的金融机构管理更规范，且由于社会和经济等方面的原因国家会特别关注规模大的金融机构，尽量避免规模大的金融机构倒闭，从而规模大的金融机构更稳定。大部分金融机构趋向于与规模大的金融机构交易，规模大的金融机构具有较多的连接，且规模大的金融机构数量较少，因此规模大的金融机构是金融网络中的"中心节点"，金融网络具有无标度特性。

第四节
研究小结

本章主要从理论上分析了复杂网络与金融系统性传染效应的关系。首先介绍了复杂网络的内涵，分析了有向复杂网络与金融系统性风险的关系；其次从节点的度、影响力中心和网络连接性等方面分析了网络拓扑性质与金融系统性风险传染效应关系；最后从小世界特性和无标度特性两个方面探讨了网络结构与金融系统性风险传染效应关系。这些工作为后续进一步利用复杂网络方法研究金融系统性风险的传导效应和预警方法打下了基础。

第九章

嵌入网络舆情指数的中国金融机构
系统性风险传染效应研究

第一节
引言

2008 年由美国房地产泡沫和金融衍生工具杠杆所引发的次贷危机波及全球，规模空前。与传统次贷危机不同，此次危机将银行、房地产行业、保险公司、对冲基金和消费者等社会经济主体连成了一个经济利益共同体，共同承担风险因素，使次贷危机迅速演化成全球金融危机，金融风险传染是引起此次全球金融危机的重要原因之一。

随着金融自由化和经济全球化的发展，保险业、证券业、银行业和互联网金融服务业等各个行业陆续实施混业经营模式，不同行业之间的业务联系更加密切和复杂，市场主体间的关联性和互动性不断增强，风险敞口增大。2017 年我国中央经济工作会议明确指出，要高度重视金融风险的防控，提高和完善监管能力，避免金融系统性风险的发生。党的十九大报告也强调，要改革金融体制，完善金融监管体系，守住不发生系统性金融风险的底线。因此，分析金融风险传染效应，识别金融风险传染中系统重要性金融机构，对防范化解金融风险有重要意义。

面对金融体系各主体关系日益复杂的现象，2010 年欧洲央行在《金融稳定评估报告》中建议运用复杂网络方法来研究金融机构间错综复杂的关系。近年来，越来越多的学者利用复杂网络方法来研究金融机构的风险传染效应、评估金融风险传染中系统重要性金融机构。目前，对此的研究大体分为两大块：一是构造无向金融网络（Dahlqvist and Gnabo, 2018；唐振鹏等，2016）；二是构造有向金融网络（Shahzad et al. , 2018；刘超等，2017；欧阳资生等，2020），进而通过复杂网络的测量指标研究系统重要性金融机构，分析系统性金融风险的传染渠道和传染路径。

对于无向金融网络构建的研究，国内外学者主要以金融机构之间的相互关系作为网络连边依据，包括金融时间序列相关系数、金融机构相互持有债权和金融机构间的商业信用关系等。Zeng 等（2016）以 2011～2014

年在纽约证券交易所交易的 2109 只股票的每日收盘价作为样本，以股票间的相关系数为基础构建网络，并运用边缘覆盖和模拟退火算法，对股票市场网络进行分析，发现股票市场网络具有非分形特征，为风险管理提供了新的视角。Ma 等（2018）利用金融机构间的商业信用关系，构建了一个内生网络，结合网络拓扑性质，发现贸易伙伴的选择范围、实际产出、劳动力需求、中间产品价格和员工工资，所有这些参数的增加将导致更高的系统性风险。李岸等（2016）以 2000~2015 年全球 40 只股票为样本，利用相关系数和 DCC-MVARCH 模型分别构建收益率联动网络和波动率联动网络，分析金融网络风险传染。谢赤等（2018）以随机矩阵理论和相关系数为基础，运用阈值法构建全球股票网络，从动态视角分析股票网络的拓扑结构特征，解释网络中的风险传染效应。

国内外学者从不同角度对金融网络金融系统性风险传染进行了研究，大多数研究表明网络结构是影响金融系统性风险传染的关键，但构建的网络结构大多为无向网络，因此不能较好地分析系统性风险的变化规律。随着复杂网络方法不断深入地运用到金融领域，国内外学者除了以相关系数作为连接依据外，开始使用风险溢出作为网络邻接矩阵依据，建立有向金融网络，分析系统重要性金融机构以及风险传染渠道。Betz 等（2016）以 51 家欧洲银行和 17 个主权国家为样本，改进了 VaR 的计算方法，修改后的 VaR 包含具体特征量和宏观变量，更能捕捉尾部风险及依赖性，通过加权回归套索算法方法得出公司或主权国家的 VaR 值，进而构建有向网络图，分析金融风险传染网络的拓扑性质，估算系统性风险贡献。Shahzad 等（2018）采用双变量交叉方法，根据看跌、正常和看涨的市场情景，检验 58 个国家股票市场的溢出网络结构，分析风险传染的方向性和风险传染中的关键节点，找出可能导致全球系统性风险的股票市场。刘超等（2017）基于风险溢出视角，运用 GARCH 模型和广义预测误差方差，以广义预测误差方差分解所计算的方差贡献度作为邻接矩阵，构建金融风险溢出网络，分析风险传染的方向和强度，并利用节点中心度考察风险中心及风险演化。刘海云等（2018）以全球 40 个股票市场为样本，运用因子多元随机波动模型，构建系统性风险溢出网络，分析国际股票市场系统性风险溢出的整体特征。

系统性风险被认为是"许多市场参与者同时遭受损失，并且迅速扩散到整个系统"的风险。VaR 虽然是度量金融风险的一个很好的指标，但其无法对整体的金融风险进行刻画，并将低估不同金融机构的尾部风险溢出效应（Adams et al.，2014）。因此，条件在险值法（CoVaR）（Adrian and Brunnermeier，2008）等风险测度方法被提出，CoVaR 主要测度当金融市场陷入困境时，个体金融机构对于整个金融体系的风险贡献程度，并进一步刻画系统性风险的整体水平和金融机构间的风险溢出效应。然而，普通的 CoVaR 模型是对称的，忽视了金融机构正负收益率对金融系统风险溢出的不对称性。为此，López-Espinosa（2012）对 CoVaR 方法进行了改进，构建了一个非对称 CoVaR 模型，并说明其在度量系统性风险相关指标的优势。

　　网络舆情与股票市场有很强的关联性已达成共识，将网络舆情应用到金融风险分析中的主要途径是通过研究投资者关注和投资者情绪的变动情况来反映网络舆情对股票的收益率和波动性的影响。事实上，网络舆情对金融系统性风险起推波助澜的作用，金融危机时期，股市往往会发生"羊群效应"，消极的网络舆情的传播促使大量投资者抛售股票，使系统性风险迅速增大，这意味着将网络舆情引入金融系统性风险模型将有利于提升模型的准确率，例如作为衡量网络舆情关注程度的搜索引擎数据已经应用于股市波动性的研究中。Hamid 和 Heiden（2015）通过使用搜索引擎数据来衡量投资者对股市指数的关注度，借助 AR 模型、ARFIMA 模型和 HAR 模型，分析搜索引擎数据与股市波动性之间的关系，从而预测每周波动率。徐晓光等（2017）运用广义溢出指数法，分析中国内地与中国香港股市波动溢出及风险传染等问题，实证结果表明网络舆情变化、规模效应等对中国香港与内地股市间的波动溢出有一定的影响。陈其安和雷小燕（2017）以利率为变量，以投资者效用最大化为决策目标，建立数学模型，对 2006~2014 年的网络舆情、股票市场指数收益以及中国货币政策进行实证分析，结果表明网络舆情与中国股票波动性正相关。由此可见，网络舆情对股市波动性具有一定的影响，而股市波动性恰恰是 VaR 的来源。为了分析网络舆情对金融机构系统性风险的影响，参照 Härdle 等（2016）、Fan 等（2018）的研究，将构建的网络舆情指数嵌入 CoVaR 模型中，考虑到金融市场收益率的尖峰厚尾性和网络舆情指数及金融风险传染的过程是动态非线性的，本章结合单指标模型与非对称 CoVaR 模型构建单指标非对称

CoVaR 模型，利用局部估计方法和分位数套索算法估计该模型参数，并以此为基础构建金融赋权有向网络，从整体、行业、个体三个角度对金融网络进行分析，识别金融风险传染中的关键节点，分析指数与金融风险传染的关系。

第二节
研究方法

一、网络舆情指数构建

目前学术界对于网络舆情的度量没有统一的标准，根据当前研究，网络舆情指数可分为三类：第一类是通过市场调查得到投资者对未来市场的看法，以度量网络舆情。例如，美国个人投资者协会构建的 II（Investor Intelligence）机构投资者情绪指数（Lee et al.，2002）、国内的央视看盘指数等。第二类是由市场宏观变量，如 IPO 数量、消费者信心指数、投资者信心指数和宏观景气指数等，通过主成分分析得到综合的网络舆情指数（Baker and Wurgler，2004；宋泽芳、李元，2012；陈荣达等，2019）。第三类是通过网络爬虫文本分析的方法度量网络舆情（Antweiler and Frank，2004；Loughran and McDonald，2011）。总体来看，目前网络舆情指数缺乏一定的实时性和缺少个股情绪的度量方法。随着互联网的发展，财经股吧等论坛为投资者提供了专业的评论交流平台，他们可以表达任何对公司经营财务状况和股票交易经验等的看法，因此更能反映网络舆情。但是目前对于网络舆情指数的构建，大多只考虑了舆情的方向，而忽视了舆情程度的大小，使网络舆情的度量不准确。为了克服这一缺点，笔者进一步对网络舆情的程度做了量化分析，从而刻画网络舆情。

本章股吧评论数据来源于我国股票市场上最具影响力、用户访问量最大的股票网络论坛东方财富股吧，借鉴 Antweiler 和 Frank（2004）的方法，采用个股的帖子评论作为网络舆情代理变量。参照金融市场研究中常用的机构选取方法，考虑到数据的完整性，从银行业、保险业和证券业共选取

51 家有代表性的上市金融公司数据进行研究，期望了解整体金融市场的变动情况。因此，通过网络爬虫技术收集了 2015 年 1 月至 2019 年 3 月沪深 A 股 51 家上市金融机构股吧评论数据，包括帖子标题、点击量、回复数、发帖用户名、发帖时间以及帖子内容，总计数据条数为 3853523 条。构建网络舆情指数的整体思路为：第一步，利用 Python 爬取东方财富网股吧金融机构的股吧评论数据，数据内容包括帖子标题、点击量、回复数、发帖用户名、发帖时间以及帖子内容。第二步，对每条帖子的评论数据进行去除广告贴，去除重复内容等数据预处理工作。第三步，对数据进行分词处理，由于中文语句与英文语句不同的是基本构成要素为汉字而非单词，因此采用 jieba 分词将每条评论拆分成词组集合，在汪昌云和武佳薇（2015）、You 等（2017）构建的金融词库和正负面情感词分类的基础上，添加了 jieba 词库、搜狗金融词库、股市术语以及股吧常用语，而后根据正负面情感词分类进行匹配处理，并按照文章分词结果的词频进行修正，最终整理出金融情感词库（其中负面词汇 11577 个，中性词汇 5454 个，正面词汇 10404 个）。第四步，根据第三步分词组合构建网络舆情指数，并根据市值加权得到金融市场的网络舆情指数。

将网络舆情分为三类：正面舆情、中性舆情和负面舆情，并对每一条评论进行分词，分别计算正面、中性和负面词汇的数量，将正面词汇得分设定为 1，中性词汇得分设定为 0，负面词汇得分设定为 -1。若情感词前存在否定词，则情感倾向发生改变，我们将该条评论的情感权重设定为 -1，当存在"太""无比"等程度强的副词时，权重设定为 2，存在"仅仅""有点"等程度弱的副词时，权重设定为 0.5。网络舆情指数的计算公式如式（6-8）所示，这里不再重复。

为比较本章构建的网络舆情指数与金融市场舆情常用指数的相关性，考虑将中国证券市场投资者信心指数作为对比分析。图 9-1 为 2015 年 1 月至 2019 年 3 月金融机构整体的网络舆情指数和中国证券市场投资者信心指数时间序列趋势。从图 9-1 中可看出，笔者所构建的网络舆情指数与中国证券投资者保护基金公司发布的中国证券市场投资者信心指数这两种指数走势大致相同，但网络舆情在危机时期的波动更加剧烈，且能更好地反映市场投资者的负面情绪，因此更加有利于深入研究金融系统性风险。事实上，网络舆情指数在 2015 年呈现急速上升的趋势，这正好对应了 2015 年中国金融市场"股灾"指数急涨急跌的情况。2016 年 1 月"熔断机制"的出台，导致网络舆情大幅度波动，各金融机构受到显著的冲击。由于 2017~2019 年中国经济面临的下行压力仍然很大，相比于往年，投资者对股市的关注也有所减弱，网络舆情指数渐趋平稳。因此，舍弃中国证券市场投资者信心指数而选择笔者所构建的网络舆情指数作为舆情的代表指数嵌入到风险传染模型中。

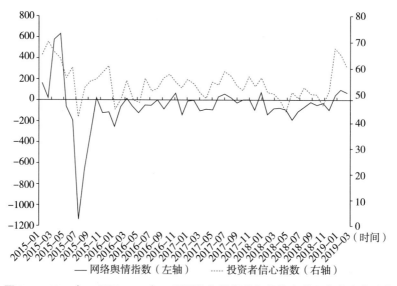

图 9-1　2015 年 1 月至 2019 年 3 月网络舆情指数与投资者信心指数变化趋势

二、模型构建

根据 Adrian 和 Brunnermeier（2016）对 CoVaR 模型的定义，CoVaR 模型的基本表达式如下：

$$P(X_{j,t} \leqslant CoVaR_{j|i,t,\tau} | X_{i,t} = VaR_{i,t}) = \tau \tag{9-1}$$

$$X_{j,t} = \alpha_{j|i} + \beta_{j|i}M_{t-1} + \gamma_{j|i}X_{i,t} + \varepsilon_{j|i,t} \tag{9-2}$$

$$\hat{CoVaR}_{j|i,t,\tau} = \hat{\alpha}_{j|i} + \hat{\beta}_{j|i}M_{t-1} + \hat{\gamma}_{j|i}\hat{VaR}_{i,t,\tau} \tag{9-3}$$

其中，$X_{i,t}$ 表示金融机构 i 在 t 时刻的收益率；$VaR_{i,t,\tau}$ 表示在分位数水平 τ 下，金融机构 i 在 t 时刻的在险价值，其描述的是单个金融机构相互独立的风险，其定义为 $P(X_{i,t} \leqslant VaR_{i,t,\tau}) = \tau$；$CoVaR_{j|i,t,\tau}$ 表示在分位数水平 τ 下，金融机构 i 在 t 时刻陷入困境时，金融机构 j 所面临的在险风险值，

其度量的是金融机构之间的风险溢出程度和传染效应；$\hat{VaR}_{i,t,\tau}$ 是 $VaR_{i,t,\tau}$ 的估计值，$\hat{CoVaR}_{j|i,t,\tau}$ 是 $CoVaR_{j|i,t,\tau}$ 的估计值；M_{t-1} 表示 $t-1$ 时刻的宏观变量。

由于金融机构收益率的正负性与系统性风险的相关性有所不同，单个机构在危机时期与金融系统的相关性更强，因此根据 López-Espinosa 等（2012）、陈国进等（2017）、张瑞和刘立新（2018）的研究，考虑正负收益率对金融机构存在的非对称影响，构建非对称 CoVaR 模型：

$$X_{i,t} = \alpha_{j|i} + \lambda_+^{sys|i} I(X_t^i < 0) + \lambda_-^{sys|i} I(X_t^i > 0) + \beta_{j|i}M_{t-1} + \gamma_{j|i}X_{i,t} + \varepsilon_{j|i,t} \tag{9-4}$$

$$\hat{CoVaR}_{j|i,t,\tau} = \hat{\alpha}_{j|i} + \hat{\beta}_{j|i}M_{t-1} + \hat{\gamma}_{j|i} \hat{VaR}_{i,t,\tau} \tag{9-5}$$

式（9-4）中，$I(X)$ 为示性函数，当金融机构满足条件时为 1，否则为 0。$\lambda_+^{sys|i}$ 和 $\lambda_-^{sys|i}$ 为金融机构正收益率和负收益率时与系统的系数，可以衡量金融机构在不同收益率水平下对金融系统的影响程度。

在 Härdle 等（2016）研究的基础上将模型进一步推广，具体表达式如下：

$$X_{j,t} = g(S_{j,t}^T \beta_{j|s_j}) + \varepsilon_{j,t} \tag{9-6}$$

$$\hat{CoVaR}_{j|s^-_{j,t}}^\tau = \hat{g}(\tilde{S}_{j,t}^T \hat{\beta}_{j|s}) \tag{9-7}$$

式（9-6）中，$g(X)$ 是光滑连接函数；$S_{j,t} = \{X_{-j,t}, M_{t-1}, NPO_{j,t}\}$ 是一个包含收益率、宏观变量和网络舆情指数的集合，$X_{-j,t}$ 是一个除金融机构 j 以外，其他 $k-1$ 个金融机构的收益率集合，k 表示金融机构总数，$NPO_{j,t}$ 表示金融机构 j 在 t 时刻的网络舆情指数。

比较式（9-4）和式（9-6），可知式（9-4）是一个线性回归模型，而式（9-6）是一个单指标模型，且比式（9-4）多了一个变量，即金融机构的网络舆情指数，为了后续描述方便，将改进后的模型称为单指标非对称 CoVaR 模型。该模型具备以下优势：其一，该模型考虑了机构正负收益率对系统性风险产生的非对称影响，相比 Adrian 和 Brunnermeier（2016）的研究，其能更好地刻画系统性风险的尾部特征。其二，该模型包含其他 $k-1$ 个金融机构的收益率，可考虑所有其他金融机构的相互影响效果，能度量单个金融机构风险价值对系统风险价值的直接边际效应和网络溢出效应。其三，将构建的网络舆情指数嵌入到单指标非对称 CoVaR 模型中，有利于分析投资者关注程度与金融风险的关系。其四，单指标非对称 CoVaR 模型能够捕捉由金融网络结构引发的潜在尾部风险依赖性，且单指标非对称 CoVaR 模型是由响应变量与协变量的具体数据得出函数形式的一类模型，具有一定的灵活性，避免模型设定错误引起的误差。

三、模型求解

为了求解单指标非对称 CoVaR 模型，运用线性分位数套索算法与局部多项式方法估计该模型，首先定义 $X_t \in R^p$ 为式（9-6）中的 p 维协变量 $S_{j,t}$，则式（9-6）中的单指标模型可以写成：

$$Y_t = g(X_t^T\beta) + \varepsilon_t \tag{9-8}$$

式（9-8）中，$g(X)$ 为未知连接函数，β 为参数向量，且 β 的第一个分量为正数，$\|\beta\| = 1$，$\|\beta\|$ 为 β 的欧式范数。根据分位数损失函数：$\rho_\tau(u) = u[\tau - I(u < 0)]$，$\tau \in (0, 1)$，得到式（9-8）单指标模型分位数回归的损失函数形式：

$$\sum_{i=1}^{n} \rho_\tau[Y_i - g(X_i^T\beta_\tau)] \tag{9-9}$$

求解式（9-8）可以转化为求解式（9-9）的最小化问题，即：

$$\hat{\beta} = \underset{\|\beta\|=1, \beta_1 > 0}{\arg\min} \sum_{i=1}^{n} \rho_\tau[Y_i - \hat{g}(X_i^T\beta)] \tag{9-10}$$

式（9-10）中，$g(X)$ 为未知连接函数，因此对于式（9-10）的求解应有两个部分：第一，求解未知连接函数 $g(X)$；第二，估计参数 β。由于模型中协变量较多，可能会引发"维数祸根"问题，导致计算困难，参数估计精度下降，为了避免这个问题，对协变量进行变量选择，这里运用参数惩罚方法，使变量选择与参数估计同时进行。

首先，运用局部估计方法求解式（9-10）中未知连接函数 $g(X)$。给定 β，在 $X_i^T\beta$ 的邻域内，$g(X_i^T\beta)$ 的二阶泰勒展开为：

$$g(X_i^T\beta) \approx g(x^T\beta) + g'(x^T\beta)(X_i - x)^T\beta \tag{9-11}$$

令 $a = g(x^T\beta)$，$b = g'(x^T\beta)$，运用局部线性最小化方法对 a 和 b 进行局部拟合，即：

$$(\hat{a}, \hat{b}) = \underset{a, b}{\arg\min} \sum_{i=1}^{n} \rho_\tau[Y_i - a - b(X_i - x)^T\beta]K_h[(X_i - x)^T\beta]$$

$$\tag{9-12}$$

其中，$K_h(u) = h^{-1}K(u/h)$，h 为邻域窗宽，$K_h(X)$ 是一个高斯核函数。

其次，通过内点法对参数 β 进行估计，即：

$$\hat{\beta} = \underset{\|\beta\|=1,\,\beta_1>0}{\arg\min} \sum_{j=1}^{n} \sum_{i=1}^{n} \rho_\tau \left[Y_i - a_j - b_j (X_i - X_j)^T \beta \right] K_h \left[(X_i - X_j)^T \beta \right] +$$

$$\lambda \sum_{j=1}^{p} p(|\beta_j|) \tag{9-13}$$

这里，$\lambda \sum_{j=1}^{p} p(|\beta_j|)$ 是惩罚参数方法，对模型中参数进行惩罚，选择有效协变量，达到降维目的，令整个样本期间内平均 λ 的演变可以表示系统性风险的变化（Yu et al.，2017）。

综上所述，考虑到 $g(X_i^T\beta)$ 是 β 的隐性函数，运用迭代法求解式（9-8），令 $X_{ij}^T = (X_i - X_j)^T$，则具体算法如下：

（1）给定 $\hat{\beta}^{(t)}$，标准化 $\hat{\beta}^{(t)}$，使 $|\hat{\beta}^{(t)}| = 1$，且 $\hat{\beta}_1^{(t)} > 0$，计算：

$$(\hat{a}_j^{(t)},\ \hat{b}_j^{(t)}) = \underset{(a,\,b)}{\arg\min} \sum_{i=1}^{n} \rho_\tau (Y_i - a_j - b_j X_{ij}^T \hat{\beta}^{(t)}) K_h (X_{ij}^T \hat{\beta}^{(t)}) \tag{9-14}$$

（2）给定 $(\hat{a}_j^{(t)},\ \hat{b}_j^{(t)})$，参数 β 估计如下：

$$\hat{\beta}^{(t+1)} = \underset{\beta}{\arg\min} \sum_{j=1}^{n} \sum_{i=1}^{n} \rho_\tau (Y_i - \hat{a}_j^{(t)} - \hat{b}_j^{(t)} X_{ij}^T \beta) K_h (X_{ij}^T \hat{\beta}^{(t)}) + \lambda \sum_{i=1}^{p} |\beta_i| \tag{9-15}$$

其中，$t=1, 2, \cdots, n$ 为迭代次数，$\hat{\beta}^{(t)}$ 为第 t 次迭代参数 β 的估计值。

四、金融有向网络构建

以单指标非对称 CoVaR 模型为基础构建金融有向网络，运用式（9-14）和式（9-15）对式（9-7）求偏导：

$$\hat{D}_{j\,|\,\hat{s_j}} \overset{def}{=} \frac{\partial g(S_{j,t}^T \beta_{j\,|\,s_j})}{\partial S_{j,t}} \Big|_{s_{j,t}=\hat{s}_{j,t}} = \hat{g}'(\hat{S}_{j,t}^T \hat{\beta}_{j\,|\,s}) \hat{\beta}_{j\,|\,\hat{s_j}}^T \tag{9-16}$$

其中，分量表达式为 $\hat{D}_{j\,|\,\hat{s_j}} = \{\hat{D}_{j\,|\,-j},\ \hat{D}_{j\,|\,M},\ \hat{D}_{j\,|\,B},\ \hat{D}_{j\,|\,\lambda}\}$，表示协变量的边际效应；特别地，$\hat{D}_{j\,|\,-j}$ 可以测量整个金融机构的溢出效应，并将它们的演变描述为一个由网络表示的系统，因此利用 $\hat{D}_{j\,|\,-j}$ 构建网络邻接矩阵：

$$
A_S = \begin{array}{c} \\ I_1 \\ I_2 \\ I_3 \\ \vdots \\ I_k \end{array}
\begin{array}{ccccc}
I_1 & I_2 & I_3 & \cdots & I_k \\
\end{array}
\left(
\begin{array}{ccccc}
0 & |\hat{D}_{1|2}^s| & |\hat{D}_{1|3}^s| & \cdots & |\hat{D}_{1|k}^s| \\
|\hat{D}_{2|1}^s| & 0 & |\hat{D}_{2|3}^s| & \cdots & |\hat{D}_{2|k}^s| \\
|\hat{D}_{3|1}^s| & |\hat{D}_{3|2}^s| & 0 & \cdots & |\hat{D}_{1|k}^s| \\
\vdots & \vdots & \vdots & \ddots & \vdots \\
|\hat{D}_{k|1}^s| & |\hat{D}_{k|2}^s| & |\hat{D}_{k|3}^s| & \cdots & 0
\end{array}
\right) \qquad (9\text{-}17)
$$

其中，I_k 代表金融机构，s 表示时间滚动窗口，$\hat{D}_{j|i}^s$ 表示在固定窗口 s 下机构 i 对机构 j 的影响。根据网络的邻接矩阵，定义整体连通性为邻接矩阵元素总和，即 $\sum\limits_{i=1}^{k}\sum\limits_{j=1}^{k}|\hat{D}_{j|i}^s|$，金融机构各行业输入连接连通性为 $\sum\limits_{i=1}^{k}\sum\limits_{j\in g}|\hat{D}_{j|i}^s|$，金融机构各行业输出连接连通性为 $\sum\limits_{i\in g}\sum\limits_{j=1}^{k}|\hat{D}_{j|i}^s|$，其中 g 表示行业中包含的金融机构集合，单个机构之间的连接用邻接矩阵的元素表示，例如 $|\hat{D}_{j|i}^s|$ 表示机构 i 对机构 j 的有向连接，$|\hat{D}_{i|j}^s|$ 表示机构 j 对机构 i 的有向连接。

第三节
数据和宏观经济变量

考虑到我国金融公司的系统重要性和同质性等因素，选择银行、保险、证券和信托的上市金融机构作为研究样本，其中银行类金融机构共 16 家，保险类金融机构共 4 家，证券类金融机构共 25 家，信托类金融机构共 6 家，样本公司和代码名称参见表 9-1。样本期限为 2015 年 1 月 1 日至 2019 年 3 月 31 日，数据来自 Wind 数据库和同花顺数据库，数据频率为周数据。样本期间，各金融机构经历了 2015 年中国股票市场异常波动的冲击，因而选取样本时间区间内的数据可以反映我国近年来金融系统性风险的变化状况。

参考 Adrian 和 Brunnermeier（2016）的研究，选取以下 7 个宏观状态变量：①股票市场收益率，选取上证综指每周收盘的对数收益率表示；②股票市场波动率，反映股票市场的波动情况，选取上证综指周波动率表示；③短期流动性利差，反映短期交易对手的流动风险，用 6 个月期 shibor 和 6 个月期国债利率之差表示；④利率风险，选取 6 个月国债利率，用其前后期到期收益率的差表示；⑤利率期限结构，用 t 时期 6 个月国债利率与 10 年期国债利率之差，减去 $t-1$ 时期 6 个月国债利率与 10 年期国债利率之差表示；⑥违约风险，用 t 时期 10 年期国债利率与 10 年期 AA+级信用等级企业债之差，减去 $t-1$ 时期 10 年期国债利率与 10 年期 AA+级信用等级企业债之差表示；⑦房地产收益率，选取上证房地产指数每周收盘价的对数收益率表示，数据来源于 Wind 数据库。

分以下几个步骤进行分析：首先估计每一家上市公司的 VaR；其次根据所构建的模型，运用线性分位数套索算法和局部多项式方法估计单指标非对称 CoVaR 模型及邻接矩阵，并以此构建有向赋权网络；最后从金融机构整体、不同类型金融机构以及个体机构这 3 个层面分析网络连通性。

表 9-1　样本金融机构及代码

公司名称	代码	类型	公司名称	代码	类型	公司名称	代码	类型
民生银行	MS	银行	山西证券	SX	证券	锦龙股份	JL	证券
华夏银行	HX	银行	东吴证券	DW	证券	国投安信	GA	证券
招商银行	ZS	银行	国海证券	GH	证券	宝硕股份	BS	证券
浦发银行	PF	银行	招商证券	Z	证券	绿庭投资	LT	证券
兴业银行	XY	银行	中信证券	ZX	证券	华鑫股份	HXG	证券
工商银行	GS	银行	太平洋证券	TPY	证券	越秀金控	YX	证券
交通银行	JT	银行	东北证券	DB	证券	中油资本	ZYZ	证券
建设银行	JS	银行	兴业证券	X	证券	陕国投	SG	信托
北京银行	BJ	银行	华泰证券	HT	证券	安信信托	AX	信托
农业银行	NY	银行	光大证券	G	证券	爱建股份	AJ	信托

续表

公司名称	代码	类型	公司名称	代码	类型	公司名称	代码	类型
平安银行	PA	银行	长江证券	CJ	证券	爱使股份	AS	信托
南京银行	NJ	银行	广发证券	GF	证券	新黄浦	XH	信托
中国银行	ZG	银行	国元证券	GY	证券	中原高速	ZY	信托
光大银行	GD	银行	国金证券	GJ	证券	中国平安	P	保险
宁波银行	NB	银行	西南证券	XN	证券	新华保险	XHB	保险
中信银行	ZXY	银行	海通证券	H	证券	中国太保	TB	保险
方正证券	FZ	证券	西部证券	XB	证券	中国人寿	RS	保险

在分位数水平 $\tau=0.05$ 的情况下估计每一家公司的 VaR，然后估计单指标非对称 CoVaR 模型，自变量的数量共有 58 个（例如，当中国工商银行是因变量时，自变量是其他 50 家公司的周收益率、7 个宏观变量和中国工商银行的网络舆情指数），滚动窗口大小和数据频率的不同会导致结果有所差异，这里设定滚动窗口大小为 $n=52$，对应一年的交易数据。

第四节
实证分析

一、网络舆情指数与金融系统性风险关系分析

（一）网络舆情指数对金融系统性风险影响的有效性检验

为验证网络舆情是否能够对系统性风险产生影响，需进一步讨论构建的网络舆情指数的有效性，首先将构建的网络舆情指数与通过市值加权获得的整体的金融系统性风险指标非对称 CoVaR 进行相关性检验，结果显示两者的相关系数为 0.592。

为进一步检验本书构建的网络舆情指数与系统性风险的因果关系，对网络舆情指数与非对称 CoVaR 进行格兰杰因果检验，检验结果如表 9-2 所

示。结果表明，网络舆情指数与非对称 CoVaR 存在着双向格兰杰因果关系。

表 9-2　网络舆情指数 NPO 和非对称 CoVaR 的格兰杰因果检验结果

原假设	F 值	P 值	结论
NPO 不是非对称 CoVaR 的格兰杰原因	3.582	0.039	拒绝
非对称 CoVaR 不是 NPO 的格兰杰原因	4.201	0.006	拒绝

（二）非对称 CoVaR 的稳健性分析

参照张瑞和刘立新（2018）的研究，对非对称 CoVaR 进行稳健性分析。首先通过 LASSO 分位数回归计度量金融机构的非对称 CoVaR 系数估计值，表 9-3 为 16 家银行 $\lambda_+^{sys|i}$、$\lambda_-^{sys|i}$ 系数估计值，由于篇幅限制，证券、保险和信托估计结果未列出。从 $\lambda_+^{sys|i}$ 和 $\lambda_-^{sys|i}$ 的结果来看，两者存在明显的差异，呈现出非对称性，说明了单指标非对称 CoVaR 结果的稳健性和合理性，因此笔者构建的单指标非对称 CoVaR 同样也具有合理性。

表 9-3　非对称 CoVaR 系数估计值

变量　　银行	民生银行	华夏银行	招商银行	浦发银行	工商银行	交通银行	建设银行	北京银行
$\lambda_+^{sys|i}$	0.4163	0.4013	0.4295	0.4986	0.5834	0.3556	0.5682	0.4135
$\lambda_-^{sys|i}$	0.8356	0.9015	1.1245	1.0952	1.2512	0.8592	1.1295	1.057

变量　　银行	农业银行	平安银行	南京银行	中国银行	光大银行	宁波银行	中信银行	兴业银行
$\lambda_+^{sys|i}$	0.5325	0.3962	0.3693	0.5165	0.4674	0.4383	0.3852	0.3681
$\lambda_-^{sys|i}$	1.1204	0.8941	0.8115	1.0148	1.0341	0.9244	0.8145	0.8572

（三）单指标非对称 CoVaR 和 CoVaR 比较分析

为说明在测度金融系统性风险时嵌入网络舆情指数的必要性，对嵌入网络舆情指数前后两种情况进行比较。表 9-4 为嵌入网络舆情指数的单指标非对称 CoVaR 和未嵌入网络舆情指数的，也就是普通的 CoVaR 的描述性统计。可以看到两个统计量之间存在一定的差异，其中单指标非对称 CoVaR 的均值和极大值分别为 0.0936 和 0.1529，CoVaR 的均值和极大值分别为 0.0694 和 0.1142，说明单指标非对称 CoVaR 对度量危机时的金融系统性风险有放大作用，能更快感知市场变化。

表 9-4　指标描述性统计

变量	极小值	极大值	中位数	均值	标准差
CoVaR	0.0024	0.1142	0.0685	0.0694	0.0212
单指标非对称 CoVaR	0.0163	0.1529	0.0849	0.0936	0.0293

　　图 9-2 为单指标非对称 CoVaR 和 CoVaR 在 2015 年 1 月到 2019 年 3 月的变动情况，为便于观察各指标的时序特征，对两个指标进行标准化处理，笔者发现两个指标变动趋势相似，在 2015 年中国股市暴涨暴跌阶段都出现了剧烈变动。2015 年中国股市危机在短短 53 个交易日内指数暴跌，且多次出现千股跌停，与 2008 年金融危机相比爆发快，影响范围较小，影响时间相对较短，加入网络舆情指数的 CoVaR 考虑了市场情绪，使单指标非对称 CoVaR 在此期间波动幅度更大。从 2015 年"股灾"两个指标高峰出现的先后顺序来看，单指标非对称 CoVaR 更早到达高峰，能更快地感知市场的变化，从而更准确地反映金融系统性风险。2016 年 1 月中国正式推行股市"熔断机制"，随后引发非理性抛售，触发 5% 与 7% 的熔断阈值，导致了市场的剧烈震荡，单指标非对称 CoVaR 到达又一峰值，相比 CoVaR，单指标非对称 CoVaR 可以反映网络舆情变化对金融系统性风险的影响。

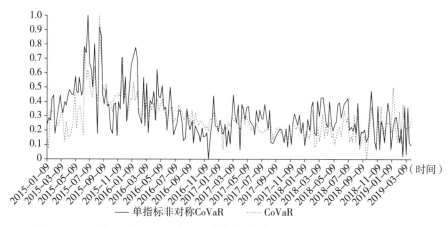

图 9-2　2015 年 1 月至 2019 年 3 月单指标非对称 CoVaR 和 CoVaR 变动趋势

二、基于风险传染效应的有向加权金融网络分析

以金融机构为节点，$|\hat{D}^s_{j|i}|$ 表示节点 i 指向节点 j 的连边权重，构建网络连接矩阵。根据对网络整体连通性、金融机构各板块的输入连接连通性和输出连接连通性、单个节点与节点之间连接的定义，结合样本期间内平均 λ 值演变的含义，我们对有向加权金融网络的分析主要有以下三步：第一，求取样本期间内金融机构网络整体连通性，与样本期间内平均 λ 值进行对比，分析网络整体连通性变化与系统性风险演变有何关系；第二，求取整个样本期间内金融机构各板块的输入连接连通性和输出连接连通性，分析银行、证券、保险和信托这四个板块对风险传染的敏感程度；第三，求取单个机构间的输入、输出连接，结合整体连通性与系统性风险的演变，选取系统性风险较高的时间点，作出该时刻的有向加权金融网络，分析单个机构间的连接关系，并作出 2015 年中国股票市场遭受异常波动冲击前后的有向加权金融网络，以此分析危机前、危机时和危机后的有向加权金融网络的变化。

（一）网络连接连通性的动态演化分析

对于网络连接连通性的动态演化分析，分为两个部分：网络整体连通性和各板块连接连通性。其中，根据网络的有向性，从入度和出度两个视角，分析各板块连接连通性。

第一，求取样本期间内网络总连通性以及平均 λ 值，分析网络总连通性变化与系统性风险演变关系，金融网络整体连通性为 $\sum_{i=1}^{k} \sum_{j=1}^{k} |\hat{D}^s_{j|i}|$，平均 λ 值为惩罚参数（也称为调优参数），如图 9-3 所示，其中，实线表示网络整体连通性，虚线表示平均 λ 值。

从图 9-3 可以看出，网络整体连通性和平均 λ 值从 2015 年初开始上升，金融网络整体连通性在 2015 年第四季度达到顶峰，平均 λ 值在 2016 年第一季度达到最大值，对应于中国股市在 2014 年 7 月开始上涨，短短半年涨幅超过了 60%，业界人士称之为"改革牛"。在"改革牛"的刺激下，2015 年上半年是股票市场 7 年以来最大上涨幅度的时期，2015 年 3 月 A 股大盘突破了 2009 年牛市顶部，之后一路上涨至 6 月。然而在 2015 年下半年，仅仅一两个月中国股市暴跌 45%，面对如此大幅度的震荡，不少上市

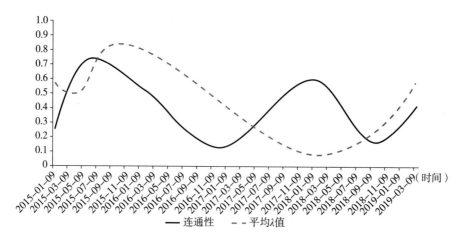

图 9-3　2015 年 1 月至 2019 年 3 月金融网络整体连通性与平均 λ 值的演变过程

公司纷纷停牌，引发"股灾"，随着"股灾"的扩散，系统互联更加密切，系统性风险持续上升。

接下来，网络整体连通性和平均 λ 值开始下降，直至 2017 年初网络整体连通性到达谷底，而平均 λ 值于 2018 年第一季度到达谷底，对应"股灾"发生后，中国政府公开三次救市，通过降准降息、暂停 IPO 等一系列救市行动，加之市场本身的自我调节性，至 2016 年第一季度开始中国经济形势逐渐趋于稳定，系统性风险降低。

然后，网络整体连通性从 2017 年初开始上升，在 2018 年初达到又一高峰，紧接着呈现下降趋势，而平均 λ 值从 2018 年第一季度至今始终呈缓慢上升趋势，这可能与 2018 年 3 月中美贸易战等因素密切相关。综上，金融机构的整体连通性与平均 λ 值有相同的上升或下降趋势，但具体而言系统性风险滞后于金融机构的整体连通性。这里，平均 λ 的演变可以表示系统性风险的变化（Yu et al.，2017）。

第二，分析各板块间的连接性，金融机构各板块的输入连接连通性为：$\sum_{i=1}^{k} \sum_{j \in g} |\hat{D}_{j|i}^{s}|$，其中 g 表示板块，包括银行板块、保险板块、证券板块和信托板块；金融机构各板块的输出连接连通性为：$\sum_{i \in g} \sum_{j=1}^{k} |\hat{D}_{j|i}^{s}|$。图 9-4 表示四大板块输入连接连通性，图 9-5 表示四大板块输出连接连通性。

从图 9-4 和图 9-5 可以看出，金融机构各板块的输入连接连通性以及

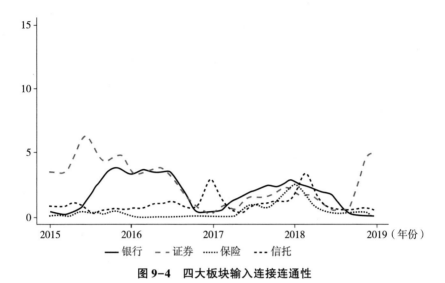

图 9-4　四大板块输入连接连通性

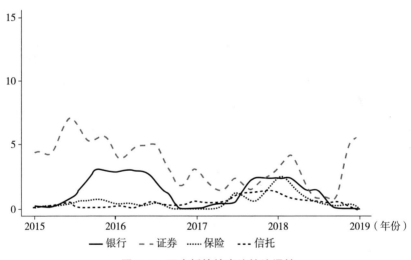

图 9-5　四大板块输出连接连通性

输出连接连通性由大到小依次是：证券板块、银行板块、信托板块、保险板块，证券板块与银行板块较其余两个板块而言，其输入连接连通性、输出连接连通性呈现出较大的波动幅度，即证券板块与银行板块内的机构非常敏感，极易受到其他金融机构的影响，也极易影响其他金融机构。这对应随着金融创新的进一步深化，各金融机构所涉及的业务越来越广泛，非银行金融机构在金融网络中的作用日益增强，特别是在系统性风险传染过程中，非银行金融机构通过各种渠道与银行相互传染，加速风险的传播，因此金融监管当局不仅要关注系统重要性银行，也应该将非银行系统重要性金融机构纳入监测范围，以防范危机蔓延。总体而言，金融监管机构应重点关注证券板块和银行板块这两个板块，防范金融系统性风险的发生。除此之外，从图 9-4 和图 9-5 中可以发现，整体上银行板块与保险板块具有相同的变化趋势，证券板块与信托板块具有相同的变化趋势。这里，证券板块的输入连接连通性和输出连接连通性大体上均大于银行板块，分析其原因主要有以下两点：一是样本的选取，研究对象中证券 25 家，银行 16 家，证券机构数量大于银行机构数量；二是输入连接连通性和输出连接连通性的定义公式，这两个公式均以各个窗口相应板块机构的邻接矩阵元素加总为基础，因而从理论上来说，板块所含机构越多，累加的邻接矩阵元素就越多，累计值就越大。

（二）危机时期有向加权金融网络分析

单个金融机构之间的连接性，用邻接矩阵中的元素表示，$|\hat{D}^s_{j|i}|$ 表示机构 i 对机构 j 的影响，即表现为网络中存在机构 i 指向机构 j 的有向连接。$|\hat{D}^s_{i|j}|$ 表示机构 j 对机构 i 的影响，即表现为网络中存在由机构 j 指向机构 i 的有向连接。如图 9-6 所示，选取 2016 年 1 月 29 日的网络，原因在于平均 λ 值在 2016 年第一季度达到顶峰，即系统性风险在 2016 年第一季度达到最大值。

从图 9-6 中可以看出，2016 年 1 月 29 日的金融网络中既存在强连接关系（如 ZX 与 GA、BJ 与 NB），也存在弱连接关系（如 ZG 与 NY），既存在双向连接关系（如 BJ 与 NB），也存在单向连接关系（如 JS 与 NY），这与笔者所定义的连接关系相符合。对于强连接关系，如北京银行与宁波银行，2007 年北京银行、宁波银行挤进主板市场，基本面上北京银行是国内银行业中最大的城市商业银行，所涉业务广泛，从 2015 年"股灾"发生的现象来看，2015 年 7 月 9 日 16 只银行股的平均跌幅为-7.05%，而北京银行与宁波银行的跌幅均超过 10%。从控股方面来看，雅戈尔是宁波银行前三大控股股东之一，新华联是北京银行的主要控股股东，除此之外，宁波银行和北京银行近年来还受到汇金、证金等资本关注，据北京银行年报显示，2015 年证金和汇金对北京银行的持股比例分别为 4.41% 和 1.73%，值得注意的是 2015 年

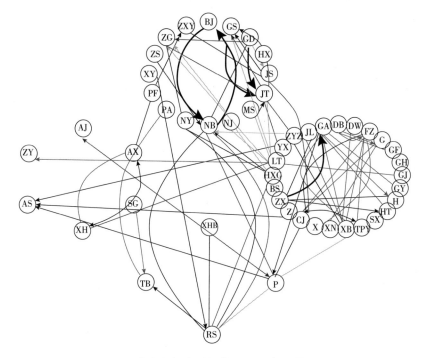

图9-6 有向加权金融网络（2016年1月29日）

宁波银行也受到上述两家证金和汇金的关注，从而北京银行和宁波银行之间的联系增强，风险传染的概率也相应地提高。对于跨行业连接，如保险业与银行业，银行机构总资产规模及利润较大，因此近年来保险集团控股或参股商业银行，以实现保险业与银行业多方面的战略互补，共同发展。

图9-6中连接关系众多，无法从直观上判断金融机构的风险传染情况。为了凸显重要连接关系，分析金融机构的主要传染方向，这里运用"阈值法"删除连接关系较弱的连边，在此，以51个最大连边权重的平均值为临界点，将网络中权重小于临界点的连边全部删除，保留权重大于或等于临界点的全部连边，如图9-7所示。从图9-7中可以看出，既存在板块间的连接关系，如中国人寿到平安银行的有向连边，如图9-7所示，也存在板块内的连接关系，如北京银行与宁波银行。可以发现，板块内的连接多于板块间的连接，这符合网络的模块结构特性。网络中内部连接紧密而外部连接稀疏的节点子集称为网络的一个模块，网络的模块结构特性在于节点的相似性，比如现实社会中相同兴趣或爱好的个体会倾向于组成一

个共同的团体。

整体上，图9-7中共有12条连边，其中银行连边数为5，证券连边数为5，保险连边数为2，信托连边数为0，从而2016年1月29日银行连接关系高于证券、保险以及信托，即银行具有较高的联动性，易于金融风险输入或输出。从行业之间的角度出发，基于行业中机构的数量和图9-7中连接关系的数量，可知银行业与保险业之间的联系较为密切。原因在于近年来金融行业混合经营趋势日益加快，银行业与保险业相互参股、控股。从行业内部来看，如银行业中的中国银行和光大银行，光大银行存在指向中国银行的有向连边，即当光大银行发生危机时，该危机有可能通过各种渠道传染至中国银行。

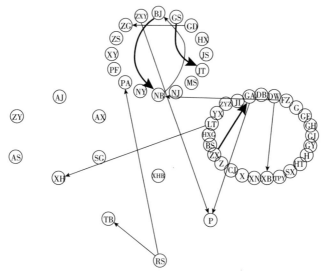

图9-7　基于阈值法的有向加权金融网络（2016年1月29日）

图9-7中网络结构过于简单，虽更能区分网络的重要节点，厘清网络的主要连接关系，但一些重要连边或已被删除。因此，根据有向加权网络的入度与出度概念，以2016年1月29日的网络邻接矩阵为基础，建立最小生成树，如图9-8所示。其中，图9-8（a）表示基于入度邻接矩阵的网络最小生成树，图9-8（b）表示基于出度邻接矩阵的网络最小生成树。首先，图9-8（a）与图9-8（b）存在明显差别，表明笔者所构建的网络邻接矩阵是非对称的，符合有向网络中节点连边的定义。其次，图9-8（a）和图9-8（b）中同一板块的大部分节点相互连接，构成一个子模块，

即同一板块内的节点连接关系较强，不同板块的节点间连接关系较弱，对应于金融系统中，同一行业的金融机构间联系较为密切，不同行业的金融机构间联系较少。最后，结合度数与最小生成树定义，图9-8（a）中重要节点分别有交通银行、西部证券、工商银行、宁波银行、方正证券和国投安信，图9-8（b）中重要节点分别有交通银行、宁波银行、中国人寿、西部证券、绿庭投资和中油资本。对应于金融系统中，也就是传染效应最广泛的金融机构。综合图9-7与图9-8，可以直观地看到传染效应最强的金融机构，以及传染效应较广泛的金融机构。

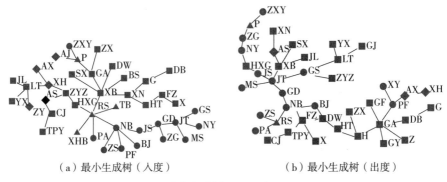

（a）最小生成树（入度） （b）最小生成树（出度）

图9-8 最小生成树（2016年1月29日）

为了比较危机前、危机时和危机后的有向加权金融网络，分析危机前、危机时和危机后的有向加权金融网络有何变化。选取2015年3月20日的有向加权金融网络作为危机前的网络，选取2016年11月18日的有向加权金融网络作为危机后的网络，以51条最大连边权重的平均值为临界点，将网络中权重小于临界点的连边全部删除，保留权重大于或等于临界点的全部连边，如图9-9（a）和图9-9（b）所示，图9-9（a）表示2015年3月20日基于阈值法的有向加权金融网络，图9-9（b）表示2016年11月18日基于阈值法的有向加权金融网络。

比较图9-9（a）、图9-7和图9-9（b）可以发现：第一，危机时银行存在较多的连边，而危机前和危机后银行基本不存在连边，表明在一般情况下银行管理更规范，由于社会和经济等方面的原因国家会特别关注银行，会尽量避免银行类金融机构倒闭，从而银行类金融机构更稳定。由于银行稳定性强且拥有较多的资金，大部分金融机构趋向于与银行类金融机构交易，银行类金融机构具有较多的业务往来联系，且银行数量较少，随

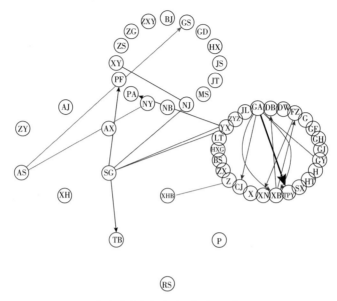

（a）有向加权金融网络（2015年3月20日）

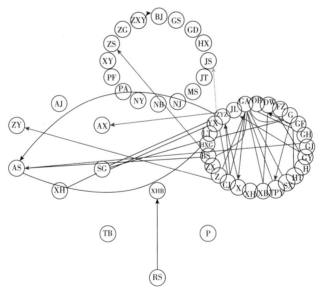

（b）有向加权金融网络（2016年11月18日）

图9-9 危机前、危机后的有向加权金融网络

着危机的发生，与银行存在密切业务往来的金融机构将其风险传染至银行，导致危机时银行存在较多的风险传染效应。第二，相较于危机时，危机前和危机后证券板块的连边较多，说明在风险积累阶段非银行类金融机构占据主要位置，在平常的交易中，应加强非银行类金融机构的管理制度。

三、基于度中心的节点传染能力

求取整个样本期间内各个金融机构的总输入连接和总输出连接，分析这段时间内哪些机构具有较强的连接关系，即哪些机构具有较强的传染能力。表9-5表示51家金融机构中总输入连接与总输出连接排前10名的金融机构。

表9-5 总输入连接与总输出连接排名

总输入排名	机构	总权重	总输出排名	机构	总权重
1	BJ	65.2342	1	LT	66.3813
2	GA	56.3423	2	G	63.5821
3	XB	48.3412	3	NB	58.1845
4	GS	46.3243	4	JT	52.6832
5	PA	45.1035	5	RS	46.7562
6	NB	42.1593	6	GD	38.1925
7	JT	36.9371	7	GS	37.1284
8	TPY	34.4852	8	P	34.2953
9	PF	31.2586	9	GH	33.8631
10	XH	30.8219	10	HT	31.6351

从表9-5可以看出，样本期间内总输入连接排前10名的金融机构分别是：北京银行、国投安信、西部证券、工商银行、平安银行、宁波银行、交通银行、太平洋证券、浦发银行和新黄浦，总输出连接排名前10的金融机构分别是：绿庭投资、光大证券、宁波银行、交通银行、中国人寿、光大银行、工商银行、中国平安、国海证券和华泰证券。总输入连接排前10名的金融机构中银行类机构所占比重为60%，总输出连接排前10名的金融机构中银行类机构所占比重为40%，而整个研究样本中银行类机构所占比重为31.37%，由于网络连边权重定义只专注于网络分析中机构的传染效应，因此相对整体样本而言银行类机构具有较强的传染能力。整

体来看，样本期间内总输入连接与总输出连接排前 10 名的金融机构中既包括规模较大的金融机构也包括规模较小的金融机构，既包括银行类机构也包括保险、证券和信托等非银行类金融机构，且保险、证券和信托等非银行类金融机构所占数量较多。说明在整个样本期间内不仅是银行类机构，保险、证券和信托等非银行类金融机构也具有较强的风险传染能力。

四、基于影响力中心的系统重要性机构排序

考虑到节点重要性评价指标和系统重要性金融机构的定义，根据网络中入度与出度的思想，将所构造的非对称邻接矩阵分解为入度矩阵和出度矩阵，结合影响力中心，将机构市值与入度矩阵（或出度矩阵）相结合，提出系统性风险输入指数和系统性风险输出指数，并对其进行指数排名，识别样本期间内系统重要性金融机构。机构系统性风险输入指数、系统性风险输出指数的具体表达式如下：

$$SRR_{j,\,s} \stackrel{def}{=} MC_{j,\,s} \{ \sum_{i \in k_s^{IN}} (|\hat{D}_{j|i}^S| \cdot MC_{i,\,s}) \} \qquad (9-18)$$

$$SRE_{j,\,s} \stackrel{def}{=} MC_{j,\,s} \{ \sum_{i \in k_s^{OUT}} (|\hat{D}_{i|j}^S| \cdot MC_{i,\,s}) \} \qquad (9-19)$$

其中，$|\hat{D}_{j|i}^S|$、$|\hat{D}_{i|j}^S|$ 均为邻接矩阵 A_S 中的元素，$MC_{j,\,s}$ 表示机构在固定时间窗口 S 的市值，$MC_{i,\,s}$ 表示机构 i 在固定时间窗口 S 的市值，k_S^{IN}、k_S^{OUT} 分别为在固定时间窗口 S 与机构 j 存在输入或输出连接关系的其他金融机构集合。

根据式（9-18）、式（9-19），计算金融机构系统性风险输入指数（SRR）和系统性风险输出指数（SRE），并对其进行排名，以评估系统重要性金融机构（如表 9-6 至表 9-9 所示）。

表 9-6　银行机构 SRR 值、SRE 值及市值排名

机构	SRR 值（$\times 10^{21}$）	排名	SRE 值（$\times 10^{21}$）	排名	市值（百万元）	排名
GS	256.02	1	307.23	1	1659580.00	1
JS	95.84	3	123.95	3	1291110.00	2
NY	214.28	2	43.68	5	1058100.00	3
ZG	71.91	4	28.15	7	1012170.00	4
ZS	7.43	12	22.37	9	476213.00	7
JT	67.31	5	140.02	2	394683.00	8

续表

机构	SRR 值（×10²¹）	排名	SRE 值（×10²¹）	排名	市值（百万元）	排名
PF	3.35	17	2.58	18	303923.00	9
XY	3.63	13	0.51	28	296070.00	10
MS	12.64	9	4.66	15	284625.00	11
ZXY	3.42	16	13.23	10	267461.00	12
GD	3.52	15	26.95	8	177194.00	15
PA	12.85	8	5.37	14	162898.00	16
BJ	3.52	14	2.37	19	121219.00	19
HX	0.39	30	5.94	13	107079.00	22
NB	3.02	18	3.13	17	60951.03	26
NJ	0.29	34	0.34	35	54332.68	27

表 9-7　证券机构 SRR 值、SRE 值及市值排名

机构	SRR 值（×10²¹）	排名	SRE 值（×10²¹）	排名	市值（百万元）	排名
ZX	1.47	19	1.50	22	206138.000	14
H	0.79	23	0.02	49	147718.000	17
GF	0.57	25	0.24	39	115039.000	20
HT	1.32	21	4.06	16	111073.000	21
Z	0.67	24	0.88	24	105120.000	23
FZ	0.41	30	0.45	29	64904.669	24
G	0.52	26	1.87	21	62659.607	25
GA	1.39	20	2.13	20	50657.290	29
X	0.18	37	0.08	44	48879.530	30
XB	0.47	29	0.45	30	47783.822	31
CJ	0.31	33	0.54	27	47358.925	32
ZYZ	0.51	28	0.42	31	51774.348	28
GJ	0.14	42	0.07	51	38084.050	33
XN	0.13	43	0.35	34	37380.895	34
GY	0.17	39	1.46	23	37171.697	35
DW	0.16	41	0.09	42	34753.173	36
SX	0.12	44	0.60	26	30185.640	38
TPY	0.28	35	0.08	43	27908.322	39

续表

机构	SRR 值（×10²¹）	排名	SRE 值（×10²¹）	排名	市值（百万元）	排名
GH	0.16	40	0.31	36	27164.438	40
DB	0.10	45	0.03	48	25089.874	41
JL	0.09	46	0.20	40	18372.317	42
YX	0.17	38	0.42	32	16884.481	44
BS	0.03	49	0.07	45	11772.692	46
HXG	0.01	51	0.79	25	7662.439	50
LT	0.02	48	0.05	46	4192.409	51

表 9-8　保险机构 SRR 值、SRE 值及市值排名

机构	SRR 值（×10²¹）	排名	SRE 值（×10²¹）	排名	市值（百万元）	排名
P	30.52	6	35.39	6	725003.000	5
RS	8.49	11	46.35	4	656335.000	6
TB	30.16	7	13.21	11	252207.000	13
HXB	12.23	10	10.52	12	121413.000	18

表 9-9　信托机构 SRR 值、SRE 值及市值排名

机构	SRR 值（×10²¹）	排名	SRE 值（×10²¹）	排名	市值（百万元）	排名
AX	0.52	27	0.39	33	32888.606	37
AJ	0.26	36	0.05	47	17367.931	43
SG	0.36	32	0.13	41	14689.390	45
AS	1.03	22	0.26	37	10432.210	47
ZY	0.02	50	0.01	50	10122.598	48
XH	0.08	47	0.24	38	8344.237	49

　　从表 9-6 至表 9-9 中可以看出，SRR 值排前 10 名的金融机构有：工商银行、农业银行、建设银行、中国银行、交通银行、中国平安、中国太保、平安银行、民生银行和新华保险，SRE 值排前 10 名的金融机构有：工商银行、交通银行、建设银行、中国人寿、农业银行、中国平安、中国银行、光大银行、招商银行和中信银行。大部分机构的市值排名均在前 10 名，这对应随着公司规模的不断增加，业务经营范围逐渐深入各个领域，

各类风险也日益增多，对外风险敞口增大，可能存在更多的系统性风险外溢效应。但这些机构中也存在市值不是前10名的公司，如中国太保、平安银行、光大银行、中信银行和民生银行。其原因可能是，与中国太保、光大银行、中信银行和民生银行等这些金融机构存在连接关系的机构是规模较大的机构，其蕴含的风险较多。综上所述，系统重要性机构不仅与其规模有关，还与其网络连接数量、其连接机构自身特性有关。意味着除规模巨大的机构外，联系密切（包括连接数量和连接强度）的机构也具有系统重要性，符合"太联系而不能倒"的特性。这里，连接强度包括连边权重和连接机构自身特性，连接数量是指网络中节点的连边数。

整体来看，SRR值和SRE值排前10名的上市机构中银行分别占了70%和80%，且中国五大行，即中国银行、工商银行、建设银行、农业银行和交通银行排在前10名，体现出"大到不能倒"的特征，意味着在样本期间内，金融风险传染方面银行占主导地位。

金融稳定理事会于2018年11月16日公布了全球系统重要性银行名单，共包含全球29家银行，其中中国银行、工商银行、农业银行和建设银行位居其列。系统重要性指标包括规模、关联度、可替代性、复杂度和全球活跃度等各项分指标，对于规模指标，这4家银行的排序为：工商银行、建设银行、农业银行和中国银行。对于关联度指标，这4家银行的排序为：工商银行、中国银行、建设银行和农业银行，对于可替代性指标，这4家银行的排序为：工商银行、中国银行、建设银行和农业银行。与表9-6银行板块的SRR值、SRE值及市值排序相符。

特别地，将表9-6至表9-9中的结果与Chen等（2014）、Yao等（2017）的系统重要性银行排名进行比较，发现排序结果基本一致，且系统重要性排前五名的银行均为工商银行、农业银行、建设银行、中国银行与交通银行。表明虽然识别系统重要性银行的方法有所不同，但系统重要性银行排序的差异不大。

为检验本章所选中心度指标的稳健性。借鉴许和连等（2018）的研究，采用度数中心度（Degree Centrality）和中间中心度（Betweenness Centrality）对金融机构中心性进行测度。

度数中心度刻画网络中节点金融机构与其他结构之间的交往能力，具体测算方式为：

$$DC_i = \frac{1}{N-1} \sum_{i=1,\, i=j}^{n} K_{ij} \qquad (9-20)$$

其中，DC_i 表示节点金融机构的度数中心度，K_{ij} 表示 i 机构与其他金融机构相连的个数，N 表示节点金融机构数量。

中间中心度具体为复杂网络中某个金融机构处于多条连接上，该金融机构为中心金融机构，因此该金融机构具有重要的风险传导地位。通过测算中间中心度来刻画金融机构在金融网络中的中心地位，具体测算方式为：

$$BC_i = \frac{2}{N^2 - 3N + 2} \sum_{f \neq i \neq t}^{n} \frac{a_{ft}^i}{\delta_{ft}} \qquad (9-21)$$

其中，BC_i 表示节点金融机构的中间中心度，δ_{ft} 表示从节点金融机构 f 到 t 的总连接条数，a_{ft}^i 表示在所有连接中 f 经过 i 到达 t 的连接数，N 表示节点金融机构。

表 9-10 给出了 51 家金融机构的度数中心度和中间中心度的前 10 排名情况，通过测算金融网络，发现其与本章所计算的系统性风险输入指数（SRR）和系统性风险输出指数（SRE）结果大致相同，这进一步说明了本章结果的稳健性以及单指标非对称 CoVaR 模型的合理性。

表 9-10　金融机构度数中心度和中间中心度排名

排名	机构	度数中心度	排名	机构	中间中心度
1	GS	16.353	1	GS	15.235
2	GA	14.128	2	ZG	14.251
3	ZG	13.952	3	JS	14.013
4	JS	12.572	4	NY	13.482
5	ZS	12.142	5	JT	9.332
6	NY	11.847	6	P	8.535
7	JT	11.652	7	RS	8.013
8	ZS	11.125	8	ZS	7.362
9	P	10.968	9	TB	6.482
10	TB	10.529	10	GD	6.396

第五节
研究小结

本章以 2015 年 1 月 1 日至 2019 年 3 月 31 日上市金融企业为研究样本，运用线性分位数套索算法与局部估计方法计算单指标–CoVaR 模型，将其偏导数作为邻接矩阵元素，以此构建金融有向网络图，并从整体、板块间以及机构个体间这三个角度分析网络，得出以下结论：

第一，金融机构的 VaR、单指标–CoVaR 与其网络舆情指数有相同的变化趋势，当网络舆情指数不断提高达到最大值时，金融机构的 VaR、单指标–CoVaR 剧烈波动，随之也达到顶峰。金融机构整体连通性与系统性风险具有相同的趋势，系统性风险滞后于金融机构的整体连通性。进一步地，发现危机时银行存在较多的连边，而危机前和危机后银行基本不存在连边。第二，相较于危机时，危机前和危机后证券板块的连边较多，说明证券在风险积累阶段占据重要位置，银行在风险爆发时刻占据重要位置。研究表明，在整个样本期间内不仅是规模较大的金融机构，规模较小的金融机构也具有较强的风险传染能力。

本章结论具有如下三个方面的重要政策含义：首先，应加强股市治理及投资者培育，避免风险传染的多米诺骨牌效应。出现大规模网络舆情时，监管部门应加强监管负面信息扩散较快的金融机构，以切断金融风险传染的多米诺骨牌效应，防范系统性风险的蔓延。更重要的是监管部门应从根本上加强股市治理，增强金融市场的透明度，提高投资者的合理预期度。其次，需加强重点行业的监管与各行业的混合监管，防范行业风险的传染。整个样本期间内整体连通性与系统性风险具有相同的趋势，因此依据金融行业整体连通性的走向，适时加强金融行业的监控，有效防范金融危机事件发生或降低金融危机事件的冲击，保证金融市场稳定运行。最后，监管部门需改进系统重要性评价指标，完善系统重要性金融机构的监管规则，建立并完善规模、关联性和复杂性等指标体系，从根本上探索金融机构的风险传染路径。

第十章

有向网络视角下金融系统性风险
预警和免疫策略研究

第一节
引言

党的十九大报告中，习近平总书记明确指出"守住不发生系统性金融风险的底线"。有效防控金融系统性风险，对我国目前金融市场的发展至关重要。基于金融网络的系统性风险防控研究包括风险预警研究和风险控制研究。对于系统性风险防控研究，金融系统的脆弱性及破坏性使构建金融风险预警机制具有非常重要的意义，基于传统统计方法的风险预警存在一定的缺陷，其无法挖掘极端事件隐藏规律，而神经网络能够刻画非线性金融时间序列，挖掘极端事件的影响，因此国内外开始将神经网络应用于金融领域预警研究（冯科，2010；宋巍，2018）。基于金融网络的系统性风险控制策略是指对于金融网络中已被危机感染的节点或将要被感染的节点，采取一系列适当的策略恢复被感染节点、预防即将感染节点，进而终止危机在网络中的传播。目前学者主要运用免疫策略、救助策略等复杂网络传播模型与动力学理论，结合网络的具体特征、关键节点和社团结构，对金融网络风险传染的控制策略进行研究（王姗姗，2016；徐涛，2017）。

本章从风险预警和风险控制这两个方面出发，以第九章选取的系统重要性机构为研究对象，基于复杂网络建立风险预警模型，对部分系统重要性机构进行预警；比较复杂网络中的几种免疫策略，并将其运用在有向加权金融网络中，有效控制风险传染。

第二节

金融网络系统的预警策略

一、风险预警模型

传统统计方法的风险预警存在一定的缺陷，其无法挖掘极端事件隐藏规律，本章在有向加权金融网络的基础上，选取系统重要性金融机构为样本，运用应用累积和（CUSUM）方法，建立金融风险预警模型并进行实证分析。以系统重要性金融机构股票价格波动作为变量 y，应用累积和方法的具体表达式如下：

$$C_i^+ = \max\{0, \ y_i - (\mu + \nu) + C_{i-1}^+\} \tag{10-1}$$

$$C_i^- = \max\{0, \ (\mu + \nu) - y_i + C_{i-1}^-\} \tag{10-2}$$

其中，C_i^+、C_i^- 分别为上单侧累积和、下单侧累积和，且 $C_0^+ = C_0^- = 0$，μ 表示股票价格波动的均值，ν 是一个参考值，一般情况取股票价格波动标准差的一半。该方法有利于感应金融机构某些指标的微小变化，并将这些微小变化进行累加，最终达到放大的效果。设定一个阈值，当某个金融机构的累积和超过这一阈值时，就对该金融机构进行预警，若系统重要性金融机构发生预警，各监管部门应当警惕金融系统性风险的发生。

二、预警策略实证结果与分析

在金融网络中，相对于其他节点而言，关键节点（即系统重要性金融机构）对金融网络的影响程度最大。当系统重要性金融机构发生危机时，由于其规模大或联系广泛，危机传染速度较快，进而给金融系统带来更大的风险，影响金融网络系统的稳定性。因此，有必要对系统重要性金融机构进行预警分析。

在第九章中，给出了系统重要性金融机构的排序，由于第九章所构建的是金融有向加权网络，该网络具有方向性，所以系统重要性金融机构的排序分为系统性风险输入指数（SRR）排名和系统性风险输出指数（SRE）排名，分别选取 SRR 和 SRE 排前 10 名的金融机构，整合发现共有 14 家系统重要性金融机构。以这 14 家金融机构为研究对象，以周收益率为研究数据集，根据式（10-1）和式（10-2）对这 14 家系统重要性金融机构进行预警分析。

以每家金融机构的股票价格波动为基础，运用 CUSUM 方法对金融机构进行预警分析。表 10-1 表示在整个样本期间内这 14 家金融机构上单侧累积和的最大值与其最大值所对应的时刻，及下单侧累积和的最大值与其最大值所对应的时刻。从表 10-1 中可发现，系统重要性金融机构的上单侧累积和最大值与下单侧累积和最大值的时刻主要集中在 2014 年末和 2015 年初，此时我国应该做好相应的防范措施，警惕金融系统性风险的发生。实际情况表明 2015 年中国发生了 "股灾"，中国股票市场出现大幅上涨、下跌，波动剧烈，流动性完全丧失，随后监管当局出手救市，又值央行降准降息，人民币汇率持续走低，金融市场外部环境存在诸多不确定性，系统性风险持续上升。

表 10-1　14 家金融机构应用累积和最大值

机构	上单侧累积和	时间	下单侧累积和	时间
GS	0.1739	2014-12-05	0.2797	2014-12-12
GD	0.3731	2014-12-31	0.4560	2015-01-09
JS	0.3326	2014-12-31	0.4052	2015-01-09
JT	0.3059	2015-01-16	0.4154	2014-12-12
MS	0.4058	2014-12-26	0.4685	2015-01-09
NY	0.2769	2015-01-16	0.3478	2015-01-23
PA	0.2656	2015-04-10	0.4465	2015-04-17
ZS	0.2856	2014-12-31	0.3640	2015-01-09
ZG	0.3803	2015-01-16	0.4471	2015-01-30
ZXY	0.3079	2014-12-31	0.4034	2015-01-09
XHB	0.3453	2014-12-31	0.4535	2014-12-12
P	0.3062	2014-12-31	0.9194	2015-07-31

续表

机构	上单侧累积和	时间	下单侧累积和	时间
RS	0.6187	2015-01-23	0.7561	2015-01-30
TB	0.3152	2015-01-23	0.4284	2015-01-30

在系统重要性金融机构排序中，工商银行位居首位。这里以工商银行为例，分析在样本期间内工商银行上单侧累积和、下单侧累积和的趋势与工商银行股票价格波动标准差的关系。从图 10-1 中可以看出，工商银行的上单侧累积和与下单侧累积和在 2015 年初达到最大值，在 2014 年第四季度均超过了标准差，若以标准差作为风险阈值，此时各监管机构应警惕金融系统性风险的发生。中国股市在 2014 年 7 月开始上涨，短短半年涨幅超过了 60%，业界人士称之为"改革牛"。在"改革牛"刺激下，2015 年上半年出现了股市 7 年来最大涨幅，2015 年 3 月 A 股大盘突破了 2009 年牛市顶部，之后股票市场一路上涨直至 6 月。在 2015 年下半年，仅仅一两个月中国股市暴跌 45%，面对如此大幅度的震荡，不少上市公司纷纷停牌。有经济学家指出，2015 年制造业大规模倒闭破产，这一危机蔓延至中国，引起银行坏账危机，银行坏账率高达 7%，已远远超出危机时期美国的银行坏账率，引发一系列的连锁反应，对我国经济发展造成严重伤害。

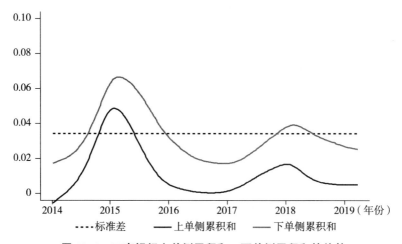

图 10-1　工商银行上单侧累积和、下单侧累积和的趋势

第三节
金融网络系统的免疫策略

一、复杂网络中的几种免疫策略

在金融网络中，不同金融机构遭遇危机并陷入困境时对金融网络系统的冲击是不一样的。当发生金融风险传染时，在一般情况下需要对陷入困境的金融机构进行救助，以控制金融风险的传染。对不同的金融机构进行救助，其产生的效果是不同的，所以要根据金融网络的分析，来选取较佳的免疫策略，有效地控制金融风险传染。

复杂网络中常用的几种免疫策略有随机免疫策略和目标免疫策略。随机免疫策略是指完全随机地选取网络中的部分节点进行免疫，设定网络节点间的传染率为 λ，免疫节点密度为 g，则对网络进行随机免疫后，网络节点间的传染率将从 λ 降低到 $(1-g)\lambda$，即降低了风险从一个节点（陷入危机中的金融机构）传染至另一个节点（未陷入危机中的金融机构）的概率。目标免疫策略是指有选择地选取网络中少量度最大的节点进行免疫，被免疫后的节点将从网络中删除，风险将不能通过该节点进行传染。对于无标度网络而言，大量研究表明，当采取随机免疫策略时，要想消除风险传染的扩散，就必须对网络中所有的节点进行免疫；当采取目标免疫策略时，只需要对少量系统重要性节点进行免疫，就能有效控制风险的传染。

二、免疫策略实证结果与分析

从第九章实证分析结果可知，平均 λ 值在 2016 年第一季度达到顶峰，即系统性风险在 2016 年第一季度达到最大值，这里，平均 λ 的演变可以表示系统性风险的变化（Yu et al.，2017）。因此，选取 2016 年 1 月 29 日的有向加权金融网络为研究样本，分析哪种免疫策略能够有效地控制网络中的风险传染。下文将运用两种方法来定量分析哪种免疫策略能够有效地控制网络中的风险传染：一是分析有向加权金融网络的度分布，判断该网络是否为无标度网络；二是结合最短路径算法，画出网络的最小生成树，全面且直观地显示风险传染路径，判断路径中是否具有重要节点。

第一，分析有向加权金融网络的度分布，若网络的度分布具有幂律形式，则该网络是无标度网络。对于无标度网络，只需对系统重要性节点进行免疫，就能够有效地控制风险传染。由于网络具有方向性，除了统计网络的整体度分布外，有必要分开统计网络的入度分布和出度分布，具体度分布如图 10-2 所示。其中，图 10-2（a）表示网络的入度分布，图 10-2（b）表示网络的出度分布，图 10-3（c）表示网络的整体度分布。从图 10-2 中可发现有向加权金融网络的度分布具有幂律形式，结合前文的分析，在免疫密度相同的情况下，目标免疫策略能较快地降低网络风险传染效应。因此，可以得出结论：对于降低网络风险传染效应，目标免疫优于随机免疫。

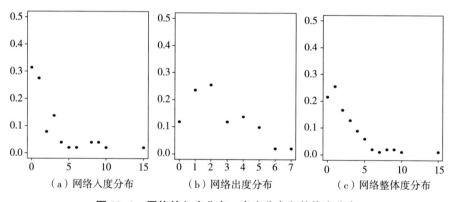

图 10-2　网络的入度分布、出度分布和整体度分布

第二，结合最短路径算法，得到有向加权金融网络的最小生成树。本章的网络是由机构溢出效应所构成，所以，笔者所构建的最小生成树，是在满足所选边的权重之和最大的基础上，利用最少的边将网络中的节点连接起来，且不存在环，类似于最大流问题。可知笔者所构建的最小生成树是网络中风险传染最快的路径，且该路径具有唯一性。如图 10-3 所示，其中圆圈表示银行，正方形表示证券，三角形表示保险，菱形表示信托，连边的粗细根据节点连接强度的大小来确定，连边权重越大线条越粗，连边权重越小线条越细。从图 10-3 中可以很清晰地看到风险传染的潜在机

制，这是风险传染速度最大、传染程度最强的一条路径。若对此采取随机免疫策略，如对 GY（国元证券）、XY（兴业银行）和 SG（陕国投）等度小的节点进行免疫，其对网络风险传染效应的控制效果并不明显。若对此采取目标免疫策略，如对 GA（国投安信）、GS（工商银行）和 NB（宁波银行）等主路径上的节点进行免疫，可以阻断风险传染路径，有效地控制风险的扩散。从另一个角度来说，连接权重较大（传染程度较强）的金融机构在陷入困境时具有较强的风险传染效应，当连接度较大（连接边数）的金融机构陷入困境时，很多与其联系的金融机构都会受到冲击，进而破坏金融网络系统的稳定性。因此，应该对此类金融机构进行免疫，有效地控制风险传染。

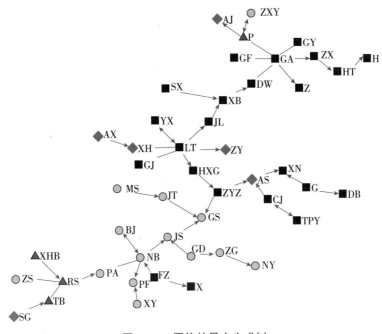

图 10-3　网络的最小生成树

综上所述，可以得出结论：对于有向加权金融网络，目标免疫能够更有效地控制风险传染效应，目标免疫策略优于随机免疫策略。

第四节
研究小结

　　本章以网络边、网络节点和网络结构等方面特性为基础，分析金融网络系统的稳定性，从网络节点稳定性与网络结构稳定性出发，建立稳定的金融网络系统，预防系统性风险的发生。以样本期间内系统重要性金融机构为研究样本，运用应用累积和方法对金融风险进行预警，发现系统重要性金融机构的上单侧累积和最大值与下单侧累积和最大值的时刻主要集中在 2014 年末和 2015 年初，此时我国应该警惕金融系统性风险的发生，并做好相应防范措施，进一步预防金融系统性风险。运用网络度分布和网络传染路径分析当危机发生时哪种免疫策略能够更有效地控制风险传染，结果表明相较于随机免疫策略，目标免疫策略是一种更有效的风险传染免疫策略。

嵌入网络舆情指数的中国金融系统性风险预警研究
——基于LSTM深度神经网络模型

第一节
引言

2008 年全球金融危机引发了国际组织、各国金融监管机构及学者们对金融系统性风险的重新思考。与此同时，金融风险传染日渐常态化，包括"钱荒""股灾"等极端风险事件造成网络舆情的扩散，使金融系统性风险在资本市场快速传播。此外，中国目前正处在供给侧结构性改革和经济转型时期，金融业深层次矛盾进一步凸显。党的十九大报告强调要"守住不发生系统性金融风险的底线"，因此防范和化解金融系统性风险是新时代我国金融工作的重中之重，也是保证我国经济平稳、健康发展的重要基础和条件。由于严格的监控和管制，我国目前没有爆发过大规模的系统性金融危机，但随着国际金融市场的联动性日益增强，国内金融市场的改革逐步深化，金融创新日新月异，设计和构建一个理论上可靠、实践上有效的金融系统性风险预警模型和方法，以避免金融系统性风险的发生，保证经济金融良好有序地运行就显得尤为必要，对我国金融系统性风险预警和防范也具备十分重要的意义。

金融系统性风险预警和防范是近年来学术界研究的热点，传统的金融风险预警方法主要通过线性模型进行研究。早期预警法是最早应用于金融系统性风险预警的方法，该方法选择可以反映金融风险的因变量以及与其具有相关性的自变量，通过建立条件方程拟合两者之间的关系，由此对金融风险进行预测。其中包括 FR 概率模型（Frankel and Rose，1996）、STV 模型（Sachs et al.，1996）和 KLR 信号预警模型（Kaminsky，1998）。早期预警法应用的前提是目标国家对于金融危机或金融系统性风险事件有准确的定义，但对于中国这类历史上从未发生过金融危机的国家，早期预警方具有很大的局限性。虽然有学者提出了设定金融危机风险指标数据的临界值（陈雨露、马勇，2013）或构建金融危机指标并对危机指标（陈守东；2006）设定一定的阈值来定义金融危机，但是当指标超过阈值或临界值，是否真会发生金融系统性风险或金融危机，早期预警法不能给出明确解释。

近年来，非线性模型因其挖掘变量之间非线性关系的能力可有效提高金融预警的表现而逐渐取代了时间序列等线性模型在金融预测和预警方面的应用。Yu 等（2010）提出了基于经验模态分解法的多量程神经网络模型，分别以韩元和泰铢兑美元的汇率作为韩国和泰国经济波动水平的指标，其实证结果显示，相比于传统的神经网络模型，该模型具有较高的预测精度。Iturriaga 和 Sanz（2015）结合多层感知器和自组织映射构建了一种神经网络模型用以研究美国银行破产问题，该模型可以提前三年预测银行破产的可能性，并且相比于传统模型具有更高的预测准确率。但是，基于人工神经网络的金融预测存在以下问题：一是过拟合使模型在训练集外预测能力变差；二是优化过程存在梯度消失或梯度爆炸，使神经网络无法有效学习；三是局部极值问题，导致无法找到全局最优解。近年来，深度学习不断发展，LSTM（Long Short Term Memory，长短期记忆）神经网络这类深度学习方法逐渐应用于金融预测中。Persio 和 Honchar（2016）将 LSTM 神经网络用于谷歌股价的趋势预测，结果表明 LSTM 深度神经网络在金融时间序列预测方面具有优势；杨青和王晨蔚（2019）将 LSTM 深度神经网络应用于全球 30 个股票指数三种不同期限的预测研究，发现预测精度相较于 BP 和 SVR 都有明显提高。深度学习方法相比传统机器学习的优势在于可以更好地适应非线性、高维度的复杂时间序列数据。

此外，通过搜寻国内外大量相关文献，发现对金融系统性风险的研究较少考虑网络舆情，然而网络舆情与股票市场有很强的关联性，例如作为衡量网络舆情程度的搜索引擎数据已经应用于股市波动性的研究中。Hamid 和 Heiden（2015）通过使用搜索引擎数据来衡量投资者对股市指数的关注度，借助 AR 模型、ARFIMA 模型和 HAR 模型，分析搜索引擎数据与股市波动性之间的关系，从而预测每周波动率。汪昌云和武佳薇（2015）通过构建的媒体语气作为正负面投资者情绪代理变量，从个股层面检验投资者情绪对 IPO 抑价率的影响。陈其安和雷小燕（2017）以利率为变量，投资者效用最大化为决策目标建立数学模型，对 2006~2014 年的投资者情绪、股票市场指数收益以及中国货币政策进行实证分析，结果表明投资者情绪与中国股票波动性正相关。孙书娜和孙谦（2018）利用用户的自选股信息构建了日度超额关注度指标，运用固定效应面板模型对关注度和股市间的关系进行验证，研究发现投资者关注在短期内会对市场价格形成压力并使交易量剧增。由此可见，网络舆情对股市波动性有一定的影响，而股市波动性恰恰是金融风险的来源，因此将网络舆情嵌入到金融系统性风险预警的研究中具有十分重要的意义。

鉴于此，本章首先基于股吧大数据，利用文本挖掘方法，构建网络舆情指标。为此，收集了东方财富旗下股票社区股吧的 45 家金融机构的所有评论帖子，并进行分类计算以获取投资者对市场的正负面舆情效应，最终构建新的网络舆情指数。其次，通过混频格兰杰因果检验对网络舆情与金融系统性风险因果关系进行检验。进一步通过构建 LSTM 深度神经网络，将网络舆情指数纳入预测模型中，对中国金融市场四个维度 13 个系统性风险指标进行预测，并对其准确率和可靠性进行分析。最后，还通过构建的 LSTM 深度神经网络模型与 BP、SVR 和 ARIMA 模型进行对比分析，研究网络舆情对金融系统性风险指标预测的影响以及 LSTM 深度神经网络模型的泛化能力。

第二节
模型构建与方法说明

一、LSTM 深度神经网络模型的构建

Hochreiter 和 Schmidhuber（1997）提出了 LSTM 神经网络，由于其独特的设计结构而适用于处理和预测时间序列中间隔和延迟较长的重要事件，可以学习长期依赖信息，因此常被用于语音识别、图像识别等。LSTM 神经元结构如图 11-1 所示，其内部包括一个记忆储存（Cell）和三个门控（Gates）设置，记忆储存用于记录神经元状态，输入门（Input Gate）和输出门（Output Gate）用来接收、输出参数和修正参数，遗忘门（Forget Gate）用来控制上一单元状态的被遗忘程度。

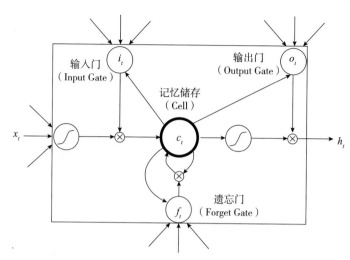

图 11-1　LSTM 神经元结构

控制门工作原理如下：

（1）遗忘门：通过 *sigmoid* 函数决定舍去哪些过去的信息，公式如下：

$$f_t = \sigma\left[W_f \cdot (h_{t-1}, \ x_t) + b_f \right] \tag{11-1}$$

其中，h_{t-1} 是 $(t-1)$ 时刻的输出，x_t 是 t 时刻本层的输入，W_f 是各个变量的权重，b_f 是截距项，σ 是 *sigmoid* 函数，形式为 $\sigma(x) = (1 + e^{-x})^{-1}$，$f_t$ 介于 0~1 之间。

（2）输入门：更新细胞状态中的存储信息。输入门分三步计算：第一步是输入门的 *sigmoid* 函数计算结果 i_t，决定保存哪部分输入信息；第二步根据 *tanh* 函数创建新向量，添加到细胞状态中；第三步通过旧的细胞状态乘以遗忘门（f_t），遗忘部分旧信息，然后加上新的输入信息，更新当期细胞状态。公式如下：

$$i_t = \sigma\left[W_i \cdot (h_{t-1}, \ x_t) + b_i \right] \tag{11-2}$$

$$\tilde{C}_t = tanh\left[W_c \cdot (h_{t-1}, \ x_t) + b_c \right] \tag{11-3}$$

$$C_t = f_t C_{t-1} + i_t \tilde{C}_t \tag{11-4}$$

其中，i_t 介于 0 ~ 1 之间，*tanh* 表示正切激励函数，C_{t-1} 表示 $(t-1)$ 时的细胞状态值，$\tilde{C}_t$ 表示从 t 时刻输入信息中提取出记录的信息，C_t 表示更新后的细胞状态值。

（3）输出门：决定输出的信息。采用 *sigmoid* 函数确定输出多少信息量, 采用 $tanh$ 函数处理 C_t, o_t 和 $tanh(C_t)$ 相乘得到 t 时刻输出值。公式如下:

$$o_t = \sigma[W_o \cdot (h_{t-1}, x_t) + b_o] \tag{11-5}$$

$$h_t = o_t \cdot tanh(C_t) \tag{11-6}$$

至此, 通过三个控制门机制, 完成了一个神经元的内部处理, 使 LSTM 模型可以有效利用输入数据, 对过去长时期数据形成记忆。

深度神经网络存在两种可能影响模型训练效果的问题: 一是梯度消失导致神经网络难以收敛; 二是过拟合导致测试集失效。Ioffe 和 Szegedy (2015) 提出的 BN 能有效解决梯度消失问题, Srivastava 等 (2014) 提出的 Dropout 技术通过阻止神经元共适应能够缓解过拟合问题。因此, 本章参考杨青和王晨蔚 (2019) 的设计, 在构建 LSTM 深度神经网络模型时特别添加了 BN 层和 Dropout 层以优化神经网络结构。具体来说, LSTM 深度神经网络模型的主体结构包括三层 LSTM 神经层和两层全连接层, 每个 LSTM 层包括 200 个节点, 在每层 LSTM 神经层前加入 BN 层, 其后加入 Dropout 层并将失活概率设为 0.2。本章构建的 LSTM 深度神经网络模型计算结构见图 11-2, 虚线方框内表示神经网络结构。

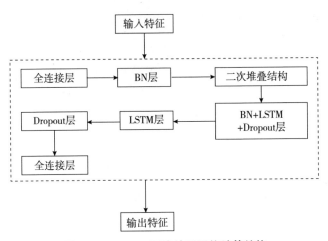

图 11-2　LSTM 深度神经网络计算结构

LSTM 深度神经网络模型构建之后, 采用 Mini-Batch 方法训练 LSTM 深度神经网络。输入训练数据集 $S = \{(x_1, y_1), (x_2, y_2), \cdots, (x_n, y_n)\}$, 其中 x_i 为训练数据, y_i 为对应的预测数据, 输入 LSTM 弱预测器, 然后输出强预测器。优化器方面，借鉴 Kingma 和 Ba（2015）提出的 Adam 优化器，它可以以更快的收敛速度对模型进行优化训练。笔者基于 Google 开发的 TensorFlow 框架实现 LSTM 深度神经网络。

二、非线性格兰杰因果检验

由于所使用的统计数据存在不同频现象，若对数据进行降频，则易丢失数据的关键信息，造成结论偏差。因此，基于 MF-VAR 模型进行非线性格兰杰因果检验，进而分析网络舆情与金融系统性风险之间的因果联系。参考 Ghysels 等（2016）、杨子晖等（2019）的研究，对高频过程与低频过程两类信息的频率比例用 m 表示，可将观测数据聚合为混频向量：

$$X(\tau_l,\ 1) = \left[x_H(\tau_L,\ 1)',\ \cdots,\ x_H(\tau_L,\ m)',\ x_L(\tau_L)'\right]' \qquad (11\text{-}7)$$

假定该混频向量服从 VAR(p) 过程，为检验混频数据之间是否存在格兰杰因果关系，将模型进一步扩展为步长 h 的 $MF-VAR(p,\ h)$ 模型，即：

$$X(\tau_L + h) = \sum_{k=1}^{p} A_k^{(h)} X(\tau_L + 1 - k) + u^{(h)}(\tau_L) \qquad (11\text{-}8)$$

其中，$A_k^{(i)} = A_k$，$A_k^{(i)} = A_{k+i-1} + \sum_{l=1}^{i-1} A_{i-l} A_k^{(l)}(i \geqslant 2)$，$u^{(h)}(\tau_L) = \sum_{k=0}^{h-1} \varphi_k \varepsilon(\tau_L - k)$。与此同时，"不存在格兰杰因果关系" 的原假设转化为线性系数约束，即：

$$H_0(h):\ Rvec[B(h)] = r \qquad (11\text{-}9)$$

其中，R 是根据相关原假设确定的行满秩的选择矩阵，$B(h)$ 为 $MF-VAR(p,\ h)$ 模型的系数，r 为约束向量。在此基础上构建 $Wald$ 统计量：

$$W_{T^*} \equiv T^* \{Rvec[\hat{B}(h)] - r\}' \times \left[R \sum_p(h) R'\right]^{-1} \times \{Rvec[\hat{B}(h)] - r\}$$

$$(11\text{-}10)$$

其中，T^* 为有效的样本数量，$\hat{B}(h)$ 是 $B(h)$ 的最小二乘估计量，并进一步使用自举法对 $Wald$ 统计量的显著性进行检验，即：

$$\hat{p}_N(W_{T^*}) = (N+1)^{-1} \times \left[1 + \sum_{i=1}^{N} I(W_i \geqslant W_{T^*})\right] \qquad (11\text{-}11)$$

三、网络舆情指数的构建

对于网络舆情指数的构建原理和方法，在第六章第二节和第九章第二节均做了详细的解释，这里不再重复。本章的样本数据源于 2011 年 1 月至 2018 年 12 月沪深 A 股 45 家上市金融机构（含银行类金融机构 16 家，保险类金融机构 4 家，证券类金融机构 25 家）股吧评论数据。

四、嵌入网络舆情指数的系统性风险预警模型

本章将金融系统性风险指标和网络舆情指数作为预警模型的输入，模型输出则分别对应每一个指标的预测信息，LSTM 深度神经网络计算见图 11-3。将 BP 神经网络和 SVR 模型作为 LSTM 深度神经网络的非线性对照模型。SVR 模型具有较好的非线性预测能力，一直是人工智能研究的热点问题，被广泛应用于金融预测等各大领域（唐晓彬等，2018）。BP 神经网络同样大量应用于金融预警等领域（胡海青等，2012），本章构建三层经典 BP 神经网络作为非线性对照模型。两种非线性模型的预测思路是将指标分别输入，模型输出则是分别对应每一个指标的预测信息，BP 神经网络和 SVR 模型计算同样见图 11-3。

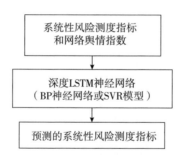

图 11-3 LSTM 深度神经网络（BP 神经网络或 SVR 模型）预警思路

ARIMA 模型也常用于金融时间序列的预测，因此选择 ARIMA 模型作为 LSTM 深度神经网络的对照模型。ARIMA 模型的预测思路是首先输入系统性风险测度指标，通过 ADF 检验选择最优差分阶数得到平稳序列，最后根据 BIC 准则选取模型参数 (p, d, q) 进行序列建模，通过构建的 $ARIMA(p, d, q)$ 进行模型预测，得出预测结果。由于 ARIMA 模型只能用于单维度的数据预测，因此 ARIMA 模型未纳入网络舆情指数。模型计算见图 11-4。

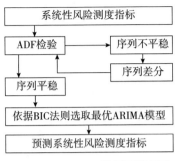

图 11-4　ARIMA 模型预警思路

五、模型的检验

为检验 LSTM 深度神经网络模型的有效性，这里采用平均百分比误差（MAPE）作为评价标准，计算公式如下：

$$MAPE = -\frac{1}{n} \times \sum_{i=1}^{n} \left| \frac{N_i - M_i}{N_i} \right| \qquad (11-12)$$

其中，N_i 为测试值，M_i 为真实值，n 为样本个数。通过式（11-12）可以看出，MAPE 越小表示模型的预测能力越好，预测精度越高。

第三节

嵌入网络舆情指数的系统性风险
预警的实证分析

一、变量选取与数据描述

为了更全面准确地评估 LSTM 深度神经网络模型对中国金融系统性风险预警的适用性，本章分别从银行、保险和证券三个板块共选取 45 家上市公司作为中国金融机构样本。参考 Giglio 等（2016）、欧阳资生等（2019）的研究，选取个体机构极值风险、传染效应、波动与不稳定性、流动与信用风险四个大类、14 个小类的金融系统性风险指标，指标具体描述见表

7-1。为本章叙述方便，将指标体系列入表11-1。数据区间选取2011年1月到2018年12月沪深300指数作为金融市场收益率的度量指标，由上市公司季度报表提供的总资产、总负债等数据计算账面杠杆率和市场杠杆率，由公司市值占比来度量各机构在总体计算中的权重。数据来自国泰安数据库和Wind数据库。

表11-1 金融系统性风险测度指标

指标类别	变量名称	变量含义	频度	指标类别	变量名称	变量含义	频度
机构极值风险	CoVaR	条件在险值	日度	波动与不稳定性	Volatility	收益波动率	月度
	ΔCoVaR	条件在险值差	日度		Book_lev	账面杠杆率	月度
	MES	边际期望损失	日度		Market_lev	市场杠杆率	月度
	CATFIN	金融体系巨灾风险	日度		Size_concen	规模集中度	月度
传染效应	Abs	吸收比率	日度	流动与信用风险	AIM	个股流动性	月度
	ΔAbs	吸收比率差	日度		Credit_spread	信用利差	月度
	Average_Cor	平均相关系数	日度		Term_spread	期限利差	月度

二、网络舆情与金融系统性风险的联动效应分析

为了考察各金融系统性风险测度指标是否存在显著的非线性变化，这里采用Brock等（1996）提出的BDS检验和Ramsey（1969）提出的RESET检验对各金融系统性风险测度指标进行检验，检验结果见表11-2。由表11-2可以看出，两种检验方法的结论十分稳健，绝大多数金融系统性风险测度指标均在1%的显著性水平下拒绝"时间序列存在线性趋势"的原假设。这说明受到网络舆情、股市波动等因素的影响，我国金融市场尾部风险呈现明显的非线性趋势。

表11-2 指标的非线性检验

指标	BDS 检验		RESET 检验	
	检验统计量	P 值	检验统计量	P 值
CoVaR	13.58***	0.000	5.23***	0.000
ΔCoVaR	14.09***	0.000	4.21***	0.000

指标	BDS 检验		RESET 检验	
	检验统计量	P 值	检验统计量	P 值
MES	13.74***	0.000	6.36***	0.000
CATFIN	13.09***	0.000	5.17***	0.000
Abs	16.94***	0.000	2.17**	0.011
ΔAbs	7.39***	0.000	4.94***	0.000
Average_Cor	6.19***	0.000	3.72***	0.000
Volatility	7.05***	0.000	7.31***	0.000
Book_lev	5.04***	0.000	6.82***	0.000
Market_lev	18.90***	0.000	9.25***	0.000
Size_concen	13.45***	0.000	5.16***	0.000
AIM	10.14***	0.000	1.70**	0.044
Credit_spread	12.89***	0.000	2.19**	0.014
Term_spread	13.19***	0.000	5.27***	0.000

注：①BDS 检验中嵌套维度 m 为 4；②BDS 检验统计量服从渐近正态分布，RESET 检验统计量服从 F 分布；③*、** 和 *** 分别表示在 10%、5% 和 1% 的水平上显著。

根据表 11-2 的非线性特征检验结果，网络舆情指数与金融系统性风险都存在显著的非线性变化趋势。根据 TVAL 非参数检验方法（Hiemstra and Jones，1994）和非参数 T_n 检验方法（Diks and Panchenko，2006）对网络舆情指数和金融系统性风险进行非线性格兰杰因果检验，从机构极值风险、传染效应、波动与不稳定性和流动与信用风险四类系统性风险指标中分别选取 CoVaR、Abs、Market_lev 和 AIM 作为各个类别的代表指标，在非线性的框架下考察网络舆情与金融系统性风险之间的关系，检验结果如表 11-3 所示。

表 11-3　网络舆情与金融系统性风险的非线性检验

原假设：网络舆情不是以下金融系统性风险的非线性格兰杰因果原因				
	机构极值风险		传染效应	
$L_x = L_y$	TVAL	T_n	TVAL	T_n
1	3.265***	3.291***	2.083**	2.121**

续表

原假设：网络舆情不是以下金融系统性风险的非线性格兰杰因果原因				
	机构极值风险		传染效应	
$L_x = L_y$	TVAL	T_n	TVAL	T_n
2	2.153 **	2.232 **	1.384 *	1.362 *
3	1.862 **	1.793 **	1.783 **	1.795 **
4	2.504 ***	2.487 ***	1.535 *	1.582 *
$L_x = L_y$	波动与不稳定性		流动与信用风险	
1	2.271 **	1.348 *	1.853 **	1.872 **
2	2.179 **	1.964 **	1.956 **	2.009 **
3	1.325 *	1.245	1.324 *	1.363 *
4	1.226	1.217	1.273 *	1.262 *

注：①$L_x = L_y$ 表示残差序列滞后阶数；②TVAL 和 T_n 非参检验统计量均为右单侧检验，并渐近服从标准正态分布；③ *、** 和 *** 分别表示在 10%、5% 和 1% 的水平上显著。

从表 11-3 可以看出，网络舆情对金融系统性风险存在显著的非线性影响机制。其中在 10% 的显著性水平下，网络舆情对机构极值风险、传染效应、波动与不稳定性和流动与信用风险都存在显著的格兰杰因果关系，说明网络舆情是中国金融系统性风险的重要来源之一，意味着网络舆情事件的发生可能引发金融系统性风险。

三、系统性风险预警模型比较

为比较不同预测方法对不同系统性风险指标短期、中期、长期的预测效果，分别取各日度指标整体数据集的最后 30 天、最后 90 天、最后 250 天作为短期、中期、长期预测的测试集，取月度指标整体数据集的后 10%、20%、30% 的数据作为短期、中期、长期的测试集，剔除测试集即为对应训练集。

（一）短期系统性风险预警模型比较

采用 LSTM 深度神经网络模型、BP 神经网络、SVR 模型及 ARIMA 模型四种方法对金融系统性风险进行短期预测，同时，为考虑网络舆情的影响，分别讨论了纳入网络舆情指数和未纳入网络舆情指数的预测效果。表 11-4 为各系统性风险指标预测结果的短期表现，MAPE1 代表未纳入网络舆情指数时各预测模型的 MAPE 值，MAPE2 代表纳入网络舆情指数时各预测模型的 MAPE 值。对于 CoVaR、MES、CATFIN 和平均相关系数等统计方法估计的指标，参考 Adrian 和 Brunnermeier（2016）、Acharya 等（1997）、Allen 等（2012）、Patro 等（2013）的研究，上述指标目前为学界常用的系统性风险指标，可代表系统性风险水平，因此本章将其用于系统性风险水平的预测。

表 11-4　不同模型的金融系统性风险短期预测效果对比　　单位：%

指标	指数名称	LSTM	BP	SVR	ARIMA	指数名称	LSTM	BP	SVR	ARIMA
MAPE1	CoVaR	1.15	1.32	1.23	1.58	Volatility	1.24	1.27	1.15	1.64
MAPE2		0.64	0.93	1.02			0.82	0.85	0.73	
MAPE1	ΔCoVaR	1.13	1.46	1.25	1.68	Book_lev	1.15	1.42	1.35	1.94
MAPE2		0.68	0.88	1.07			0.73	1.03	0.96	
MAPE1	MES	1.04	1.73	1.57	2.04	Market_lev	1.05	1.45	1.39	1.84
MAPE2		0.76	0.95	1.08			0.86	1.04	1.13	
MAPE1	CATFIN	0.95	1.25	1.28	2.15	Size_concen	1.36	1.26	1.27	1.59
MAPE2		0.51	0.82	0.93			1.24	1.21	1.14	
MAPE1	Abs	1.15	1.57	1.48	1.82	AIM	1.24	1.26	1.22	1.65
MAPE2		0.62	0.82	0.91			1.02	1.05	0.98	
MAPE1	ΔAbs	1.17	1.53	1.42	1.80	Credit_spread	1.12	1.35	1.26	1.63
MAPE2		0.61	0.81	0.92			0.75	0.91	1.02	
MAPE1	Average_Cor	0.85	1.25	1.02	1.21	Term_spread	1.02	1.25	1.32	1.56
MAPE2		0.72	0.93	0.98			0.86	1.06	1.16	

综合 14 个金融系统性风险指标来看，在预测精度方面，未纳入网络舆情指数的 LSTM 深度神经网络在 11 个预测结果上有精度提升，纳入网络舆情指数的 LSTM 深度神经网络在 12 个预测结果上有精度提升。因而，针对系统性风险指标短期预测，LSTM 深度神经网络模型预测效果明显更好，且纳入网络舆情指数的 LSTM 有更好的表现，能够提高绝大部分金融系统性风险测度指标的预测精度。

与 ARIMA 模型比较，只有 LSTM 深度神经网络在全部系统性风险指标预测精度上全部提升。BP 神经网络与 SVR 模型在短期预测金融系统性风险指标时，无论是否纳入网络舆情指数，都不能表现出优势，预测精度呈现高低不定的状态。纳入网络舆情指数的 LSTM 深度神经网络模型具有短期预测效果的提升。

表 11-5 为金融系统性风险指标测试集的短期平均预测效果评估结果。从表 11-5 中三种精度指标可以看出纳入网络舆情指数的 LSTM 深度神经网络模型相对于 BP、SVR 和 ARIMA 模型的预测精度均有所提高。通过 MAPE2 值来分析，机构极值风险组平均 MAPE 值为 1.07%，相比于 BP、SVR 和 ARIMA 模型，平均预测精度分别提高 0.37%、0.26% 和 0.79%；传染效应组平均 MAPE 值为 1.06%，相比于 BP、SVR 和 ARIMA 模型，平均预测精度分别提高 0.39%、0.25% 和 0.55%；波动和不稳定性组平均 MAPE 值为 1.20%，相比于 BP、SVR 和 ARIMA 模型，平均预测精度分别提高 0.15%、0.09% 和 0.55%；流动和信用风险组平均 MAPE 值为 1.13%，相比于 BP、SVR 和 ARIMA 模型，平均预测精度分别提高 0.16%、0.14% 和 0.48%。总体来看，全部 14 个指标纳入网络舆情指数的 LSTM 深度神经网络平均 MAPE 值为 1.12%，预测精度比 BP 神经网络、SVR 模型和 ARIMA 模型分别提高 0.26%、0.18% 和 0.60%。因此，就金融系统性风险短期预测而言，纳入网络舆情指数的 LSTM 深度神经网络的预测精度都要优于其他三种模型。

表 11-5　短期金融系统性风险指标预测结果精度对比　　　　单位：%

	机构极值风险	传染效应	波动和不稳定性	流动和信用风险
Panel A：MAPE1 平均值				
LSTM	1.07	1.06	1.20	1.13
BP	1.44	1.45	1.35	1.29
SVR	1.33	1.31	1.29	1.27
ARIMA	1.86	1.61	1.75	1.61
Panel B：MAPE2 平均值				
LSTM	0.58	0.65	0.91	0.88
BP	0.89	0.85	1.03	1.01
SVR	1.03	0.94	0.99	1.05

（二）中期系统性风险预警模型比较

本章采用 90 天数据长度衡量纳入网络舆情指数和未纳入网络舆情指数的 LSTM 深度神经网络模型、BP 神经网络、SVR 模型及 ARIMA 模型四种方法的金融系统性风险中期预测效果。表 11-6 为各系统性风险指标中期预测结果。

表 11-6　中期金融系统性风险指标预测结果　　　　单位：%

指标	指数名称	LSTM	BP	SVR	ARIMA	指数名称	LSTM	BP	SVR	ARIMA
MAPE1	CoVaR	1.04	2.36	2.78	2.02	Volatility	2.25	2.15	2.32	5.21
MAPE2		1.25	1.89	2.01			2.06	2.03	2.26	
MAPE1	ΔCoVaR	1.12	2.27	2.98	2.13	Book_lev	1.34	3.95	3.67	7.12
MAPE2		1.01	1.96	2.78			1.41	3.73	3.36	
MAPE1	MES	1.42	3.25	3.83	2.24	Market_lev	1.27	2.76	2.62	2.28
MAPE2		1.37	2.92	3.72			1.14	2.59	2.40	
MAPE1	CATFIN	1.25	2.01	2.35	4.28	Size_concen	1.28	2.84	2.63	6.26
MAPE2		1.21	1.95	1.85			1.35	2.48	2.39	
MAPE1	Abs	2.01	3.07	3.68	5.29	AIM	1.79	3.62	4.72	6.94
MAPE2		1.95	3.12	3.52			1.54	3.39	4.28	
MAPE1	ΔAbs	2.04	3.16	3.59	6.26	Credit_spread	2.51	2.76	2.57	2.24
MAPE2		1.98	2.86	3.48			2.12	2.59	2.26	
MAPE1	Average_Cor	1.36	3.25	3.19	7.12	Term_spread	1.48	2.79	3.26	8.52
MAPE2		1.45	3.13	3.02			1.36	2.57	3.01	

综合 14 个金融系统性风险指标，在预测精度方面，未纳入网络舆情指数的 LSTM 深度神经网络模型在 12 个预测结果上有精度提升，纳入网络舆情指数的 LSTM 深度神经网络在 13 个预测结果上有精度提升。对于 Volatility，LSTM 深度神经网络 MAPE 值仅略高于 BP 神经网络。总体来看，LSTM 对于预测中期系统性风险指标更好，能够提高绝大部分指标的准确率。

与 ARIMA 模型比较，只有 LSTM 深度神经网络在全部系统性风险指标预测精度上稳定提升。BP 神经网络对 CoVaR、ΔCoVaR 和 Market_lev 的三个预测精度指标均不及 ARIMA 模型。BP 神经网络与 SVR 模型在中期预测系统性风险指标时，无论是否纳入网络舆情指数，都不能表现出优势，预测精度呈现高低不定的状态。纳入网络舆情指数的 LSTM 深度神经网络模型具有中期预测效果的提升。

表 11-7 为系统性风险指标测试集的中期平均预测效果评估结果。从表 11-7 中 MAPE 值可看出，纳入网络舆情指数的 LSTM 深度神经网络相对于 BP、SVR 和 ARIMA 模型的预测精度均有所提高。通过 MAPE 值来分析，机构极值风险组平均 MAPE 值为 1.40%，相比于 BP、SVR 和 ARIMA 模型，平均预测精度分别提高 1.07%、1.58% 和 1.27%；传染效应组平均 MAPE 值为 1.80%，相比于 BP、SVR 和 ARIMA 模型，平均预测精度分别提高 1.36%、1.69% 和 4.42%；波动和不稳定性组平均 MAPE 值为 1.54%，相比于 BP、SVR 和 ARIMA 模型，平均预测精度分别提高 1.39%、1.27% 和 3.68%；流动和信用风险组平均 MAPE 值为 1.59%，相比于 BP、SVR 和 ARIMA 模型，平均预测精度分别提高 1.80%、1.26% 和 4.31%。总体来看，全部 14 个指标 LSTM 深度神经网络的平均 MAPE2 值为 1.57%，预测精度比 BP 神经网络、SVR 和 ARIMA 模型分别提高 1.38%、1.66% 和 3.28%。因此，就系统性风险中期预测而言，纳入网络舆情指数的 LSTM 深度神经网络的预测精度都要高于其他三种模型。

表 11-7　中期金融系统性风险指标预测结果精度对比　　单位：%

	机构极值风险	传染效应	波动性和不稳定性	流动性和信用风险
Panel A：MAPE1 平均值				
LSTM	1.40	1.80	1.54	1.59
BP	2.47	3.16	2.93	3.39
SVR	2.98	3.49	2.81	3.85
ARIMA	2.67	6.22	5.22	5.90
Panel B：MAPE2 平均值				
LSTM	1.14	1.73	1.39	1.44
BP	2.18	3.04	2.71	3.18
SVR	2.59	3.49	2.81	3.52

（三）长期系统性风险预警结果比较

采用 250 天数据长度衡量纳入网络舆情指数和未纳入网络舆情指数的

LSTM 深度神经网络模型、BP 神经网络、SVR 模型及 ARIMA 模型四种金融系统性风险长期预测效果。表 11-8 为各系统性风险指标预测结果。

表 11-8　长期金融系统性风险指标预测结果　　　　单位: %

指标	指数名称	LSTM	BP	SVR	ARIMA	指数名称	LSTM	BP	SVR	ARIMA
MAPE1	CoVaR	1.07	1.58	1.73	3.37	Volatility	1.42	1.35	1.36	4.01
MAPE2		1.12	1.46	1.62			1.16	1.25	1.25	
MAPE1	ΔCoVaR	1.14	1.63	1.84	3.25	Book_lev	1.25	2.02	1.78	1.62
MAPE2		1.03	1.53	1.76			1.12	1.89	1.63	
MAPE1	MES	1.26	1.73	2.03	3.28	Market_lev	1.52	1.85	2.36	1.43
MAPE2		1.24	1.32	1.85			1.36	1.63	2.15	
MAPE1	CATFIN	0.98	1.74	1.69	2.58	Size_concen	1.24	1.57	1.79	5.65
MAPE2		0.84	1.65	1.58			1.10	1.34	1.56	
MAPE1	Abs	1.25	1.75	1.93	6.52	AIM	1.04	1.47	1.68	3.26
MAPE2		1.14	1.63	1.76			1.25	1.26	1.35	
MAPE1	ΔAbs	1.38	1.92	1.75	2.64	Credit_spread	1.35	2.03	1.78	5.48
MAPE2		1.25	1.76	1.63			1.18	1.76	1.47	
MAPE1	Average_Cor	1.57	2.38	2.63	4.72	Term_spread	1.26	1.86	1.69	5.39
MAPE2		1.42	2.26	2.48			1.12	1.59	1.28	

综合 14 个金融系统性风险指标, 在预测精度方面, 未纳入网络舆情指数的 LSTM 深度神经网络的 MAPE1 值小于 BP 神经网络、SVR 模型和 ARIMA 模型, 即对于 12 个系统性风险指标, LSTM 深度神经网络能够明显提高预测精度。纳入网络舆情指数的 LSTM 深度神经网络在全部 14 个预测结果上均有精度提升。对于 Volatility, 未纳入网络舆情指数的 LSTM 深度神经网络 MAPE1 值仅略高于 BP 神经网络和 SVR 模型。总体来看, 纳入网络舆情指数的 LSTM 对于预测长期系统性风险指标更好, 能够提高绝大部分指标的精确度。

与 ARIMA 模型比较, 只有 LSTM 深度神经网络在全部系统性风险指标预测精度上稳定提升。BP 神经网络对 Book_lev 和 Market_lev 的两个预测精度指标均不及 ARIMA 模型。BP 神经网络与 SVR 模型在长期预测系统性风险指标时, 无论是否纳入网络舆情指数, 都不能表现出优势, 预测精度呈现高低不定的状态。

表 11-9 为系统性风险指标测试集的长期平均预测效果评估结果。从表 11-9 中 MAPE 值可以看出 LSTM 深度神经网络相对于 BP、SVR 和 ARIMA 模型的预测精度均有所提高。通过 MAPE2 值来分析，机构极值风险组平均 MAPE 值为 1.11%，相比于 BP、SVR 和 ARIMA 模型，平均预测精度分别提高 0.56%、0.71% 和 2.01%；传染效应组平均 MAPE 值为 1.40%，相比于 BP、SVR 和 ARIMA 模型，平均预测精度分别提高 0.62%、0.50% 和 3.23%；波动和不稳定性组平均 MAPE 值为 1.36%，相比于 BP、SVR 和 ARIMA 模型，平均预测精度分别提高 0.34%、0.46% 和 2.72%；流动和信用风险组平均 MAPE 值为 1.22%，相比于 BP、SVR 和 ARIMA 模型，平均预测精度分别提高 0.67%、0.50% 和 3.49%。总体来看，全部 14 个指标 LSTM 深度神经网络的平均 MAPE2 值为 1.27%，预测精度比 BP 神经网络、SVR 和 ARIMA 模型分别提高 0.51%、0.60% 和 2.64%。因此，就金融系统性风险长期预测而言，纳入网络舆情指数的 LSTM 深度神经网络的预测精度都要高于其他三种模型。

表 11-9　长期系统性风险金融指标预测结果精度和准确率对比

单位：%

	机构极值风险	传染效应	波动性和不稳定性	流动性和信用风险
Panel A：MAPE1 平均值				
LSTM	1.11	1.40	1.36	1.22
BP	1.67	2.02	1.70	1.79
SVR	1.82	2.10	1.82	1.72
ARIMA	3.12	4.63	3.18	4.71
Panel B：MAPE2 平均值				
LSTM	1.01	1.27	1.28	1.05
BP	1.49	2.22	1.53	1.54
SVR	1.70	1.96	1.65	1.37

四、LSTM 深度神经网络预警效果比较分析

综合 14 个系统性风险指标在短期、中期和长期三个不同期限的预测表

现，发现纳入网络舆情指数的 LSTM 深度神经网络在金融系统性风险指标预测上具有很强的优越性。具体来说，全部 14 个系统性风险指标利用同一个 LSTM 深度神经网络结构进行短期、中期和长期等不同期限的指标预测，其预测精度不会随着时间期限的不同而产生剧烈的波动，因此 LSTM 深度神经网络模型具有很强的自我学习和泛化能力。

在预测精度方面上，以 ARIMA 模型为基准，预测期限越长，ARIMA 模型失效越严重，而纳入网络舆情指数的 LSTM 深度神经网络具有较好的预测稳定性。LSTM 深度神经网络比 ARIMA 模型对全部系统性风险指标的平均预测精度分别提高了 0.60%（短期）、3.28%（中期）、2.64%（长期）。以 BP 神经网络和 SVR 为基准，纳入网络舆情指数的 LSTM 深度神经网络在三种不同的预测期限上准确率都有显著的提升。相比以 BP 神经网络为基准，纳入网络舆情的 LSTM 深度神经网络对全部系统性风险指标的平均预测精度分别提高了 0.26%（短期）、1.38%（中期）、0.51%（长期）。相比以 SVR 为基准，纳入网络舆情指数的 LSTM 深度神经网络对全部系统性风险指标的平均预测精度分别提高了 0.18%（短期）、1.66%（中期）、0.60%（长期）。

第四节
研究小结

本章以金融市场为研究对象，通过文本挖掘股吧评论数据构建中国金融机构网络舆情指数。采用非线性格兰杰因果检验方法，考察了网络舆情指数与金融系统性风险之间的因果关系。在此基础上，将网络舆情指数和 14 个金融系统性风险指标作为模型训练集，采用 LSTM 深度神经网络模型对金融系统性风险进行预警，并与 BP 神经网络、SVR 模型和 ARIMA 模型的预测效果进行短期、中期和长期三种期限的对比，得出以下结论：

（1）网络舆情与金融系统性风险的非线性检验表明，网络舆情与金融系统性风险存在因果关系，说明网络舆情是金融系统性风险的重要来源，这意味着中国金融市场是典型的"政策市场"，"不合时宜"的舆情可能会引发金融系统性风险。

（2）纳入网络舆情指数的 LSTM 深度神经网络模型在系统性风险指标预测中具有很强的泛化能力，能运用于多种系统性风险指标的预测中。与 BP 神经网络、SVR 模型和 ARIMA 模型相比，纳入网络舆情指数的 LSTM 深度神经网络模型在预测系统性风险上具有优越的预测性能。

（3）纳入网络舆情指数的 LSTM 深度神经网络模型能够更好地监测金融市场的变化，并且有效预测金融系统性风险的状态。鉴于深度 LSTM 预警模型具有强大的学习能力和模型的高度可调节性，其在金融系统性风险预警能力上具有很强的优势，因此将深度学习技术应用于金融预测和预警使金融智能化发展具有广阔的前景。

网络舆情影响下金融系统性风险
应对措施及长效机制

党中央将"健全金融监管体系，守住不发生系统性金融风险的底线"列为国家的一项重要工作，并多次强调"防范化解金融风险特别是防止发生系统性金融风险，是金融工作的根本性任务"。然而，在疫情影响和外部压力下，金融系统性风险隐患较大，而信息技术和网络媒体的发展，使风险爆发更具突发性，这就使金融系统性风险防范需要综合考虑网络舆情的影响，并且需要不断完善金融系统性风险的短期应对措施与长效防控机制。

网络舆情影响下的金融系统性风险防范的原则

（1）坚持党中央集中领导原则。金融系统性风险的形成相当复杂，具有众多的风险来源与形成路径，涉及主体多，演化过程瞬息万变，其有效防范需要广泛的协调和强有力的执行力。党中央有一支实践经验丰富和专业知识过硬的人才队伍。1997年亚洲金融危机和2008年的次贷危机，我国都进行了有效应对，这离不开党中央的正确领导。在实践上，党中央累积了风险防范的丰富经验。党中央也高度关注对金融风险的防范和金融人才的培养。坚持党中央的领导和部署，才能确保我国的金融改革朝着正确方向前进，保证国家金融安全。同时，金融系统性风险事关人民财产安全，一旦金融体系发生金融系统性风险，这会对我国经济发展和社会的稳定产生严重的影响，给人民造成重大财产损失，坚持和加强党中央集中领导也是保障群众财产安全的应有之义。

（2）坚持系统性与特殊性有机结合的原则。系统性风险来源广泛，其来源不仅包含经济金融因素，还包括外部突发事件等非经济因素，如2020年的新冠肺炎疫情这一公共卫生事件给全球经济金融带来巨大的冲击。同时，系统性风险产生的经济影响也不局限在金融市场，而且能够通过金融机构、金融市场的广泛联系使金融风险跨市场、跨区域对实体经济产生不利影响，使系统性风险具有全局性和系统性，这就要求在系统性风险防范过程中注重系统性的原则。此外，金融系统性风险的产生原因各有不同，异质性系统性风险的处置需要对症下药，因此在系统性风险防范和处置过程中需要坚持系统性和特殊性相结合的原则。

（3）坚持实体经济与金融体系协同发展的原则。习近平总书记指出，"实体经济健康发展是防范化解风险的基础"。在 1997 年亚洲金融危机和 2008 年美国次贷危机中，都存在资本流动过快的问题，虚拟经济发展速度超过了实体经济的承受程度。金融和经济相辅相成，金融的健康发展才能拉动实体经济更快更好发展，给国家经济带来活力，从而给金融提供发展的前提和基础。一旦金融业脱离实体经济，金融系统的风险将会快速蔓延。因此，在防范金融系统性风险时一定要注重实体经济与金融体系协同发展，防止资金"脱实向虚"。

第二节
金融系统性风险的应对现状与不足

金融危机的爆发会对国家的经济和社会产生严重影响，而我国现存的诸多问题会加重金融体系的脆弱性，导致金融系统性风险爆发的概率越大。了解我国金融系统性风险现状及不足，能够对我国金融系统性风险的防范和应对提供指导和启示。

一、金融系统性风险面临多方面风险来源

（1）外部经济环境形成严峻的总体风险形势。受到中美贸易战的影响，我国多边贸易体系受到冲击，对我国的进出口即外商投资产生不利影响。同时，欧洲债务危机的影响尚未完全消退，再加上英国陷入脱欧僵局，使英国经济速度放缓，英国作为全球资本市场强国，其经济发展给全球资本市场带来很大影响，全球金融经济处于不稳定的状态。

（2）我国也面临复杂的内部经济环境，其主要来源为房地产行业、地方政府债务、影子银行等各领域。我国房地产市场快速发展，对房地产行

业的投资和投机远远超过需求，房屋价格不合理。无论是 20 世纪八九十年代日本房地产泡沫还是 2008 年的次贷危机，房地产金融风险在金融系统性风险的爆发中都发挥了主要的力量。此外，地方政府债务大幅增加，使违约概率大幅增加，政府债务容易转化为金融系统性风险。影子银行作为我国金融市场的发展的创新性产物，由于其通过表外进行运作，具有较高的财务杠杆，同时，相关制度还不完善，监管相对薄弱，加大了金融体系的风险。

二、应对金融系统性风险存在突出问题

金融系统性风险的应对存在一些问题，给防范措施的实施增加了难度。一是国内外经济环境形势严峻，且近年来我国经济增速呈现放缓的走势，不良贷款持续攀升。二是信息不对称易引发道德风险，产生潜在的金融系统性风险。我国相当多的金融机构仍然存在"垒大户"情结，一方面造成了中小企业"融资难"的问题，银行信贷投放扭曲，另一方面使银行信贷资产过于集中，当出现异常事件时，风险便会集中爆发，这给金融危机埋下重大隐患。同时，我国相关法律制度不健全，无法对银行的行为形成约束。三是相关部门缺乏主动防范风险的意识。在面对大量可能引发危机的风险事件心存侥幸，在权责没有明晰的情况下，事不关己高高挂起，没有重视对不良资产处置和"僵尸企业"出清问题，甚至希望国家出台政策给予救助。四是我国实行的供给侧结构性改革在长期能够应对金融系统性风险，但随着改革纵深推进，改革的难点也不断显现。各企业大局意识有待加强，改革进程中需花费精力平衡各方面利益。

第三节
网络舆情影响下金融系统性风险防范短期措施

我国正处在防范化解重大金融风险攻坚战的关键时期，维护金融系统的稳定，要重视防范金融系统性风险。系统性风险事件一旦发生，必须要

及时采取相应的短期措施进行疏通化解，防止事件影响范围的进一步扩大，从而保障人民、金融机构、国家的利益。

一、金融系统性风险防治的网络社交平台规制对策

（1）规范网络社交平台的使用。由于网络是一个较为开放的平台，获取信息极为便利，加之使用成本低，互联网成为投资者传播信息和获取信息的重要渠道。同时，新媒体的发展带动了社会群众交流信息平台的拓宽，微博、微信、股吧等平台成为主要的信息交流平台。需要规范对主要信息平台的使用，对信息的发布进行严格审核，减少恶意不实信息的传播和扩散。政府可以通过建立官方账号，设置专栏，为投资者提出的问题进行解答，一方面可以提前掌握市场参与者的情绪方向，另一方面可以解决突发性网络公共事件，从根源上防止舆情在网上产生与发酵，预防金融系统性风险的发生。

（2）培养政治素质过硬的意见领袖，发挥其在网络舆情主体中的引导作用。在网络事件的参与中，主要有两类团体：一个是利益团体，团体内部有不同阶层，参与者表达自己的利益诉求。在该团体中，诉求能够得到快速整合，政策网络行动者的立场观点、利益代表更明朗，网络间的互动效率得到大幅提高。但该团体易出现激进运动，因此需要培养领域精英，作为意见领袖，为群众提供更专业的指导。另一个是民间草根组织这类公益性组织，它们具有比普通网民更为丰富的阅历和更加理性的判断，但受到规模限制，难以形成权威，我国应加大对民间草根组织的关注，加大扶持力度，引导和鼓励其对网络事件提供最真实的声音。

（3）积极引导资本市场投资者舆情，防止金融系统性风险不当蔓延。互联网是投资者获取和传播信息的重要渠道，网络舆情作为市场参与主体市场预期的重要反映载体，包含丰富的市场风险信息，投资者既是网络舆情的受众，也是网络舆情的传递者，网络舆情的传播也由依靠传统专业媒体渠道向公共媒体与自媒体并行传播发展，这种开放的信息交流渠道能够对投资者的情绪、态度及行为产生影响，进而影响金融市场，对金融系统性风险的发生起到金融加速器的作用。事实上，投资者关注度对系统性风险具有较大影响，投资者对市场的关注度越高，金融系统性风险水平越高；投资者情绪对金融系统性风险的影响具有非对称性，其中投资者积极

情绪较之消极情绪对金融系统性风险的影响更大；投资者对于资本市场未来收益预期差异也将对金融系统性风险产生影响，并且投资者意见分歧越大，金融系统性风险水平越高。因此，要加大对广大投资者的风险意识教育，防止公共突发事件发生时不良网络舆情的推波助澜，保持资本市场的稳定。

二、网络舆情与金融系统性风险的协同应急对策

要防范化解风险，就要求建立网络舆情与金融系统性风险的协同应急机制，在发生金融系统性风险时，能够及时对舆情进行处置，平息网络舆情，抑制网络舆情对系统性风险的放大和扩散效应，降低对系统性风险的负面冲击。

（1）加强专业的网络舆情应急部门的建设。网络舆情的传播主体复杂，虚拟的网络为传播主体提供了隐匿的环境，使追踪舆情具有很大的难度。同时，广阔的渠道加速了网络舆情的传播和扩散。当网络舆情发生时，如果缺少专业的应急部门，网络舆情会通过多种渠道对金融系统造成严重危害。专业的网络舆情应急部门能对网络舆情快速反应、有效控制、合理施政，把网络舆情对金融系统的影响扼杀在萌芽之时，成灾之前。因此，要加强专业的网络舆情应急部门建设，完善网络舆情下的金融系统性风险的防范化解体系。

（2）优化应急处置机制，网络舆情应对和金融系统性风险应急相协调。应急管理涉及的工作较复杂，特别是网络舆情这一复杂的动态系统，需要各部门协作配合才能开展。但由于各部门间存在些许部门壁垒，所以跨部门合作会降低效率。目前，省级应急管理厅预警成立，但市县级应急管理部门还未建立，这使应急管理部门接收消息到配置相应的人力、物力前去解决具有一定的时间差。因此，各级政府需要尽快成立应急管理部门。为提高应急处置的效率，在应急管理部门内部需要构建一个横向到边、纵向到底的管理体制。通过将突发事件进行划分，分别设置管理部门，充分发挥各部门的应急积极性。同时，要加强应急部门内部组织结构建设，明晰权责、分工合作，进一步优化应急协同监督机制。

（3）实现应急处置的制度化。在金融系统性风险发生的时候，没有成熟的应急处置的准备，会快速引起市场参与者的反应，出现严重的恐慌情

绪。通过建立常态化的应急防范机制，可以保证在事件发生时，能够迅速做出反应，避免出现经济社会出现秩序混乱现象。而要做好这一点，需要做好应急处置的准备，提前整理好金融系统性风险发生所面临的各种后果，并提出对应的解决方法和需要的应对机制，从而在风险发生时，做到有的放矢，节省时间，减少市场参与者的损失。

三、金融系统性风险防治的财政金融组合对策

（1）保证宏观调控力度。金融稳定和宏观经济之间存在一定的关系，当出现金融系统性风险时，可以通过货币政策和财政政策结合的方式来对金融系统进行调控，减缓金融系统性风险带来的冲击，帮助金融系统从危机中恢复。但在进行宏观调控时，要考虑到应保持国内外政策的平衡，可以在财政政策、货币政策、外汇政策的基础上，引进政策工具。货币政策在依旧保持着央行执行的稳健中性的货币政策外，应加大政策工具的创新，疏通货币政策的传导机制。财政政策应大力发展结构性减税与降费，通过两者合理搭配减少国内经济波动。为了保障外部政策的均衡，在外汇政策上，通过增大汇率浮动区间、加大外汇衍生市场建设、发行储备债券、征收"托宾税"等政策对外汇市场进行干预，维持汇率的稳定，引导国际资本更好地推动国内经济的发展。另外，合理有力的宏观政策也能增强市场信心，从而在舆情发生的情况下，不至于产生严重的恐慌情绪。

（2）有效处置不良资产。大量不良资产的出现和积累，不仅浪费了信贷资源，而且使银行的经营风险上升，给金融系统积聚了很大的风险。一方面，需要银行加强资产风险管控，减少不良资产的增加。另一方面，需要对不良资产进行处置。传统上，商业银行处置不良资产的方式为表内处置，但这种方式并没有真正实现风险的转移，同时受到自身能力的限制，商业银行无法执行消化，因此，可通过核销的方式提高消化能力。在供给侧结构性改革的背景下，资产证券化和债转股成为化解不良贷款的有效渠道。

（3）实施利率中性政策。金融系统性风险的源头在于银行信贷的扩张，宽松的货币政策，如降低存款准备金率，在一定程度上促进了经济的繁荣发展，能够防止经济衰退。但这一政策同时也会降低企业和个人融资门槛和融资成本，银行的信贷呈现扩张趋势，增加金融系统性风险形成的潜在可能性，扩大金融系统性风险的深度和广度。因此，要适当保持利率

水平的中性，实施利率中性政策，实际利率盯住短期自然利率，避免因产业结构性失衡、经济脱实向虚等引发金融系统动荡。同时，要防止银行的风险资产的扩张，降低杠杆，保障金融系统的稳定。

（4）保持流动性充裕。外部环境变化或资产价格下跌导致的流动性冲击是金融市场动荡的直接原因，一般会成为金融系统性风险的导火索。流动性具有众多渠道对金融系统产生冲击，如通过债务人的资产负债表渠道、借贷渠道、金融挤兑渠道、网络交叉感染效应、奈特不确定性厌恶渠道。2016年起，我国接连实施的政策比如《商业银行理财业务监督管理办法》《关于规范金融机构资产管理业务的指导意见》等使我国面临"流动性短缺"的问题，这使我国金融系统具有一定的不确定性。银行所面临的流动性问题会逐渐蔓延至非银行机构，使流动性风险容易上升为信用风险，甚至上升为系统性风险。因此，可以通过适当降低银行存款准备金率，增加银行间市场流动性，以维持金融体系的稳定发展。

（5）推进结构性减税。税收是国家调节宏观经济的重要手段。结构性减税作为一种积极的财政政策，通过选择性调整税负，减轻企业和居民的税收负担，增加其收入，给投资和消费市场带来活力，促进经济的稳定和发展。而金融系统性风险的爆发，给宏观经济带来重创，国内需求低迷，这就需要结构性减税政策来抵消所产生的负面效应。同时，结构性减税也可以从结构上阻止金融系统性风险的生成。当具有下行压力时，结构性减税可以调整经济内部结构，激励经济的发展，给金融系统营造一个良好的发展环境。

四、金融系统性风险治理的多维度信息公开对策

（1）提高信息透明度。一方面，银行缺少对其贷款企业特别是中小企业的信息了解，而形成的"垒大户"现象加剧金融系统的脆弱性；另一方面，金融机构间存在信息的不对称的缺陷，使银行间极易发生挤兑浪潮。由于缺乏信息，无法稳定公众信心，加大了金融系统的动荡，带来金融危机风险。网络舆情的出现会给市场带来一定的信息，负面的舆情信息会引发市场参与者的恐慌情绪，产生非理性行为。只有构建合理的信息公开体制，才能使市场的参与者获得更多的正确信息，在应对负面的网络舆情时，具有更强的辨别和抵挡能力，从而减少舆情对市场的冲击。

（2）加快信息传播速度。市场信息传递时效性不强时，容易形成"羊

群效应"，导致整个市场出现理性缺失的现象。当国家采取有效防范化解措施，避免金融系统性风险的进一步扩大，在实施过程中，这些信息如果没有被及时公布，负面的网络舆情仍然充斥在系统中，负面信息会被反复利用，公众持续受到负面网络舆情的影响，导致危机的影响进一步扩大，危机时间被延长。因此，加快信息的时效性建设，第一时间举办各种发布会，通过官方媒体平台将信息发布给公众，让有利信息引导市场情绪正向发展，减轻网络舆情事件的热度。

第四节
网络舆情影响下金融系统性风险长效机制

一、构建嵌入网络舆情的金融系统性风险预警系统

系统性风险波及范围广，破坏力度大，需要完善金融系统性风险的预警机制，才能在一定程度上减少风险的冲击和风险带来的损失。传统上的金融系统性风险预警系统并未考虑网络舆情，在形成了网络舆情预警体系下，将其和金融系统性风险的预警进一步结合，从而达到金融系统性风险的监测。

将金融系统性风险预警系统纳入网络舆情。在度量金融系统性风险水平时，要选择合适的度量方法并构建相应的指标体系。常用的金融系统性风险度量方法有结构化法、以尾部风险为基础的概率度量法、指数法、以过去收益值的分布为基础的简约法。可以结合我国国情与实际的可操作性，选取合适的度量方法。在考虑了网络舆情的影响下，通过将获取的网络舆情信息进行量化，得到网络舆情相关指标，并将其纳入金融系统性风险的预警模型中，建立神经网络模型、FR概率模型、马尔可夫区制转换模型、KLR信号和STV截面模型、LSTM等深度学习模型等预警模型，从而实现金融系统性风险新的预警模型。

形成网络舆情监测预警系统。及时识别网络舆情风险，有助于较早发

出预警信号，监测金融系统性风险水平，给政策制定者的有效决策提供方向和指导，有助于防范化解金融系统性风险，并给市场参与者提供警示，避免其在危机爆发时造成更大的损失。网络舆情监控预警系统可分为舆情监测预警、预警预控连锁和警情预控恢复三个子系统，各子系统又分为多个模块。为了提高预警系统的有效性，需要提供各维度的保障。

（1）舆情监测预警子系统的重点是信息的收集。信息的收集是整个系统实现的基础，由于互联网的发展，网络舆情的来源众多，除了传统上有财经报道等公共专业媒体，自媒体也渐渐发展起来。微博、微信等网络平台成为网络舆情的主要传播平台。而收集综合全面的舆情信息，形成合理的舆情指数，需要线上线下相结合。因而，需要拓宽舆情信息的获取渠道，获取更多真实的舆情信息。

（2）预警预控连锁子系统为后续防控提供方向，如单纯仅靠专家板块进行舆情分析报告，权威性尚未达标，则可通过引进各领域专业人士组件的舆情风险专家经验库，提高权威性，从而得到准确的警报信号输出。

（3）警情预控恢复系统能够对网络危机舆情进行控制。在网络危机舆情发生时，通过新闻工作小组、应急管理小组、信息跟踪小组、恢复重建小组、舆情总结小组的分工合作，解决舆情事件，避免网络舆情产生更大的影响而影响金融系统的稳定。为了该子系统的有效运行，需要对各小组进行职责划分，保障预控功能的实现（见图12-1）。

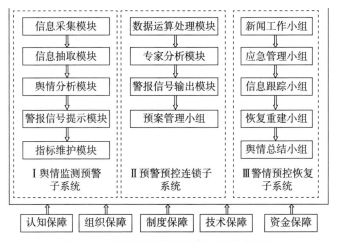

图12-1　网络舆情监控预警系统模式设计

二、完善金融系统性风险防治的网络舆情管理机制

（1）完善对媒体行业的管理机制。媒体行业作为信息的传播媒介，具有极强的舆论监督和导向作用。对于市场中的非专业参与者来说，媒体的信息给他们的行为决策提供了一定的指导。然而，并非所有的媒体传播的信息都是真实可靠的，有些媒体会通过夸大其词博取热度，甚至传播谣言，这增加了金融市场上的噪声，妨碍金融市场的投资者的决策，会给金融市场带来更多的不确定性。同时，也会对投资者的情绪产生影响。因此，有必要加强媒体行业的管理。加强媒体行业的管理，要加强对新闻媒体的职业素养的培养。新闻媒体的报道内容对投资者的情绪具有引导作用。一个具有专业素养与敏感眼光的媒体，会进行深入研究，给投资者提供最准确、最全面的市场信息，做到真实客观，从而减少因为报道失误而带来的投资者的恐慌情绪，减少金融系统性风险的发生。可以通过定期组织报刊编辑、记者等相关工作人员进行专业知识的培训，组织专业考试。加强政府监管，提高行业的自律能力。政府通过外部施压，对优秀媒体进行嘉奖，对个别一味追求转载率和吸引眼球而发布虚假报道的媒体予以谴责及惩罚，保证媒体在报道时做到实事求是。

（2）提高网络舆情风险防范意识。事实上，人们并没有意识到网络舆情对金融系统性风险的重要影响。提高网络舆情风险防范意识，才能从根本上减少网络舆情对金融系统性风险的影响。目前，政府对网络舆情的管理还可以进一步加强，如网络舆情管理部门对舆情的危机意识重视不够，容易导致网络舆情管理和组织舆情治理工作时，忽视对小微舆情的防范，错失预警工作的及时开展，有时候甚至会使情况恶化，导致舆情事件升级，产生不可估量的后果。对民众来说，这些认识也很匮乏，因此在负面网络舆情发生时，他们极有可能成为网络舆情的助推剂，使网络舆情事件愈演愈烈，金融体系发生动荡。树立舆情危机意识，首先可以通过开展舆情知识培训班的方式，将网络舆情的产生、发展、传播作为重点培训内容，提高政府工作人员的舆情危机意识。其次利用网络及媒体资源加强网络舆情的宣传，使网络舆情的危机意识深入民心。在舆情事件发生时，民众更能做到谨言慎行，减少制造谣言的机会，减轻防控的阻力和障碍。舆情事件往往具有突发性和隐蔽性等特点，提高舆情敏感性有助于及时发现

潜在危机，并快速做出风险判断，保障后期及时处理，避免风险进一步扩大。这一能力的提高，需要舆情监测中心实时关注网络舆情的动态，定期做好舆情风险评估，分析是否存在潜在危机。此外，还可以通过建立网络舆情数据库，将国内外发生的舆情事件进行分类整理，为以后分析舆情走势和发现潜在危机提供指导和参考。

三、构建系统性风险预警的资源保障体系

（1）成立高效专业的预警队伍。网络舆情监控预警系统的高效运行需要一个高效的组织。一个有领导带头、有组织协调，多主体参与的一种横向到边、纵向到底的组织结构，能够保障各部门各司其职，协调有序地完成预警工作。要形成有力的领导组织体系。领导组织的决策影响着整个舆情工作的进程与结果，这就要求领导组织是一个专门的、专业的舆情治理组织。而专业的舆情治理组织要求领导对舆情信息的解读有很强的政治敏锐性，在面对危机时候有很强的抗压能力，能够在紧急情况下快速做出决策、安排应急工作。要引进专业的技术人才。预警系统的建立离不开计算机和新闻传播学的人才。计算机专业人员提供技术支持，维持监测预警系统正常运转，利用有关指标体系构建相应的预警模型，为领导的决策提供更加直观的参考。新闻传播学的专业人员在舆情信息的收集阶段具有其专业敏感，能够快速捕捉有用信息，对舆情走势做出较为准确的判断，从而为领导的预控决策提供指导意见，缩短决策进程。在进行风险预警时，涉及全方位综合知识的应用。网络舆情的获取形式很大程度上依赖文本数据，这就需要通过 Python 等计算机软件进行数据挖掘，获取原始数据，然后还需要对文本数据进行处理。随后的构建指标，以及预警模型的实现，需要统计、机器学习等领域的知识。为了保证金融系统性风险预警模型的顺利构建，需要引进多领域的人才。

（2）除了人力方面的支持外，预警系统的运行离不开财政保障。网络舆情监控预警系统需要强大的技术支持，从设备的购买与维护，都需要一笔不少的财政支出。同时，要运用大数据技术建立舆情专业数据库。资金的来源具有以下几种方式：第一，通过国家财政补贴来获取，对于没有能力承担费用的地区，国家可以设置专项资金，给予一定的财政补贴，保证舆情监测平台的建立；第二，与相关社会团体如银行、证券公司共建或吸

引社会组织投资，帮助建立预警平台。

四、健全网络舆情和应急管理法律制度

（1）加快网络舆情管理的法律制度建设。网络空间作为一个虚拟空间，具有一定的隐蔽性，但这并不意味着在网络上就不需要承担相应的法律责任。从现有法律来看，我国对互联网管理已颁布规章制度和相关法律，但缺乏权威的互联网管理的法律，这与互联网的高速发展出现脱节。而网络舆情领域立法存在较大空白，只有完善现有法律法规，才能给网络舆情管理提供一个有力武器，规范网络参与者行为。制定网络舆情的法律应明确几个原则，即立法明确性、规则适度性、合作规制原则，应包含如下内容：正当网络舆情的界定、网络舆情的主体、网络舆情管理工作的内容、网络舆情管理的奖惩等内容。对网络舆情从立法上进行规范，可以减少网络舆情的负面作用，提高政府的管理水平，保障社会和经济稳定。

（2）加快应急管理法的完善。我国自 2004 年首次颁布了《关于改进和加强国内突发事件新闻发布工作的实施意见》之后，对应急事件颁布了多个文件，但仍然缺乏一部全国应急管理法。这部应急管理法律的内容不应当仅限于自然灾害导致的紧急情况，还应当涉及包括金融系统性风险的发生等社会事件所导致的突发事件应对。法律的内容应对各项突发危机事件的应对方法进行说明，并对各级政府在突发事件面前的特殊权限进行说明，这样才能保证网络舆情的预警工作在面对突发危机舆情时采取的预控措施有章可循。

五、丰富系统性风险处置宏观审慎政策体系

自 2008 年全球金融危机爆发之后，宏观审慎政策得到重视，全球都强调要不断加强利用金融宏观审慎政策来应对金融系统性风险。宏观审慎政策被国际货币基金组织定义为以审慎工具为手段、以限制系统性风险为目标的政策体系。具有该方法由于"结构性调控"的特点，可以针对局部领域的失衡实行有针对性的调控，能有效防范和化解金融系统性风险，维护金融体系的稳定，从而在实践中得以广泛运用。

（1）加快深化金融体制改革。深化金融体制改革可以完善市场内部结构，最终服务实体经济，而实体经济对维护金融安全具有重要作用，可以

说金融体制改革与防范风险是协调一致的。然而我国的金融体系仍不完善，市场化有待进一步提高，还存在市场结构失衡现象，这给金融市场带来了更多的投机性，同时市场参与者信心不足也加剧了金融系统的脆弱性。加快金融体制改革，可从以下几个方面实施：在货币政策、财政政策和外汇政策的政策组合上引入政策工具；完善和疏通货币政策传导机制，防止过度传导；健全金融监管部门审批制度；加强对非金融机构金融行为的监管。

（2）健全金融监管体系。金融系统性风险需要一个专业有效的金融监管体系，金融监管的加强推动金融系统的协调，能够促进金融业发展并防范金融风险的发生。随着全球经济的波动和国内经济调整，金融体系面临复杂的国内外经济环境，复杂的风险来源给金融体系的监管带来了难度。在健全金融体系监管体系过程中，重点是构建货币政策和宏观审慎政策双支柱调控框架。金融监管要考虑到国内外严峻的经济形势，防止外部输入与内部产生，加强监管部门间的权责、中央和地方风险分担和监管、系统性重要机构的统筹协调。

（3）完善宏观审慎政策工具。宏观审慎政策的实际应用侧重于如下几个方面：引入差别准备金动态调整机制，对银行信贷实施宏观审慎管理；进行跨境资本流动的宏观审慎管理，维护人民币汇率稳定和国际收支平衡；实施"因城施策"和差别化住房信贷政策的住房金融宏观审慎政策体系，维护房地产市场的平稳健康发展。要根据实际情况，构建合适的宏观审慎管理框架。宏观审慎和货币政策的协调配合，可以避免审慎工具之间出现相互抵消的现象，有利于有效降低金融体系的整体风险。在健全货币政策和宏观调控政策双支柱政策时，要让两者能够得到良性互动和配合，这就需要进行金融改革，健全金融调控体系。

（4）强化安全能力建设。强化安全能力建设要树立风险防范意识，对风险的化解充满信心，不盲目出现恐慌情绪。同时，要提高风险防范体系人员的专业素养，提高风险防控能力，加大对金融系统性风险的研究深度，把握金融系统性风险的演化规律和发展进程，从而形成一套事前预防监测、事中识别、事后处置控制的科学规范的全流程金融风险防范体系，做到对金融系统性风险的准确识别、高效预警、及时发现、妥善处置。

参考文献

［1］ Abdelkader D, Slaheddine H. Systemic Risk of European Financial Institutions: Estimation and Ranking by the Marginal Expected Shortfall ［J］. Research in International Business and Finance, 2016（37）: 113-134.

［2］ Acharya V V. A Theory of Systemic Risk and Design of Prudential Bank Regulation ［J］. Journal of Financial Stability, 2009, 5（3）: 224-255.

［3］ Acharya V V, Engle R, Richardson M. Capital Shortfall: A New Approach to Ranking and Regulating Systemic Risks ［J］. The American Economic Review, 2012, 102（3）: 59-64.

［4］ Acharya V V, Pedersen L H, Philippon T, Richardson M. Measuring Systemic Risk ［Z］. Working Paper, 2010.

［5］ Acharya V V, Pedersen L H, Hilippon T. Measuring Systemic Risk ［J］. The Review of Financial Studies, 2017（1）: 2-47.

［6］ Adams Z, Füss R, Gropp R. Spillover Effects among Financial Institutions: A State-Dependent Sensitivity Value-at-Risk Approach ［J］. Journal of Financial and Quantitative Analysis, 2014, 49（3）: 575-598.

［7］ Adrian T, Brunnermeier M K. CoVaR ［J］. FRB of New York Staff Report, 2008.

［8］ Adrian T, Brunnermeier M K. CoVaR ［J］. American Economic Review, 2016, 106（7）: 1705-1741.

［9］ Akerlof G A. The Market for "Lemons": Quality Uncertainty and the Market Mechanism ［J］. The Quarterly Journal of Economics, 1970, 84（3）: 488-500.

［10］ Aldasoro I, Gatti D D, Faia E. Bank Networks: Contagion, Systemic Risk and Prudential Policy ［J］. Journal of Economic Behavior & Organization, 2017（142）: 164-188.

［11］ Allen L, Bali T G, Tang Y. Does Systemic Risk in the Financial

Sector Predict Future Economic Downturns? [J]. The Review of Financial Studies, 2012, 25 (10): 3000-3036.

[12] Allen F, Carletti E. Systemic Risk from Real Estate and Macro-Prudential Regulation [J]. International Journal of Banking, Accounting and Finance, 2013, 5 (1-2): 28-48.

[13] Andrei D, Hasler M. Investor Attention and Stock Market Volatility [J]. Review of Financial Studies, 2015, 28 (1): 33-72.

[14] Antweiler W, Frank M Z. Is all that Talk Just Noise? The Information Content of Internet Stock Message Boards [J]. The Journal of Finance, 2004, 59 (3): 1259-1294.

[15] Arellano M, Bond S. Some Tests of Specification for Panel Data: Monte Carlo Evidence and an Application to Employment Equations [J]. Review of Economic Studies, 1991, 58 (2): 277-297.

[16] Arellano M, Bover O. Another Look at the Instrumental Variable Estimation of Error-Components Models [J]. Journal of Econometrics, 1995, 68 (1): 29-51.

[17] Baker S R, Bloom N, Davis S J. Measuring Economic Policy Uncertainty [J]. The Quarterly Journal of Economics, 2016, 131 (4): 1593-1636.

[18] Baker M, Wurgler J. A Catering Theory of Dividends [J]. The Journal of Finance, 2004, 59 (3): 1125-1165.

[19] Bandhakavi A, Wiratunga N, Massie S, Deepak P. Emotion-Corpus Guided Lexicons for Sentiment Analysis on Twitter [C]. International Conference on Innovative Techniques and Applications of Artificial Intelligence, 2016.

[20] Bandt O, Hartmann P. Systemic Risk: A Survey [Z]. European Central Bank Working Paper, 2000.

[21] Banulescu G D, Dumitrescu E I. Which are the SIFIs? A Component Expected Shortfall Approach to Systemic Risk [J]. Journal of Banking & Finance, 2015 (50): 575-588.

[22] Barberis N, Huang M, Thaler R H. Individual Preferences, Monetary Gambles, and Stock Market Participation: A Case for Narrow Framing [J]. American Economic Review, 2006, 96 (4): 1069-1090.

［23］ Battaglia F, Gallo A. Strong Boards, Ownership Concentration and EU Banks' Systemic Risk-Taking: Evidence from the Financial Crisis ［J］. Journal of International Financial Markets, Institutions and Money, 2017 (46): 128-146.

［24］ Battiston S, Catanzaro M. Statistical Properties of Corporate Board and Director Networks ［J］. The European Physical Journal B-Condensed Matter and Complex Systems, 2004, 38 (2): 345-352.

［25］ Benoit S, Colliard J E, Hurlin C. Where the Risks Lie: A Survey on Systemic Risk ［J］. Review of Finance, 2017, 21 (1): 109-152.

［26］ Berkman H, Dimitrov V, Jain P C. Sell on the News: Differences of Opinion, Short - Sales Constraints, and Returns Around Earnings Announcements ［J］. Journal of Financial Economics, 2009, 92 (3): 376-399.

［27］ Bernanke B S. The Crisis and the Policy Response ［J］. Stamp Lecture, London School of Economics, 2009 (13): 1-19.

［28］ Betz F, Hautsch N, Peltonen T A, Schienle M. Systemic Risk Spillovers in the European Banking and Sovereign Network ［J］. Journal of Financial Stability, 2016, 25 (8): 206-224.

［29］ Bijlsma M, Klomp J, Duineveld S. Systemic Risk in the Financial Sector: A Review and Synthesis ［R］. CPB Netherlands Bureau for Economic Policy Analysis, 2010.

［30］ Blundell R, Bond S. Initial Conditions and Moment Restrictions in Dynamic Panel Data Models ［J］. Journal of Econometrics, 1998, 87 (1): 115-143.

［31］ Boehme R D, Danielsen B R, Sorescu S M. Short-sale Constraints, Differences of Opinion, and Overvaluation ［J］. Journal of Financial and Quantitative Analysis, 2006, 41 (2): 455-487.

［32］ Broock W A, Scheinkman J A, Dechert W D. A Test for Indep-Endence Based on the Correlation Dimension ［J］. Econometric Reviews, 1996, 15 (3): 197-235.

［33］ Brownlees C T, Engle R F. Volatility, Correlation and Tails for Systemic Risk Measurement ［C］. New York University, 2010.

［34］ Brownlees C T, Engle R F. SRISK: A Conditional Capital Shortfall

Measure of Systemic Risk [J]. Review of Financial Studies, 2017, 30 (1): 48-79.

[35] Carlin B I, Longstaff F A, Matoba K. Disagreement and Asset Prices [J]. Journal of Financial Economics, 2014, 114 (2): 226-238.

[36] Chai L E, Loh S K, Low S T. A Review on the Computational Approaches for Gene Regulatory Network Construction [J]. Computers in Biology and Medicine, 2014, 48 (1): 55-65.

[37] Chan-Lau J, Espinosa M, Solé J. On the Use of Network Analysis to Assess Systemic Financial Linkages [Z]. IMF Working Paper, 2009.

[38] Chen H. Macroeconomic Conditions and the Puzzles of Credit Spreads and Capital Structure [J]. The Journal of Finance, 2010, 65 (6): 2171-2212.

[39] Chen N, Liu X, Yao D. An Optimization View of Financial Systemic Risk Modeling: Network Effect and Market Liquidity Effect [J]. Operations Research, 2016, 64 (5): 1089-1108.

[40] Chen Y, Shi Y, Wei X, Zhang L. Domestic Systemically Important Banks: A Quantitative Analysis for the Chinese Banking System [J]. Mathematical Problems in Engineering, 2014 (4): 1-19.

[41] Chiu W C, Peña J, Wang C W. Measuring Systemic Risk: Common Factor Exposures and Tail Dependence Effects [J]. European Financial Management, 2015, 21 (5): 833-866.

[42] Chuang C C, Kuan C M, Lin H Y. Causality in Quantiles and Dynamic Stock Return-Volume Relations [J]. Journal of Banking & Finance, 2009, 33 (7): 1351-1360.

[43] Dahlqvist C H, Gnabo J Y. Effective Network Inference Through Multivariate Information Transfer Estimation [J]. Physica A: Statistical Mechanics and its Applications, 2018 (499): 376-394.

[44] Derbali A, Hallara S. Systemic Risk of European Financial Institutions: Estimation and Ranking by the Marginal Expected Shortfall [J]. Research in International Business & Finance, 2015 (2): 32-40.

[45] Diamond D, Dybvig P. Bank Runs, Deposit Insurance, and Liquidity [J]. Journal of Political Economy, 1983, 91 (3): 401-419.

［46］Diebold F X, Yilmaz K. On the Network Topology of Variance Decompositions: Measuring the Connectedness of Financial Firms ［J］. Econometrics, 2014, 182 (1): 119-134.

［47］Diks C, Panchenko V. A New Statistic and Practical Guidelines for Nonparametric Granger Causality Testing ［J］. Journal of Economic Dynamics and Control, 2006, 30 (9-10): 1647-1669.

［48］Drakos A A, Kouretas G P. Bank Ownership, Financial Segments and the Measurement of Systemic Risk: An Application of CoVaR ［J］. International Review of Economics & Finance, 2015 (40): 127-140.

［49］Drehmann M, Tarashev N. Measuring the Systemic Importance of Interconnected Banks ［J］. Journal of Financial Intermediation, 2013, 22 (4): 586-607.

［50］Engle R. Dynamic Conditional Correlation: A Simple Class of Multivariate Generalized Autoregressive Conditional Heteroskedasticity Models ［J］. Journal of Business & Economic Statistics, 2002, 20 (3): 339-350.

［51］Elsinger H, Thurner M S. Network Topology of the Interbank Market ［J］. Quantitative Finance, 2006 (4): 677-684.

［52］Fama E F, Fisher L, Jensen M, Roll R. The Adjustment of Stock Prices to New Information ［J］. International Economic Review, 1969 (1): 1-21.

［53］Fan Y, Härdle W K, Wang W, Zhu L X. SingleIndex-Based CoVaR with Very High - Dimensional Covariates ［J］. Journal of Business & Economic Statistics, 2018, 36 (8): 212-226.

［54］FSB, IMF. Macroprudential Policy Tools and Frameworks ［C］. Progress Report to G20, 2011.

［55］Frankel J A, Rose A K. Currency Crashes in Emerging Markets: An Empirical Treatment ［J］. Journal of International Economics, 1996, 41 (3-4): 351-366.

［56］Frijns B, Verschoor W F C, Zwinkels R C J. Excess Stock Return Comovements and the Role of Investor Sentiment ［J］. Journal of International Financial Markets, Institutions and Money, 2017 (49): 74-87.

［57］Garfinkel J A, Sokobin J. Volume, Opinion Divergence, and Returns: A Study of Post-Earnings Announcement Drift [J]. Journal of Accounting Research, 2006, 44 (1): 85-112.

[58] Gargano A, Rossi A G. Does it Pay to Pay Attention? [J]. The Review of Financial Studies, 2018, 31 (12): 4595-4649.

[59] Ghysels E, Hill J B, Motegi K. Testing for Granger Causality with Mixed Frequency Data [J]. Journal of Econometrics, 2016, 192 (1): 207-230.

[60] Giglio S, Kelly B, Pruitt S. Systemic Risk and the Macroeconomy: An Empirical Evaluation [J]. Journal of Financial Economics, 2016, 119 (3): 457-471.

[61] Girardi G, Ergün A T. Systemic Risk Measurement: Multivariate GARCH Estimation of CoVaR [J]. Journal of Banking and Finance, 2013, 37 (8): 3169-3180.

[62] Gourinchas P O, Obstfeld M. Stories of the Twentieth Century for the Twenty-First [J]. American Economic Journal: Macroeconomics, 2012 (1): 226-265.

[63] Gray D, Jobst A. Systemic CCA-A Model Approach to Systemic Risk [C]. Deutsche Bundesbank/Technische Universität Dresden Conference: Beyond the Financial Crisis: Systemic Risk, Spillovers and Regulation, Dresden, 2010.

[64] Greenwood R, Landier A, Thesmar D. Vulnerable Banks [J]. Journal of Financial Economics, 2015, 115 (3): 471-485.

[65] Guimerá R, Amaral L A N. Modeling the World-Wide Airport Network [J]. The European Physical Journal B-Condensed Matter and Complex Systems, 2004, 38 (2): 381-385.

[66] Hamid A, Heiden M. Forecasting Volatility with Empirical Similarity and Google Trends [J]. Journal of Economic Behavior & Organization, 2015 (117): 62-81.

[67] Härdle W K, Wang W, Yu L. TENET: Tail-Event Driven NETwork Risk [J]. Journal of Econometrics, 2016, 192 (2): 499-513.

[68] Harris M, Raviv A. Differences of Opinion Make a Horse Race [J]. The Review of Financial Studies, 1993, 6 (3): 473-506.

[69] Hart O, Zingales L. How to Avoid a New Financial Crisis [Z].

Working Paper, University of Chicago, 2009.

[70] Hautsch N, Schaumburg J, Schienle M. Financial Network Systemic Risk Contributions [J]. Review of Finance , 2015, 19 (2): 685-738.

[71] Hiemstra C, Jones J D. Testing for Linear and Nonlinear Granger Causality in the Stock Price－Volume Relation [J]. The Journal of Finance, 1994, 49 (5): 1639-1664.

[72] Hochreiter S, Schmidhuber J. Long Short-Term Memory [J]. Neural Computation, 1997, 9 (8): 1735-1780.

[73] Holtz-Eakin D, Newey W, Rosen H S. Estimating Vector Autoregressions with Panel Data [J]. Econometrica: Journal of the Econometric Society, 1988: 1371-1395.

[74] Hoque M E, Zaidi M S. The Impacts of Global Economic Policy Uncertainty on Stock Market Returns in Regime Switching Environment: Evidence from Sectoral Perspectives [J]. International Journal of Finance & Economics, 2019, 24 (2): 991-1016.

[75] Huang Y, Luk P. Measuring Economic Policy Uncertainty in China [J]. China Economic Review, 2020 (59): 101367.

[76] Huang W, Zhuang X, Yao S, Uryasev S. A Financial Network Perspective of Financial Institutions Systemic Risk Contributions [J]. Physica A Mechanics & Its Applications, 2016 (456): 183-196.

[77] Huang A H, Zang A Y, Zheng R. Evidence on the Information Content of Text in Analyst Reports [J]. The Accounting Review, 2014, 89 (6): 2151-2180.

[78] Hwan O D, Patton A J. Time－Varying Systemic Risk: Evidence from a Dynamic Copula Model of CDS Spreads [J]. Journal of Business & Economic Statistics, 2018, 36 (2): 181-195.

[79] Illing M, Liu Y. Measuring Financial Stress in a Developed Country: An Application to Canada [J]. Journal of Financial Stability, 2006, 2 (3) : 243-265.

[80] Ioffe S, Szegedy C. Batch Normalization: Accelerating Deep Network Training by Reducing Internal Covariate Shift [C]. Proceedings of the 32rd In-

ternational Conference on International Conference on Machine Learning, 2015.

[81] Iturriaga F J L, Sanz I P. Bankruptcy Visualization and Prediction Using Neural Networks: A Study of US Commercial Banks [J]. Expert Systems with Applications, 2015, 42 (6): 2857-2869.

[82] Jobst A A, Gray D F. Systemic Contingent Claims Analysis: Estimating Market-Implied Systemic Risk [Z]. IMF Working Paper, 2013.

[83] Jorion P. Bank Trading Risk and Systemic Risk [M]//Carey M, Stulz R M. The Risks of Financial Institutions. Chicago: University of Chicago Press, 2007: 29-58.

[84] Kahneman D. Attention and Effort [M]. Prentice: Englewood Cliffs, 1973.

[85] Kaminsky G, Lizondo S, Reinhart C M. Leading Indicators of Currency Crises [J]. Staff Papers, 1998, 45 (1): 1-48.

[86] Kanno M. The Network Structure and Systemic Risk in the Global Non-Life Insurance Market [J]. Insurance Mathematices & Economics, 2016 (67): 38-53.

[87] Karimalis E N, Nomikos N K. Measuring Systemic Risk in the European Banking Sector: A Copula CoVaR Approach [J]. The European Journal of Finance, 2018, 24 (11): 944-975.

[88] Kim J S, Kim D H, Seo S W. Investor Sentiment and Return Predictability of the Option to Stock Volume Ratio [J]. Financial Management, 2017, 46 (3): 767-796.

[89] Kingma D P, Ba J. Adam: A Method for Stochastic Optimization [C]. San Diego: The 3rd International Conference for Learning Representations, 2015: 1-15.

[90] Kitsak M, Gallos L K, Havlin S. Identiflcation of Influential Spreaders in Complex Networks [J]. Nature Physics, 2010, 6 (11): 888-893.

[91] Kleinow J, Moreira F. Systemic Risk among European Banks: A Copula Approach [J]. Journal of International Financial Markets, Institutions & Money, 2016 (42): 27-42.

[92] Koenker R, Machado J F. Goodness of Fit and Related Inference

Processes for Quantile Regression [J]. Journal of the American Statistical Association, 1999, 94 (448): 1296-1310.

[93] Kritzman M, Li Y, Page S, Rigobon R. Principal Components as a Measure of Systemic Risk [J]. The Journal of Portfolio Management, 2011, 37 (4): 112-126.

[94] Kunda Z. Motivated Inference: Self-Serving Generation and Evaluation of Causal Theories [J]. Journal of Personality and Social Psychology, 1987, 53 (4): 636-647.

[95] Kupiec P, Nickerson D. Assessing Systemic Risk Exposure from Banks and GSEs under Alternative Approaches to Capital Regulation [J]. Journal of Real Estate Finance and Economics, 2004, 28 (1): 123-145.

[96] Kurosaki T, Kim Y S. Systematic Risk Measurement in the Global Banking Stock Market with Time Series Analysis and CoVaR [J]. Investment Management and Financial Innovations, 2013 (10): 184-196.

[97] Laeven L, Ratnovski L, Tong H. Bank Size, Capital, and Systemic Risk: Some International Evidence [J]. Journal of Banking & Finance, 2016 (69): S25-S34.

[98] Lee W Y, Jiang C X, Indro D C. Stock Market Volatility, Excess Returns, and the Role of Investor Sentiment [J]. Journal of Banking & Finance, 2002, 26 (12): 2277-2299.

[99] Leitch D, Sherif M. Twitter Mood, CEO Succession Announcements and Stock Returns [J]. Journal of Computational Science, 2017 (21): 1-10.

[100] Lin E M H, Sun E W, Yu M T. Systemic Risk, Financial Markets, and Performance of Financial Institutions [J]. Annals of Operations Research, 2018, 262 (2): 579-603.

[101] Long H M, Zhang J, Tang N Y. Does Network Topology Influence Systemic Risk Contribution? A Perspective from the Industry Indices in Chinese Stock Market [J]. PLoS ONE, 2017, 12 (7): 1-19.

[102] López-Espinosa G, Moreno A, Rubia A. Short-Term Wholesale Funding and Systemic Risk: A Global Covar Approach [J]. Journal of Banking & Finance, 2012, 36 (12): 3150-3162.

［103］ Loughran T, McDonald B. When is a Liability Not a Liability? Textual Analysis, Dictionaries, and 10−Ks ［J］. The Journal of Finance, 2011, 66 (1): 35−65.

［104］ Love I, Zicchino L. Financial Development and Dynamic Investment Behavior: Evidence from Panel VAR ［J］. The Quarterly Review of Economics and Finance, 2006, 46 (2): 190−210.

［105］ Luo L, Liu W, Koprinska I. Discovering Causal Structures from Time Series Data Via Enhanced Granger Causality ［C］. Australasian Joint Conference on Artificial Intelligence, 2015.

［106］ Ma Q T, He J M, Li S W. Endogenous Network of Firms and Systemic Risk ［J］. Physica A, 2018 (492): 2273−2280.

［107］ MacKinlay A C. Event Studies in Economics and Finance ［J］. Journal of Economic Literature, 1997, 35 (1): 13−39.

［108］ Mainik G, Schaanning E. On Dependence Consistency of CoVaR and Some Other Systemic Risk Measures ［J］. Statistics & Risk Modeling, 2014, 31 (1): 49−77.

［109］ Manela A, Moreira A. News Implied Volatility and Disaster Concerns ［J］. Journal of Financial Economics, 2017, 123 (1): 137−162.

［110］ Marcelo B, Xia X H, Chih M T. Determinants Systemic Risk and Information Dissemination ［J］. International Review of Economics and Finance, 2015 (38): 352−368.

［111］ Mathias D, Nikola T. Systemic Importance: Some Simple Indicators ［R］. BIS Quarterly Review, 2011.

［112］ Michael S P, John S. A Comprehensive Approach to Measuring the Relation between Systemic Risk Exposure and Sovereign Debt ［J］. Journal of Financial Stability, 2016 (23): 62−78.

［113］ Minsky H. Financial Interlinkages and Systemic Risk ［J］. Journal of Financial Services Research, 1982 (80): 197−208.

［114］ Mishkin F S. Symposium on the Monetary Transmission Mechanism ［J］. Journal of Economic Perspectives, 1995, 9 (4): 3−10.

［115］ Morris V C. Measuring and Forecasting Financial Stability: The Composition of an Aggregate Financial Stability Index for Jamaica [J]. Journal of Business, Finance & Economics in Emerging Economies, 2011, 6 (2): 34-57.

[116] Mühlnickel J, Weiß G N F. Consolidation and Systemic Risk in the International Insurance Industry [J]. Journal of Financial Stability, 2015 (18): 187-202.

[117] Newman M. Communities, Modules and Large-Scale Structure in Networks [J]. Nature Physics, 2012, 8 (1): 25-31.

[118] Nikos P, Dimitrios G, Renatas K, Yiannis K. Transmission Channels of Systemic Risk and Contagion in the European Financial Network [J]. Journal of Banking & Finance, 2015 (20): 1-16.

[119] Oet M V, Eiben R, Bianco T, Gramlich D, Ong S. The Financial Stress Index: Identification of Systemic Risk Conditions [Z]. Federal Reserve Bank of Cleveland Working Paper, 2011.

[120] Oet M V, Bianco T, Gramlich D, Ong S J. SAFE: An Early Warning System for Systemic Banking Risk [J]. Journal of Banking & Finance, 2013, 37 (11): 4510-4533.

[121] Ouyang Z S, Huang Y, Jia Y, Luo C Q. Measuring Systemic Risk Contagion Effect of the Banking Industry in China: A Directed Network Approach [J]. Emerging Markets Finance and Trade, 2020 (6): 1312-1335.

[122] Ouyang Z S, Yang X T, Lai Y Z. Systemic Financial Risk Early Warning of Financial Market in China Using Attention-LSTM Model [J]. North American Journal of Economics and Finance, 2021 (56): 101383.

[123] Pástor L, Veronesi P. Political Uncertainty and Risk Premia [J]. Journal of Financial Economics, 2013, 110 (3): 520-545.

[124] Patro D K, Qi M, Sun X. A Simple Indicator of Systemic Risk [J]. Journal of Financial Stability, 2013, 9 (1): 105-116.

[125] Persio L D, Honchar O. Artificial Neural Networks Architectures for Stock Price Prediction: Comparisons and Applications [J]. International Journal of Circuits, Systems and Signal Processing, 2016 (10): 403-413.

[126] Ramsey J B. Tests for Specification Errors in Classical Linear Least-Squares Regression Analysis [J]. Journal of the Royal Statistical Society, 1969,

31 (2): 350-371.

[127] Rao T, Srivastava S. Twitter Sentiment Analysis: How to Hedge Your Bets in the Stock Markets [M]//Can F, Özyer T, Polat F. State of the Art Applications of Social Network Analysis. Manila: Springer International Publishing, 2014: 227-247.

[128] Reboredo J, Ugolini A. Systemic Risk in European Sovereign Debt Markets: A CoVaR-copula Approach [J]. Journal of International Money and Finance, 2015 (51): 214-244.

[129] Rong Z, Li X, Wang X. Roles of Mixing Patterns in Cooperation on a Scale-Free Networked Game [J]. Physical Review E, 2007, 76 (2): 027101.

[130] Ruan X, Zhang J E. Investor Attention and Market Micro Structure [J]. Economics Letters, 2016 (149): 125-130.

[131] Ryu D, Kim H, Yang H. Investor Sentiment, Trading Behavior and Stock Returns [J]. Applied Economics Letters, 2017, 24 (12): 826-830.

[132] Sachs J, Tornell A, Velasco A. The Mexican Peso Crisis: Sudden Death or Death Foretold? [J]. Journal of International Economics, 1996, 41 (3-4): 265-283.

[133] Schularick M, Taylor A M. Credit Booms Gone Bust: Monetary Policy, Leverage Cycles, and Financial Crises, 1870-2008 [J]. The American Economic Review, 2012 (2): 1029-1061.

[134] Seo S W, Kim J S. The Information Content of Option-Implied Information for Volatility Forecasting with Investor Sentiment [J]. Journal of Banking & Finance, 2015 (50): 106-120.

[135] Sergio M, Maria R, Juan I P. Derivatives Holdings and Systemic Risk in the U.S. Banking Sector [J]. Journal of Banking & Finance, 2014 (45): 84-104.

[136] Silva T C, Michel A, Miranda T B. Bank Lending and Systemic Risk: A Financial-Real Sector Network Approach with Feedback [J]. Financial Stability, 2018, 38 (10): 98-118.

[137] Shahzad S J H, Hernandez J A, Rehman M U, Al-Yahyaee K H, Zakaria M. A Global Network Topology of Stock Markets: Transmitters and Re-

ceivers of Spillover Effects [J]. Physica A Mechanics & Its Applications, 2018 (492): 2136-2153.

[138] Sklar A. Fonctions de Répartition à n Dimensions et Leurs Marges [J]. Publications de I'Institut Statistique de L'Université de Paris, 1959 (8): 229-231.

[139] Smerlak M, Stoll B, Gupta A, Magdanz J S. Mapping Systemic Risk: Critical Degree and Failures Distribution in Financial Networks [J]. PLoS ONE, 2015, 10 (7): 1-15.

[140] Solange M G, Thiago C S, Benjamin M T, Rodrigo A, Rodrigo M. Systemic Risk Measures [J]. Physica A Statistical Mechanics & Its Application, 2016 (442): 329-342.

[141] Srivastava N, Hinton G, Krizhevsky A, et al. Dropout: A Simple Way to Prevent Neural Networks from Overfitting [J]. The Journal of Machine Learning Research, 2014, 15 (1): 1929-1958.

[142] Suh S. Measuring Systemic Risk: A Factor-Augmented Correlated Default Approach [J]. Journal of Financial Intermediation, 2012, 21 (2): 341-359.

[143] Sun L C, Najand M, Shen J C. Stock Return Predictability and Investor Sentiment: A High-Frequency Perspective [J]. Journal of Banking & Finance, 2016 (73): 147-164.

[144] Sylvain B, Gilbert C, Christophe H, Christophe P. A Theoretical and Empirical Comparison of Systemic Risk Measures [Z]. Working Paper, 2013.

[145] Tabak B M, Takami M, Rocha J, Cajueir D O, Souza S R. Directed Clustering Coefficient as a Measure of Systemic Risk in Complex Banking Networks [J]. Physica A: Statistical Mechanics and Its Applications, 2014 (394): 211-216.

[146] Tarashev N, Borio C, Tsatsaronis K. The Systemic Importance of Financial Institutions [R]. Basel: BIS Quarterly Review, 2009.

[147] Tarashev N, Borio C, Tsatsaronis K. Attributing Systemic Risk to Individual Institutions [Z]. BIS Working Paper, 2010.

[148] Tversky A, Kahneman D. Prospect Theory: An Analysis of Decision under Risk [J]. Econometrica, 1979, 47 (2): 263-291.

[149] Vaga T. The Coherent Market Hypothesis [J]. Financial Analysts

Journal, 1990, 46（6）: 36-49.

[150] Varotto S, Zhao L. Systemic Risk and Bank Size [J]. Journal of International Money and Finance, 2018（82）: 45-70.

[151] Vozlyublennaia N. Investor Attention, Index Performance, and Return Predictability [J]. Journal of Banking & Finance, 2014（41）: 17-35.

[152] Wang X F, Chen G. Pinning Control of Scale-Free Dynamical Networks [J]. Physica A: Statistical Mechanics and its Applications, 2002, 310（3）: 521-531.

[153] Yang C, Gao B, Yang J. Option Pricing Model with Sentiment [J]. Review of Derivatives Research, 2016, 19（2）: 147-164.

[154] Yang C, Zhou L. Investor Trading Behavior, Investor Sentiment and Asset Prices [J]. The North American Journal of Economics and Finance, 2015（34）: 42-62.

[155] Yao Y, Li J, Zhu X. Expected Default Based Score for Identifying Systemically Important Banks [J]. Economic Modelling, 2017（64）: 589-600.

[156] You J, Zhang B, Zhang L. Who Captures the Power of the Pen? [J]. The Review of Financial Studies, 2017, 31（1）: 43-96.

[157] Yu L, Härdle W, Borke L, Benschop T. FRM: A Financial Risk Meter Based on Penalizing Tail Events Occurrence [Z]. SSRN Electronic Journal, 2017.

[158] Yu L, Wang S, Lai K K. A Multiscale Neural Network Learning Paradigm for Financial Crisis Forecasting [J]. Neurocomputing, 2010, 73（4-6）: 716-725.

[159] Zeng Z J, Xie C, Yan X G, Hu J, Mao Z. Are Stock Market Networks Non-Fractal? Evidence from New York Stock Exchange [J]. Finance Research Letters, 2016（17）: 97-102.

[160] Zigrand J P. Systems and Systemic Risk in Finance and Economics [Z]. SRC Special Paper, 2014.

[161] 巴曙松, 居姗, 朱元倩. 我国银行业系统性违约风险研究——基于 Systemic CCA 方法的分析 [J]. 金融研究, 2013（9）: 71-83.

[162] 巴曙松, 高江健. 基于指标法评估中国系统重要性银行 [J].

财经问题研究，2012（9）：48-56.

[163] 包锋，徐建国. 异质信念的变动与股票收益 [J]. 经济学（季刊），2015，14（4）：1591-1610.

[164] 卜林，李政. 我国上市金融机构系统性风险溢出研究——基于 CoVaR 和 MES 的比较分析 [J]. 当代财经，2015（6）：55-65.

[165] 部慧，解峥，李佳鸿，吴俊杰. 基于股评的投资者情绪对股票市场的影响 [J]. 管理科学学报，2018，21（4）：86-101.

[166] 卜林，李政. 金融系统性风险的度量与监测研究 [J]. 南开学报（哲学社会科学版），2016（4）：150-160.

[167] 陈国进，钟灵，张宇. 我国银行体系的系统性关联度分析：基于不对称 CoVaR [J]. 系统工程理论与实践，2017，37（1）：61-79.

[168] 陈国进，张润泽，赵向琴. 经济政策不确定性与股票风险特征 [J]. 管理科学学报，2018，21（4）：1-27.

[169] 陈国进，张贻军. 异质信念、卖空限制与我国股市的暴跌现象研究 [J]. 金融研究，2009（4）：80-91.

[170] 陈其安，雷小燕. 货币政策、投资者情绪与中国股票市场波动性：理论与实证 [J]. 中国管理科学，2017，25（11）：1-11.

[171] 陈蓉，吴宇翔. 流动性与崩盘风险：基于中国 A 股市场的研究 [J]. 管理科学，2019，32（5）：129-138.

[172] 陈守东，杨莹，马辉. 中国金融风险预警研究 [J]. 数量经济技术经济研究，2006（7）：36-48.

[173] 陈荣达，林博，何诚颖，金骋路. 互联网金融特征、投资者情绪与互联网理财产品回报 [J]. 经济研究，2019，54（7）：78-93.

[174] 陈雨露，马勇. 构建中国的"金融失衡指数"：方法及在宏观审慎中的应用 [J]. 中国人民大学学报，2013（1）：59-71.

[175] 陈卫华，徐国祥. 基于深度学习和股票论坛数据的股市波动率预测精度研究 [J]. 管理世界，2018，34（1）：180-181.

[176] 丁慧，吕长江，陈运佳. 投资者信息能力：意见分歧与股价崩盘风险——来自社交媒体"上证 e 互动"的证据 [J]. 管理世界，2018，34（9）：161-171.

[177] 杜子平，李金. 基于 CoVaR 方法对中国系统重要性银行的实证

研究——RCH 模型和分位数回归方法的对比分析 [J]. 金融与经济，2014（11）：11-16.

[178] 封思贤，丁佳. 数字加密货币交易活动中的洗钱风险：来源、证据与启示 [J]. 国际金融研究，2019（7）：25-35.

[179] 冯科. 中国宏观金融风险预警系统构建研究 [J]. 南方金融，2010（12）：18-23.

[180] 范小云，方意，王道平. 我国银行系统性风险的动态特征及系统重要性银行甄别——基于 CCA 与 DAG 相结合的分析 [J]. 金融研究，2013（11）：82-95.

[181] 方意. 系统性风险的传染渠道与度量研究——兼论宏观审慎政策实施 [J]. 管理世界，2016（8）：32-57.

[182] 郭晨，吴君民. 我国银行业二元风险混合传染效应研究 [J]. 云南财经大学学报，2019，35（7）：64-76.

[183] 郭红兵，杜金岷. 中国货币政策关注金融稳定吗？——纳入FSCI 的货币政策反应函数的实证检验 [J]. 广东财经大学学报，2014（5）：4-13.

[184] 韩佳彤，熊熊，张维，张永杰. 中国股票市场"两会"效应分析 [J]. 经济评论，2019（2）：101-112.

[185] 韩定定，姚清清，陈趣，钱江海. 基于时变小世界模型的航空网优化评估 [J]. 物理学报，2017，66（24）：1-8.

[186] 贺腊容，黄创霞，文凤华，杨晓光. 基于复杂网络的沪深300股票重要节点的评估和分析 [J]. 经济数学，2016，33（3）：1-10.

[187] 何青，钱宗鑫，刘伟. 中国系统性金融风险的度量——基于实体经济的视角 [J]. 金融研究，2018（4）：53-70.

[188] 和文佳，方意，荆中博. 中美贸易摩擦对中国系统性金融风险的影响研究 [J]. 国际金融研究，2019（3）：34-45.

[189] 胡海青，张琅，张道宏. 供应链金融视角下的中小企业信用风险评估研究——基于 SVM 与 BP 神经网络的比较研究 [J]. 管理评论，2012，24（11）：70-80.

[190] 胡志浩，李晓花. 复杂金融网络中的风险传染与救助策略——基于中国金融无标度网络上的 SIRS 模型 [J]. 财贸经济，2017（4）：

101-114.

［191］黄亮．投资者情绪会影响股市收益率吗［D］．湘潭：湘潭大学硕士学位论文，2019．

［192］黄岩渠．基于复杂网络的系统性金融风险研究［D］．长沙：湖南大学博士学位论文，2018．

［193］贾彦东．金融机构的系统重要性分析——金融网络中的系统风险衡量与成本分担［J］．金融研究，2011（10）：17-33．

［194］金秀，姜尚伟，苑莹．基于股吧信息的投资者情绪与极端收益的可预测性研究［J］．管理评论，2018，30（7）：16-25．

［195］金雪军，钟意，王义中．政策不确定性的宏观经济后果［J］．经济理论与经济管理，2014（2）：17-26．

［196］苟文均，袁鹰，漆鑫．债务杠杆与系统性风险传染机制——基于CCA模型的分析［J］．金融研究，2016（3）：74-91．

［197］李岸，粟亚亚，乔海曙．中国股票市场国际联动性研究——基于网络分析方法［J］．数量经济技术经济研究，2016（8）：113-127．

［198］李丛文，闫世军．我国影子银行对商业银行的风险溢出效应——基于GARCH-时变Copula-CoVaR模型的分析［J］．国际金融研究，2015（10）：64-75．

［199］李明辉，刘莉亚，黄叶苨．巴塞尔协议Ⅲ净稳定融资比率对商业银行的影响——来自中国银行业的证据［J］．国际金融研究，2016（3）：51-62．

［200］李红权，杜晓薇．金融系统性风险与金融监管变革［J］．经济体制改革，2015（6）：152-157．

［201］李红权，何敏园，严定容．国际金融风险传导的微观经济基础研究：基于公司数据角度［J］．金融评论，2017（5）：58-72．

［202］李科，陆蓉，夏翊．基金家族共同持股：意见分歧与股票收益［J］．经济研究，2015，50（10）：64-75．

［203］李雪瑞，余隋怀，初建杰，陈登凯．意象驱动的产品形态基因网络模型构建与应用［J］．计算机集成制造系统，2018，24（2）：464-473．

［204］李正辉，郑玉航．金融状况指数的动态特征及其有效性研究［J］．财经理论与实践，2015（4）：39-44．

［205］李志辉，李源，李政．中国银行业系统性风险监测研究——基于 SCCA 技术的实现与优化［J］．金融研究，2016（3）：92-106.

［206］李政，梁琪，方意．中国金融部门间系统性风险溢出的监测预警研究——基于下行和上行 ΔCoES 指标的实现与优化［J］．金融研究，2019（2）：40-58.

［207］梁琪，李政，郝项超．我国系统重要性金融机构的识别与监管——基于系统性风险指数 SRISK 方法的分析［J］．金融研究，2013（9）：56-70.

［208］刘玚，李政，刘浩杰．中国金融市场间极端风险溢出的监测预警研究——基于 MVMQ-CAViaR 方法的实现［J］．经济与管理研究，2020，41（2）：19-29.

［209］刘海飞，许金涛，柏巍，李心丹．社交网络、投资者关注与股价同步性［J］．管理科学学报，2017，20（2）：53-62.

［210］刘海云，吕龙．全球股票市场系统性风险溢出研究——基于 ΔCoVaR 和社会网络方法的分析［J］．国际金融研究，2018（6）：22-33.

［211］刘超，徐君慧，周文文．中国金融市场的风险溢出效应研究——基于溢出指数和复杂网络方法［J］．系统工程理论与实践，2017，31（4）：831-842.

［212］刘圣尧，李怡宗，杨云红．中国股市的崩盘系统性风险与投资者行为偏好［J］．金融研究，2016（2）：55-70.

［213］刘晓星，张旭，顾笑贤，姚登宝．投资者行为如何影响股票市场流动性？——基于投资者情绪、信息认知和卖空约束的分析［J］．管理科学学报，2016，19（10）：87-100.

［214］孟雪井，孟祥兰，胡杨洋．基于文本挖掘和百度指数的投资者情绪指数研究［J］．宏观经济研究，2016（1）：144-153.

［215］欧阳红兵，刘晓东．基于网络分析的金融机构系统重要性研究［J］．管理世界，2014（8）：171-172.

［216］欧阳红兵，刘晓东．中国金融机构的系统重要性及系统性风险传染机制分析——基于复杂网络的视角［J］．中国管理科学，2015，23（10）：30-37.

［217］欧阳资生，莫廷程．基于广义 CoVaR 模型的系统重要性银行的

风险溢出效应研究 [J]. 统计研究, 2017 (9): 36-43.

[218] 欧阳资生, 李虹宣. 网络舆情对金融市场的影响研究: 一个文献综述 [J]. 统计与信息论坛, 2019 (11): 122-128.

[219] 欧阳资生, 李虹宣, 刘凤根. 中国系统性金融风险对宏观经济的影响研究 [J]. 统计研究, 2019 (8): 19-31.

[220] 欧阳资生, 杨希特, 张宁. 基于百度指数的投资者关注度对股市波动性的影响研究 [J]. 商学研究, 2019 (3): 36-44.

[221] 欧阳资生, 杨希特, 黄颖. 嵌入网络舆情指数的中国金融机构系统性风险传染效应研究 [J/OL]. 中国管理科学, 2020, 10 [2020-10-09]. https://doi.org/10.16381/j.cnki.issn1003-207x.2020.0044.

[222] 欧阳资生, 李虹宣, 杨希特. 网络舆情对中国上市金融机构系统性风险影响研究 [J]. 系统科学与数学, 2021, 41 (5): 1339-1354.

[223] 潘攀, 邓超, 邱煜. 经济政策不确定性、银行风险承担与企业投资 [J]. 财经研究, 2020, 46 (2): 67-81.

[224] 清华大学国家金融研究院金融与发展研究中心课题组. 中国系统性金融压力的监测 [J]. 国际金融研究, 2019 (12): 3-12.

[225] 乔海曙, 李颖, 欧阳昕. 产业关联、共同信息溢出与行业股指联动 [J]. 系统工程理论与实践, 2016, 36 (11): 2737-2751.

[226] 乔海曙, 杨蕾. 沪深 300 指数成分股系统性风险贡献分析——基于股票指标关联网络的研究 [J]. 中南大学学报（社会科学版）, 2016, 22 (3): 114-123.

[227] 马磊. 产权性质与企业间网络的形成——对中国上市公司连锁董事的网络分析 [J]. 社会学研究, 2016, 31 (1) 191-246.

[228] 史永东, 李凤羽. 卖空限制、意见分歧收敛与信息披露的股价效应——来自 A 股市场的经验证据 [J]. 金融研究, 2012 (8): 111-124.

[229] 宋加山, 蒋坤良, 周学伟. 基于 GAS-混合 Copula 模型的不同行业系统性风险研究 [J]. 统计与信息论坛, 2020, 35 (5): 52-60.

[230] 宋清华, 姜玉东. 中国上市银行系统性风险度量——基于 MES 方法的分析 [J]. 财经理论与实践, 2014 (192): 2-7.

[231] 宋巍. 我国经济新常态下影子银行的风险预警实证研究 [J]. 技术经济与管理研究, 2018 (1): 63-66.

[232] 宋泽芳，李元．投资者情绪与股票特征关系 [J]．系统工程理论与实践，2012，32（1）：27-33.

[233] 隋聪，谭照林，王宗尧．基于网络视角的银行业系统性风险度量方法 [J]．中国管理科学，2016，5（24）：54-64.

[234] 孙书娜，孙谦．投资者关注和股市表现——基于雪球关注度的研究 [J]．管理科学学报，2018，21（6）：60-71.

[235] 谭松涛，甘顺利，阚铄．媒体报道能够降低分析师预测偏差吗？[J]．金融研究，2015（5）：192-206.

[236] 谭伟．网络舆论及其对大学生"三观"的影响研究 [D]．武汉：华中师范大学硕士学位论文，2003.

[237] 唐晓彬，张瑞，刘立新．基于蝙蝠算法 SVR 模型的北京市二手房价预测研究 [J]．统计研究，2018，35（11）：71-81.

[238] 唐振鹏，谢智超，冉梦，陈菊琴．网络视角下我国上市银行间市场系统性风险实证研究 [J]．中国管理科学，2016，24（S1）：489-494.

[239] 田高良，司毅，秦岭，于忠泊．网络舆情及其应对与上市公司的信息效率 [J]．系统工程理论与实践，2018，38（1）：46-66.

[240] 童中文，解晓洋，邓熳利．中国银行业系统性风险的"社会性消化"机制研究 [J]．经济研究，2018（2）：124-139.

[241] 童中文，邹静，周绍东．媒体效应对银行系统性风险的影响 [J]．统计与信息论坛，2016，31（2）：28-34.

[242] 汪昌云，武佳薇．媒体语气、投资者情绪与 IPO 定价 [J]．金融研究，2015（9）：174-189.

[243] 王道平．利率市场化、存款保险制度与系统性银行危机防范 [J]．金融研究，2016（1）：50-65.

[244] 王来华，白红光，李莹．进入小康社会人们的生活感受：生活质量和舆情分析两个视角 [J]．理论与现代化，2003（2）：48-53.

[245] 王夫乐，王相悦．社会情绪是否会影响股市收益——来自新浪微博的证据 [J]．山西财经大学学报，2017，39（2）：35-46.

[246] 王靖一，黄益平．金融科技媒体情绪的刻画与对网贷市场的影响 [J]．经济学（季刊），2018，17（4）：1623-1650.

[247] 王永钦，陈映辉，熊雅文．存款保险制度如何影响公众对不同

银行的信心？——来自中国的证据［J］. 金融研究，2018（6）：109-122.

［248］王姗姗. 外部金融危机对我国的传染性测度及免疫策略研究［D］. 长春：吉林大学博士学位论文，2016.

［249］王维国，王际皓. 货币、银行与资产市场风险状况的识别——基于金融压力指数与 MSIH-VAR 模型的实证研究［J］. 国际金融研究，2016（8）：71-81.

［250］王擎，白雪，牛锋. 我国商业银行的系统性风险测度及影响因素研究——基于 CCA-POT-Copula 方法的分析［J］. 当代经济科学，2016，38（2）：1-9.

［251］王妍，陈守东. 尾部极值分布下的系统性金融风险度量及影响因素分析［J］. 数理统计与管理，2014（11）：1010-1020.

［252］文凤华，肖金利，黄创霞，陈晓红，杨晓光. 投资者情绪特征对股票价格行为的影响研究［J］. 管理科学学报，2014，17（3）：60-69.

［253］吴璟，田高良，司毅，于忠泊. 网络舆情管理与股票流动性［J］. 管理科学，2017，30（6）：51-64.

［254］万蘂叶，陆静. 金融危机期间汇率风险传染研究［J］. 管理科学学报，2018，21（6）：12-28.

［255］肖争艳，黄源，王兆瑞. 央行沟通的股票市场稳定效应研究——基于事件研究法的分析［J］. 经济学动态，2019（7）：80-93.

［256］项后军，陈简豪，杨华. 银行杠杆的顺周期行为与流动性关系问题研究［J］. 数量经济技术经济研究，2015（8）：57-72.

［257］谢赤，胡珏，王钢金. 基于随机矩阵理论的股市网络拓扑性质研究［J］. 运筹与管理，2018，27（1）：144-152.

［258］谢赤，边慧东，王纲金. 牛熊市视角下股票关联网络动态拓扑结构研究——以上证 50 指数为例［J］. 复杂系统与复杂性科学，2017，14（1）：66-74.

［259］谢建国，贾珊山. 公开市场表态稳定了人民币汇率吗？基于 2014—2017 年人民币汇率干预事件的研究［J］. 世界经济研究，2019（1）：20-32.

［260］谢远涛，蒋涛，杨娟. 基于尾部依赖的保险业系统性风险度量［J］. 系统工程理论与实践，2014（8）：1921-1931.

[261] 熊熊，罗春春，张烨．股吧和交易：股吧中的信息内容研究 [J]．系统科学与数学，2017，37（12）：2359-2374.

[262] 许涤龙，陈双莲．基于金融压力指数的系统性金融风险测度研究 [J]．经济学动态，2015（4）：69-78.

[263] 许和连，成丽红，孙天阳．离岸服务外包网络与服务业全球价值链提升 [J]．世界经济，2018，41（6）：77-101.

[264] 许友传．中国地方政府债务的结构性风险 [J]．统计研究，2018，35（2）：14-28.

[265] 徐国祥，郑雯．中国金融状况指数的构建及预测能力研究 [J]．统计研究，2013（8）：17-24.

[266] 徐晓光，廖文欣，郑尊信．沪港通背景下行业间波动溢出效应及形成机理 [J]．数量经济技术经济研究，2017（3）：112-127.

[267] 徐涛．基于复杂网络与 Multi-Agent 融合的银行间市场风险传染及控制策略研究 [D]．南京：东南大学博士学位论文，2017.

[268] 徐巍，陈冬华．自媒体披露的信息作用——来自新浪微博的实证证据 [J]．金融研究，2016（3）：157-173.

[269] 杨青，王晨蔚．基于深度学习 LSTM 神经网络的全球股票指数预测研究 [J]．统计研究，2019，36（3）：65-77.

[270] 杨子晖，陈雨恬，陈里璇．极端金融风险的有效测度与非线性传染 [J]．经济研究，2019，54（5）：63-80.

[271] 杨子晖，陈雨恬，谢锐楷．我国金融机构系统性金融风险度量与跨部门风险溢出效应研究 [J]．金融研究，2018（10）：19-37.

[272] 叶莉，王远哲，陈勇勇．基于尾部风险关联网络的中国金融机构间风险溢出效应研究 [J]．统计与信息论坛，2019，34（3）：54-63.

[273] 尹海员．新闻媒体报道对投资者情绪影响效应研究——来自我国股票市场的经验证据 [J]．厦门大学学报（哲学社会科学版），2016（2）：92-101.

[274] 姚登宝．投资者情绪、市场流动性与金融市场稳定——基于时变分析视角 [J]．金融经济学研究，2017，32（5）：94-106+128.

[275] 姚尧之，王坚强，刘志峰．混频投资者情绪与股票价格行为 [J]．管理科学学报，2018，21（2）：104-113.

［276］叶永刚，杨飞雨，郑小娟．国家信用风险的传导与影响研究——以欧元区债务危机为例［J］．金融研究，2016（2）：172-179．

［277］游家兴，吴静．沉默的螺旋：媒体情绪与资产误定价［J］．经济研究，2012，47（7）：141-152．

［278］俞红海，李心丹，耿子扬．投资者情绪、意见分歧与中国股市IPO之谜［J］．管理科学学报，2015，18（3）：78-89．

［279］张琳，汤薇，林晓婕，周媛．基于SVM-SRISK的非上市保险公司系统性风险度量［J］．保险研究，2018（6）：3-15．

［280］张瑞，刘立新．中国上市银行系统性风险溢出效应研究——基于极端分位数回归的非对称CoVaR模型［J］．数量经济研究，2018，9（2）：152-166．

［281］张同辉，苑莹，曾文．投资者关注能提高市场波动率预测精度吗？——基于中国股票市场高频数据的实证研究［J/OL］．中国管理科学，2020，1：1-12［2020-01-04］．https：//doi.org/10.16381 j.cnki.issn1003-207x.2018.0509．

［282］张晓明，李泽广．系统风险外溢、市场约束机制与银行股票回报率——基于CoVaR和时变条件β指标的研究［J］．金融研究，2017（12）：143-157．

［283］赵汝为，熊熊，沈德华．投资者情绪与股价崩盘风险：来自中国市场的经验证据［J］．管理评论，2019，31（3）：50-60．

［284］郑振龙，王为宁，刘杨树．平均相关系数与系统性风险：来自中国市场的证据［J］．经济学（季刊），2014，13（3）：1047-1064．

［285］周天芸，杨子晖，余洁宜．机构关联、风险溢出与中国金融系统性风险［J］．统计研究，2014（11）：43-49．

［286］周小川．守住不发生系统性金融风险的底线［J］．中国金融家，2017（12）：13-16．

［287］周孝华，陈九生．基于Copula-ASV-EVT-CoVaR模型的中小板与创业板风险溢出度量研究［J］．系统工程理论与实践，2016（3）：559-568．

［288］朱波，马永谈．行业特征、货币政策与系统性风险——基于"经济金融"关联网络的分析［J］．国际金融研究，2018（4）：22-32．

后　记

　　本书是国家社会科学基金重点项目"网络舆情影响下的金融系统性风险的度量与预警研究"（17ATJ005）、湖南省自然科学基金课题"基于广义CoVaR模型的系统重要性金融机构的测度及风险传导机制研究"（2017JJ2127）和全国统计科学研究重点项目"基于有向网络的金融系统性风险传染效应与预警研究"（2018LZ11）的阶段性成果，也得到了湖南师范大学理论经济学学科资助。

　　清楚记得2017年获知这个研究项目获得国家社科基金重点项目立项时自己的欣喜和随后心中的惶恐。屈指一数，这项研究已持续快四个年头，给我带来了些许荣誉，也带来了巨大压力。终于可以坐在电脑前一边享受音乐，一边修改书稿，这也算是对自己这些年"痛并快乐着"学术生活的一点补偿吧。

　　2015年，国务院印发《国务院关于积极推进"互联网+"行动的指导意见》，明确提出"互联网+"战略。从那时起，我就一直在思考，如何将互联网思维融入到自己的学术研究中，自然就联想到了"互联网+风险管理"，于是就想到了"网络舆情影响下的金融系统性风险的度量与预警研究"这个研究主题。现在，在新的时代背景下，国家虽然提出了"双循环"战略，但是"守住不发生系统性金融风险的底线"的基调却一直是我国经济发展的不变主题，因此，希望本书的出版，不仅仅是给自己学术简历表中填上一项，还能为金融机构和监管部门提供一定的技术支持和观点参考。

　　在本书即将付梓之际，真诚地感谢湖南师范大学欧阳峣教授十多年来一如既往地对我在学术道路上的指引、教诲和鞭策；感谢国家社会科学基金五位通讯评审专家的意见，使本书的结构更加完整，表达更加准确；感谢湖南工商大学的罗长青博士在研究上的互助与共勉；感谢我的研究生莫廷程、黄颖、李虹宣、杨希特和陈世丽的辛勤付出；更感谢家人在我学习和工作中给予的理解和支持。

欧阳资生

2021 年 4 月